反洗钱

如何应对非法资金流动

THE FLOW OF
ILLICIT FUNDS
A Case Study Approach to
Anti-Money Laundering Compliance

[美]奥拉·塔克（Ola M. Tucker）_著

丁灿_译

中信出版集团 | 北京

图书在版编目（CIP）数据

反洗钱 /（美）奥拉·塔克著；丁灿译. -- 北京：
中信出版社, 2024. 12. -- ISBN 978-7-5217-6923-4
Ⅰ. D912.281
中国国家版本馆 CIP 数据核字第 2024BH4612 号

THE FLOW OF ILLICIT FUNDS: A CASE STUDY APPROACH TO ANTI–MONEY LAUNDERING COMPLIANCE
by OLA M. TUCKER
Copyright © 2022 OLA M. TUCKER
This edition arranged with Georgetown University Press through
BIG APPLE AGENCY, LABUAN, MALAYSIA.
Simplified Chinese translation copyright © 2024 by CITIC Press Corporation
ALL RIGHTS RESERVED
本书仅限中国大陆地区发行销售

反洗钱
著者：　［美］奥拉·塔克
译者：　丁灿
出版发行：中信出版集团股份有限公司
（北京市朝阳区东三环北路 27 号嘉铭中心　邮编　100020）
承印者：　三河市中晟雅豪印务有限公司

开本：787mm×1092mm 1/16　　印张：19　　字数：250 千字
版次：2024 年 12 月第 1 版　　　　印次：2024 年 12 月第 1 次印刷
京权图字：01-2024-5336　　　　　 书号：ISBN 978-7-5217-6923-4
定价：69.00 元

版权所有·侵权必究
如有印刷、装订问题，本公司负责调换。
服务热线：400-600-8099
投稿邮箱：author@citicpub.com

致 S，
感谢他在整个项目中给予的支持、鼓励和耐心。

目　录

推荐序　Ⅲ
译者序　Ⅶ
引　言　Ⅸ
第一章　洗钱的事实　001
第二章　空壳公司　027
第三章　贸易洗钱　047
第四章　房地产洗钱　063
第五章　俄罗斯自助洗衣店　085
第六章　钱骡与网骡　101
第七章　人口贩运　119
第八章　加密货币　141
第九章　恐怖融资　163
第十章　反洗钱立法　185
第十一章　反洗钱合规方案的要求与标准　205
第十二章　思考与建议　239
注　释　253
参考书目　283
缩略语　285

推荐序

揭露洗钱黑幕，构建廉洁社会

作为一名长期研究洗钱与反洗钱的学者，我很荣幸能为这本由美国合规专家奥拉·塔克博士撰写、丁灿先生翻译的《反洗钱》作序。通读此书，我感到这是近年来反洗钱领域的一本佳作，其价值不仅在于对洗钱犯罪的深入剖析，更在于其对反洗钱实践和社会治理理论与现实意义的深刻探讨。

这本书最大的特色在于其内容的全面性和实用性。作者以严谨的学术态度和通俗易懂的语言，结合生动的案例，为读者展现了一幅立体而全面的洗钱犯罪图景。作者不仅阐述了洗钱的定义和反洗钱法律法规，还深入挖掘了洗钱犯罪的根源、手法、趋势及其对社会经济和政治的深远影响，这在同类著作中较为少见。

全书共分十二章，结构清晰，逻辑严密，内容丰富。从第一章的洗钱基本事实，到后续章节对空壳公司、贸易洗钱、房地产洗钱、俄罗斯自助洗衣店、钱骡与网骡、人口贩运、加密货币等复杂洗钱手法的详细剖析，再到恐怖融资、反洗钱立法和合规方案，最后提出思考与建议，构建了一个独立且完整的知识体系。

这本书的一大亮点是其含有丰富的案例分析。作者精心挑选了最新且极具代表性的洗钱案例，通过生动的阐述和深入的剖析，使读者能直观了解洗钱犯罪的复杂性和危害性。这些案例不仅增强了该书的可读性，也为反洗钱实践提供了宝贵的经验和教训。

从理论意义上看，这本书系统梳理了洗钱和反洗钱的发展历程，深入分析了洗钱活动的本质、特征和影响，为反洗钱理论研究提供了新的视角和思路。特别是对洗钱与恐怖融资、洗钱与腐败等问题的探讨，拓展了反洗钱研究的广度和深度。

从实践意义上看，该书为金融机构、监管部门、执法机关等相关主体提供了全面的反洗钱指南。书中详细介绍了反洗钱合规方案的要求与标准，并就有效识别和防范洗钱风险提出了具体建议，对提升反洗钱工作的有效性具有重要指导意义。

从社会治理的角度看，此书深刻揭示了洗钱活动对经济、金融、社会秩序乃至国家安全的严重危害，强调了反洗钱工作的重要性和紧迫性。作者指出，洗钱不仅是金融犯罪的表现，更是社会治理失效的结果；洗钱不仅是一个经济金融问题，更是关乎社会公平正义和国家长治久安的重大问题。这些观点对我国完善反洗钱法律体系、健全反洗钱工作机制、提升反洗钱工作水平具有重要启示意义。

这本书的另一个突出特点是其具有国际视野。虽然该书的主要内容是基于西方国家的经验和案例，但其中的许多观点和建议对中国的反洗钱工作同样具有重要的借鉴意义。在全球化的今天，洗钱犯罪已成为跨国性问题。作为世界第二大经济体，中国在国际反洗钱合作中扮演着越来越重要的角色。通过学习和借鉴国际先进经验，我们能够更好地应对日益复杂的洗钱威胁，提高我国反洗钱工作的国际化水平。

在这本书中，作者不仅介绍了国际反洗钱组织的发展历程和主要成果，还对比分析了不同国家和地区的反洗钱法律制度与实践经验，为我国的国际合作和制度创新提供了有益的借鉴。此外，作者强调了跨国合作在反洗钱工作中的必要性和重要性。由于洗钱活动常常跨越国界，单靠一国之力难以有效打击。作者呼吁加强国际合作，统一全球标准，推动公私部门合作，强化国际政策协调与信息共享，这对于构建全球反洗钱网络具有重大意义。

值得一提的是，此书对新技术在洗钱和反洗钱中的应用给予了特别关注。作者深入分析了加密货币、区块链等新兴技术给反洗钱工作带来的挑战和机遇，为应对技术变革背景下的洗钱新态势提供了前瞻性思考。

回顾我国的反洗钱历程，自反洗钱工作部际联席会议机制建立以来，迄今已逾20年。在国务院授权认定的反洗钱最高行政主管机关——中国人民银行的领导下，反洗钱工作取得了举世瞩目的成就。反洗钱经历了从无到有、从粗放到集约、从点到线再到面的渐进式演变，从"器"到"术"再至"道"，从被动到主动、从规则到原则、从表面到实质、从条线到全员、从成本中心到价值中心的螺旋式上升。反洗钱从最初打击金融犯罪的"工具性"被动合规层面，逐步上升到预防金融系统风险、遏制经济犯罪和有组织犯罪、打击暴力恐怖犯罪、主动维护国家安全的战略高度。当然，从全球视野和更高标准来看，我们仍需继续努力，如非银行金融机构的反洗钱意识和能力偏弱，最终受益所有人的识别、登记和穿透体系才初步建立，"反洗钱不可能三角"——反洗钱合规，数据信息分享，数据安全、用户隐私保护及商业秘密保护——之间依然存在"跷跷板"式的失衡，金融情报网络建设及系统性能力、信息透明度等尚存不足，与反洗钱相关的司法救济在实践中仍较薄弱，反洗钱人才的独立培养体系、认定标准及反大规模毁灭性武器扩散融资等方面亟待升级和完善。目前，我国新修订的《中华人民共和国反洗钱法》已于2024年11月初获得通过，并将于 2025 年 1 月 1 日正式生效实施，金融行动特别工作组（FATF）对中国的第五轮互评估工作也将很快启动，这些都将推动我国反洗钱工作迈上新台阶。

随着经济全球化和科技发展的日新月异，国际国内的反洗钱形势愈加严峻。犯罪分子利用虚拟货币、跨境电子支付等新型金融工具和渠道，使得洗钱手法更加隐蔽和复杂。同时，贪腐、洗钱、恐怖融资、涉税犯罪、有组织犯罪、网络欺诈等呈现出新的特点和趋势，对金融安全和社会稳定构成了新的冲击和挑战。加强反洗钱工作，不仅是维护金融秩序、防范金融风险的需要，更是推进国家治理体系和社会治理能力现代化的必然要求。在此背景下，该书的出版尤为及时，不仅为反洗钱理论研究和实践工作提供了全面系统的指导，也为我国完善反洗钱法律制度、提升反洗钱工作水平提供了新的思路和方法。

总的来说，这是一本兼具学术性和实用性的佳作。它不仅适合反洗钱合规专业人士、执法人员、监管者和政策制定者等专业读者，也适合那些对这一领域感兴趣的普通读者。我相信，无论是反洗钱领域的新手，还是经验丰富的专家，都能从中获得新的洞见和启发。

我坚信，在党和政府的强力领导下，通过司法、监管和执法机关以及全社会的共同努力，我们一定能够有效打击洗钱犯罪，维护金融安全，构建一个更加公平正义的社会。

严立新

复旦大学中国反洗钱研究中心执行主任

陆家嘴金融安全研究院院长

2024 年 11 月

译者序

洗钱犯罪，这一以非法资金流动为掩护的隐蔽罪行，正无孔不入地在全球范围内肆虐，其规模与影响令人触目惊心。近期，从"英国最大比特币洗钱案"到"中国香港史上最大洗钱案"，再到"黄金+虚拟币"复杂洗钱网络，一系列重大案件被海内外媒体相继曝光，而这仅仅是全球洗钱暗流涌动的冰山一角。

《反洗钱》一书，凭借其全面而深刻的剖析、独到的见解以及实用的策略建议，为构建更加安全、透明的金融环境提供了坚实的理论支撑与实践指导，是反洗钱领域不可多得的著作。这本书不仅系统梳理了洗钱活动的历史沿革与精确定义，更深刻揭示了当代洗钱手段的多样性与复杂性，以及这些手段背后错综复杂的上游犯罪及网络。它以独特的视角，为司法机关、监管机构、金融从业者、中介、企业高管、学者及广大公众提供了宝贵的洞察与实战策略，助力各界在反洗钱斗争中占据先机。书中精心挑选的一系列跨行业、跨国界反洗钱案例，生动展现了洗钱犯罪的隐蔽性、复杂性和对社会稳定的巨大威胁，使读者能够直观感受到反洗钱斗争的紧迫性与重要性。尤为重要的是，这本书敏锐地捕捉到了科技进步与全球化趋势对洗钱活动的深刻影响，深入剖析了这些外部因素如何为洗钱行为开辟新的路径与提供便利。在法治层面，它详尽回顾了反洗钱法律法规的演变历程，强调了金融机构作为防范非法资金流动第一道防线的核心作用与法定职责。同时，该书也呼吁建立全球统一的反洗钱标准，并突出了法律专业人士、财务顾问等关键"守门人"角色在维护金融系统安全中的重要作用。

作为金融行动特别工作组的重要成员，中国始终积极参与全球反洗钱治理，不断推动反洗钱法律法规体系的完善与实践创新。这本书所提及的洗钱手法及国际反洗钱立法经验，对于我国反洗钱工作的深化同样具有重要的参考价值和指导意义。在日常生活中，反洗钱并非一个遥不可及的概念，它渗透于银行账户、银行转账、网络购物、第三方支付、投资理财等方面，与每个人的生活息息相关。因此，衷心希望广大读者能通过阅读此书，提升自身的法律素养与风险防范能力，自觉遵守反洗钱相关法律法规，坚决不参与任何洗钱活动，竭力避免被洗钱犯罪利用。同时，积极配合司法机关、监管部门及金融机构的反洗钱工作，共同营造一个透明、健康、安全的金融环境和社会环境。

丁灿

2024 年 9 月于金陵

引 言

　　洗钱是一种严重犯罪，对全球构成的威胁日益严重。然而，令人遗憾的是，它并未得到应有的重视。当今流通的非法资金，比以往任何时候都多。这些资金来自各种利润丰厚、危害巨大的上游犯罪。在刑法中，上游犯罪是指那些诸如洗钱等范围更广的犯罪活动中的部分罪行。现代技术（如加密货币）、通信（如互联网）及全球化，都为许多此类犯罪活动及清洗犯罪所得提供了便利。本书详细讨论了这些犯罪行为，其中包括人口贩运、毒品交易、军火走私、网络犯罪，以及暗网（暗网是黑暗网络上网站的集合）上黑市的运作。这些黑市出售各种违禁品，包括贩卖人口。

　　近期，技术创新所带来的匿名性以及专业中介的协助，已成为洗钱及相关犯罪日益猖獗的主要原因。值得关注的是，尽管匿名性和专业中介在金融犯罪中扮演着举足轻重的角色，但现行的法律和监管框架尚未就这两大问题提出有效的解决方案。

　　最近爆出的丑闻、备受社会关注的调查以及多辖区联合执法行动，均揭示出滥用离岸银行账户与匿名空壳公司来隐匿和秘密转移财富，在某些地区，豪华房产极易被用作处理犯罪所得的中转场，并揭露了被称为"洗钱中心"的高度复杂的洗钱活动等问题。同时,一些报告也指出洗钱活动已成为赚取佣金的一项服务。[1] 在这些洗钱计划中,腐败的政客、势力庞大的犯罪集团、凶残的贩毒组织,乃至一些知名的金融机构(FI),都纷纷牵涉其中。[2]

因此,"洗钱"不仅频频占据媒体头条,还悄然融入了大众流行文化中。从犯罪片到喜剧片,电影对洗钱行为的刻画早已屡见不鲜。如今,这一题材也越来越多地出现在电视剧中,其中不乏多部备受好评的佳作,如《绝命毒师》《黑钱胜地》《毒枭》。

尽管洗钱这一概念已经渗透到主流新闻和娱乐媒体中,但大多数人对其真正内涵仍知之甚少。实际上,对于洗钱,很多人都难以给出一个准确的定义,更遑论解释其手法和动机了。这并不奇怪,因为人们对于洗钱的误解和荒诞观点非常普遍。例如,有人认为洗钱必须涉及现金,但事实上,任何形式的资产都可以被用来洗钱。还有人误以为洗钱的概念起源于阿尔·卡彭,而实际上直到1986年洗钱才被正式定为犯罪。此外,大部分人也未意识到,绝大多数的洗钱活动是犯罪团伙所为,而非个别人的单独行动。

使问题变得更为复杂的是,洗钱这一概念虽然在本质上看似简单,即对不义之财进行伪装,使其表面合法化,但其实际操作过程可能极其复杂。犯罪分子往往会不遗余力地运用各种极具创造性的手段,隐匿非法所得并躲避追查。因此,本书旨在深化人们对洗钱犯罪的认识,并以通俗易懂的方式加以阐述。首先,本书为读者介绍了洗钱的基本概念与原理,进而深入剖析了当前一些最新的洗钱手法与趋势。其次,本书详细探讨了洗钱所带来的种种风险与后果,以及当前反洗钱(AML)立法与执法的发展趋势和实际效能。最后,针对如何有效侦查与遏制这类非法活动,本书提出了一系列切实可行的建议。值得一提的是,为了使内容更加生动且具有参考价值,本书会在多处结合特定洗钱事件展开阐述。

深入了解洗钱案件的背景，对于正确认识这一犯罪行为的严重性至关重要。许多人常常误认为洗钱等金融犯罪是没有直接受害人的。然而，事实并非如此。洗钱所带来的影响，虽然可能不会立即显现，但其破坏性和广泛性却常常令人触目惊心。洗钱对全球金融体系的稳定与安全产生了重大冲击，其恶劣影响不止于此。它不仅是进一步犯罪的催化剂，更是引发社会深层次问题的导火线，比如腐败的滋生、各种形式的剥削行为以及环境退化的加剧等。更为重要的是，洗钱给人类带来了巨大的痛苦和不幸，对最贫困人口的影响尤为严重。洗钱使盗贼和罪犯得以非法获利，而这些资金往往来源于对无辜者的剥削和压迫。这不仅剥夺了他们的基本生活需求，更使社会公平与正义受到严重挑战。洗钱所造成的恶性循环一旦形成，便难以打破。这种循环持续的时间越长，对社会的危害就越大，管控的难度也随之增加。

联合国毒品和犯罪问题办公室（UNODC）估算，全球每年的洗钱金额占全球 GDP（国内生产总值）的 2%~5%。换算成具体数字，为 8 000 亿 ~ 20 000 亿美元。[3] 而根据美国财政部的数据，其中有高达 3 000 亿美元的洗钱活动竟然是在美国境内发生的。[4] 然而，许多业内专家认为，这些官方给出的数字其实被严重低估了。由于洗钱活动的极度隐蔽性，我们很难知晓其确切规模。这种隐蔽性不仅使洗钱行为难以被察觉，更让资金追回变得几乎无望。因此，全球目前仅有不到 1% 的洗钱资产能够被成功扣押。[5]

好奇的广大读者固然能从本书中受益匪浅，但同样重要的是，反洗钱专业人士也能从中汲取宝贵的知识和经验。在日常工作中，他们往往只能窥见复杂洗钱案件中的冰山一角。例如，在审查可疑交易时，他们可能并不总是能够掌握关于资金来源或最终流向的全部信息，甚至对交易的真实目的一无所知。在缺乏这些详细信息的情况下,如果他们全面了解洗钱活动,包括犯罪分子的动机、采用的手法、涉及的类型以及相关的危险信号等,则将对其审查工作产生极大的帮助。通过构建扎实的知识基础,他们不仅能够更全面地审视各种情况,还能从多个角度进行深入分析。拥有这样的知识储备,反洗钱工作人员可以更加明智地进行风险分析,并更有效地实施风险管理措施。

教育工作者普遍认为,讲述生动的故事是激发学生兴趣和加深学生理解的有效教学手段。本书正是基于这一理念,通过对精心挑选的最新案例的研究来支撑和阐述主要论点。这些案例以及其他相关逸事,不仅为我们揭示了犯罪分子洗钱的复杂模式,还有助于我们深入剖析反洗钱在合规性方面可能引发的各种问题。本书丰富的内容使它的用途不局限于课堂教学,还可以成为商业环境中宝贵的参考资料。无论是进行学术探讨还是政策分析,它都能为有关金融犯罪的讨论提供坚实的支撑。各类组织更可以结合自身需要,将本书纳入其反洗钱培训计划中。值得一提的是,本书还可以作为设计、开发和实施反洗钱合规方案的起点。

本书不仅适用于反洗钱合规方面的新手,同时也为经验丰富的专业人士提供了深入的洞察。然而,它的价值并不仅限于此。对于任何渴望进一步了解洗钱这一不断演变且错综复杂的议题的人来说,本书都是一份不可或缺的宝贵资源。无论读者的知识背景或经验如何,来自不同学科和领域的学生与从业人员,比如企业高管、公司律师、总法律顾问、董事会成员、审计师、反欺诈调查员、银行家和银行工作人员、执法人员、政策制定者、监管者、学者、研究人员等,都能从本书中获得宝贵的见解和实用的建议。

本书第一章首先简要介绍了洗钱的历史,涵盖了洗钱这一行为和术语的起源。这种区分至关重要,因为两者已被混为一谈,而事实上，它们并不是同时出现的。正如这一章所述，古代中国人藏匿从皇帝那里掠来的文物的方法，与今天犯罪分子洗钱的方法有着基本相同的步骤。这种独特的历史视角，在多数探讨洗钱的著作中并不多见。

其次，该章深入剖析了洗钱的定义，以及犯罪分子清洗非法资金的动机。这两个问题是理解这一特殊金融犯罪的核心。最后，该章总结了打击洗钱犯罪的主要联邦法规，讨论了洗钱的上游犯罪，并揭示了资金通常如何通过现金密集型企业进行清洗，以及这种方法的局限性。

第二章至第八章详细剖析了当前日益复杂多样的洗钱方式及其主要的上游犯罪类型。面对这些不断翻新、日益狡猾的犯罪和洗钱技术，执法部门、政策制定者和监管者均面临严峻挑战。随着科技的飞速发展以及全球化的深入推进，司法管辖边界对人员、资金、货物（包括黄金、古董等易被盗窃和"洗白"的物品）流动的阻碍日益减弱。相反，这些边界却给执法活动带来了不小的障碍，难以有效遏制非法活动。暗网和加密货币的兴起，进一步加剧了洗钱的匿名性和追责难度，为犯罪行为提供了更多便利。这些因素以前所未有的程度使洗钱活动变得方便和快捷。因此，深入分析现有的洗钱技术，并密切关注正在发展中的新技术，以便及时应对和有效管理，显得尤为重要。

与洗钱者类似，恐怖分子同样利用金融体系进行融资活动，旨在打击洗钱和恐怖主义的行动，往往采取相似的战略战术，并共同致力于保护金融体系的安全。因此，本书在探讨洗钱问题的同时，也没有忽视与洗钱紧密相连的恐怖融资（TF）问题。第九章详细讨论了恐怖融资与洗钱之间的异同点，以及恐怖主义最常见的收入来源、恐怖主义行为的资金成本以及经济制裁的作用，从而为读者提供更为全面深入的视角。

第十章和第十一章着重探讨了反洗钱法律法规的演进历程，为全书关于洗钱问题的讨论画上了一个圆满的句号。这两章深入剖析了金融机构在清洗非法所得中的角色，以及反洗钱合规方案的监管要求，旨在揭示这些要求如何有效防止金融机构沦为金融犯罪的温床。此外，这两章还详细分析了监管规定的缺失之处，以及哪些行为可能违反反洗钱的规定，为读者提供明确的合规指引。

最后，第十二章就防止洗钱的重要性，以及制定全球统一标准的必要性发表了独到见解，强调了律师、财务顾问和其他专业人员在金融机构与客户之间作为"守门人"的核心作用。鉴于这些中间人具备的专业素养及其受托人角色，他们必须时刻警惕，避免成为助长犯罪资金流动的帮凶。

第一章

洗钱的事实

打击洗钱的做法直至20世纪末才逐渐兴起，然而"洗白"非法所得的行为却源远流长，自古已有。洗钱技术不断演进，最近几十年来的发展速度尤为迅猛。这些变化与反洗钱的立法以及金融机构监管的增强相关。实际上，面对这些变化，犯罪分子也在不断调整洗钱手法进行应对。此外，随着移动设备、互联网、社交媒体等通信技术的快速发展，以及金融体系的日益全球化和紧密相连，洗钱活动也呈现出新的演变趋势。

现今的洗钱活动极其精细复杂，往往跨越多个司法管辖区。它们由强大的跨国犯罪集团、残忍恐怖组织、暴力贩毒集团和其他有组织的团体掌控。这些团体手握巨额非法财富，急需将其"洗白"。这些集团的幕后策划者都是狡猾的"犯罪专家"，他们管理非法企业的手法，与《财富》500强企业无异：多元化经营，组建战略联盟，制定精细的以风险为基础、以利润为导向的商业决策。以臭名昭著的哥伦比亚毒枭——麦德林集团的首领巴勃罗·埃斯科瓦尔为例，他视自己为企业家，甚至将自己与汽车巨头亨利·福特相提并论。[1]巴勃罗的犯罪集团一度控制了全球80%的可卡因交易，1987—1993

年，他连续7年登上《福布斯》全球亿万富豪榜，这对于一个出身贫寒的哥伦比亚农民之子来说，堪称奇迹。² 埃斯科瓦尔与奥乔亚家族组建战略联盟，共同拓展"商业帝国"，他们在可卡因的制造、分销和营销等环节紧密合作，其运作模式与合法企业颇为相似。如今，犯罪集团也越来越多地通过这种"足智多谋"、"独具匠心"和"大胆进取"的方式，利用"公司"这种法律架构和离岸账户牟利。它们通过金融机构、加密货币以及有权有势的腐败政治人物，借助全球贸易体系进行洗钱活动。

犯罪集团和恐怖组织偶尔也会以慈善事业为幌子，如资助学校和医院等，来树立正面形象。巴勃罗·埃斯科瓦尔便是一个典型的例子，除了冷酷无情的犯罪形象，他还以慈善家面目示人，资助社会项目和住房计划，甚至赢得了"罗宾汉"的别称。同样，恐怖组织也会通过参与社会工作来宣传其理念，并争取公众的支持。³ 与此同时，无论是犯罪集团还是恐怖组织，它们在实施洗钱计划时都展现出了不一般的商业头脑，这与它们以往从事的以营利为目的的犯罪活动如出一辙。

现代洗钱者同时利用合法和非法经济活动来掩盖他们的金融交易，混淆资金来源。他们大量运用暗网、虚拟货币等新技术手段，为自身牟取利益。面对执法和侦查的压力，他们行动迅速，应变灵活，一旦察觉风吹草动，便迅速调整策略，改变行动路线。更讽刺的是，他们深知匿名的重要性，并巧妙地利用这一点，使洗钱活动越发难以捉摸，资金轨迹难以追踪监测。

从新闻报道中，我们可以看到洗钱活动已呈现出全球性和多样性的特点。黑客和其他网络犯罪分子通过在个人、公司及政府计算机上部署恶意软件，实现对非法所得的"洗白"。这一切操作均在线上匿名完成，金钱回报之丰厚远超所有已知风险。那些肆无忌惮的盗贼、寡头和腐败的政客，通过贪污积累了巨额财富，随后又利用他们掌握的庞大网络资源进行洗钱活动。跨国犯罪组织（TCO）则狡猾地利用合法的金融和贸易体系，悄无声息地将非法利润转移至全球各地，用于进一步实施其他犯罪活动。而恐怖主义网络同样涉足各种非法活动，从伪造货币到贩卖毒品和人口，以资助其日益猖獗的行动。为清洗这些资金，他们采用了多种方法，包括利用空壳公司、幌子公司和哈瓦拉①等传统和非传统的资金转移系统。几十年前，许多这样的洗钱计划还仅仅停留在理论层面，如今却已成为现实。

值得注意的是，关于洗钱的报道多聚焦于犯罪者和资金，却鲜少提及这一罪行背后的人员伤亡。但事实上，洗钱绝不是无受害者的犯罪。在贪婪的驱使和腐败的助长下，洗钱对发展中国家和发达国家都造成了深远的社会经济后果。洗钱是一种非法的资本外逃形式，会导致国家收入大量流失。资本外逃的特点在于，资产和资本从某个国家、地区或城市大量外流，这无疑会对资本流出地区的经济造成严重的负面影响。对于那些缺乏足够处理能力的国家来说，这种影响更为深重。洗钱活动进一步掠夺了贫困国家和普通国民的紧缺资源，加剧了社会的不平等现象。更为严重的是，这种犯罪和腐败的滋生只会引发更多的犯罪和腐败，形成破坏性的恶性循环。因此，洗钱对人道主义的威胁比人们最初或普遍认识到的要严重得多。

洗钱简史

虽然我们无法准确确定洗钱活动始于何时，但它的历史很可能

---

① 哈瓦拉是一种古老且非正规的资金转移方式，多用于跨境转移，当地代理人基于信任，代表朋友、亲戚或其他同伙收取或发放资金或货物，并对未来的或有负债进行清偿。

比人们想象的要久远得多。事实上，洗钱的早期形式已经存在了几千年。

历史学家斯特林·西格雷夫在其著作《龙行天下：海外华人的巨大影响力》中，详细描述了 3 000 多年前中国商人如何巧妙隐藏通过贸易累积的财富和战利品，躲避统治者的没收。[4] 书中所描述的将利润转化为更便于转移的形式，进而实现资产的跨境转移和再投资以便后续使用的手法，竟然与现代社会的洗钱方式有着惊人的相似之处。

西格雷夫记述的时代中，货币尚未出现——已知的第一枚硬币大约诞生于公元前 600 年。因此，洗钱的做法，或者其背后的基本逻辑，实际上在货币产生之前便已存在。如果没有货币，又怎么可能进行洗钱呢？但真相是，任何有价值的犯罪所得均可被清洗。提及犯罪所得，人们或许会想到装满赃款的手提箱，然而实际上，犯罪所得的形式多种多样，既可以是有形的艺术品、古董、钻石、毒品、药品，也可以是无形的个人身份信息、银行账号或知识产权。

在古代中国，如同其他地区，茶叶、香料、丝绸和黄金等商品常以物物交换的形式进行交易。因此，如果中国商人涉及赃物或非法货物的交易，他们理论上可以通过转换货物的形式将其藏匿，以备日后使用；或采取其他伪装手段，同时保持对货物的控制权并最终获取利益，从而实现对这些货物的清洗。此外，古人还常通过隐瞒特定物品的所有权或虚报文物真实价值的方式，来规避君主的征税甚至扣押，这便是早期的逃税，是一种与洗钱紧密相关的非法活动。

早在中世纪，就有商人和放债人为逃避新颁布的高利贷禁令，向国家隐瞒其非法所得。同样，海盗通常也会隐藏其掠夺所得。几个世纪以来，他们可能一直在从事黄金和其他贵重战利品的洗钱活动。然而，直到近代，洗钱才逐渐被视为一种独立的犯罪行为。过去的法律更侧重于惩罚盗窃或侵占等直接犯罪，而非对试图掩盖犯罪后果的行为进行严厉打击。[5]

与洗钱行为的历史相比,"洗钱"一词的词源则要新得多,它在不到一个世纪前才开始被社会大众广泛使用。关于该词的起源,曾有一种说法是阿尔·卡彭和其他意大利黑帮分子利用自助洗衣店,将合法利润与来自贩卖违禁品、勒索、赌博和卖淫等犯罪活动的非法收入混同,以掩盖非法所得。然而,这一说法现已在很大程度上被推翻,因为"洗钱"一词更可能是后来才使用的。实际上,该词似乎最初源自1973年英国《卫报》上一篇关于"水门事件"的报道。在这篇文章中,"洗钱"一词被用来描述尼克松竞选连任时的不当行为,即将成袋的捐款藏匿于美国司法管辖权无法触及的离岸银行中,以此清洗非法竞选资金。[6]

颇具讽刺意味的是,就在"水门事件"曝光前3年,尼克松总统签署了1970年《银行保密法案》(BSA)。这部法律不仅是美国第一部专门针对打击洗钱的立法,而且至今仍是美国反洗钱体系中的核心法律。值得注意的是,尽管"洗钱"这一术语在后续的修正案中得以出现,但在该法案的原始版本中却并未提及。该法案主要聚焦于规范记录保存和报告制度,对美国境内的银行以及后来通过修正案纳入的其他金融机构提出了明确的监管要求。立法初衷是打击非法毒品交易以及利用国外银行账户进行非法活动、违反银行保密规定的行为,原因是这些活动在很大程度上助长了美国的有组织犯罪。

1982年,美国司法体系中首次出现了"洗钱"一词,这源自一起涉案金额高达4 255 625.39美元的案件。[7]该项诉讼启动了民事没收程序,来自哥伦比亚卡利总计超过400万美元的毒品所得,在短短几个月内,通过迈阿密的一个银行账户,以小额现金存款的形式进行洗钱活动。按照现行的反洗钱制度,此类行为构成银行违犯《银行保密法案》的严重违规行为,银行将面临巨额罚款以及其他处罚。

第一章 洗钱的事实 007

有趣的是，直至1986年《洗钱控制法案》（MLCA）正式颁布，洗钱才被明确为联邦罪行，这距离阿尔·卡彭的时代已经过去了相当长的时间。《洗钱控制法案》对金融机构提出了执行记录保存和报告制度的监管要求。

什么是洗钱

"洗钱"是一个相当通用的术语，它用于描述掩盖犯罪所得原始来源及其所有权或控制权的过程。简言之，就是将非法所得的资金"洗白"。在1999年上映的电影《上班一条虫》中，三名员工在意外获得一笔不义之财后，便查询了洗钱的含义。那么，什么样的钱算是"黑钱"，又如何才能将其"洗白"呢？权威机构给出的一些定义有助于我们解答这些问题。尽管这些定义在详细程度上有所不同，有些甚至相当全面，但它们的核心都是围绕将非法所得通过掩盖犯罪来源使其合法化这一内容展开的。

金融行动特别工作组（FATF）作为全球反洗钱和打击资助恐怖主义行为的主要监督机构和标准制定者，对洗钱给出了明确的定义。[8]根据其解释，洗钱是指对犯罪所得进行处理，以掩盖其非法来源的行为。[9]而美国著名的《布莱克法律词典》则将洗钱定义为，"通过合法的人或账户转移非法所得资金，以掩盖其原始来源的过程"。[10]

美国金融犯罪执法局（FinCEN）则采取了一种更为全面的方法。它将洗钱定义为三个阶段："洗钱是使非法所得（即'黑钱'）看起来合法（即'干净'）的过程。它通常包括三个步骤：处置、离析和融合。"[11]

换句话说，洗钱就是切断犯罪所得与其犯罪来源之间联系的过程。美国最权威的联邦刑事洗钱法规《美国法典》第18编第1956节和第 1957 节，对洗钱行为进行了更为具体的定义。这些法规通过列举产生非法资金的上游犯罪类型，进一步明确了"黑钱"的构成。

从根本上讲，"洗钱"一词暗示了非法活动产生的资金是肮脏的，需要通过"清洗"来消除其与犯罪的关联。《洗黑钱的人：世界第三大生意洗钱的内幕》(The Laundrymen: Inside Money Laundering, the World's Third-Largest Business)一书的作者、金融犯罪专家杰弗里·鲁滨逊或许正是基于这样的理解写道："'洗钱'一词完美地描绘了整个过程：非法或肮脏的资金经过一系列交易后，蜕变为看似合法或干净的资金。换句话说，通过不断转账或交易，所有非法的痕迹被逐一抹去，这些资金以合法收入的形式重新出现。"[12]

为什么要洗钱

清洗黑钱可以将非法所得与其源头分开，从而无法追溯到犯罪记录。一旦资金被"洗白"，便可以像合法收入一样自由使用，既不会引起对资金来源的怀疑，也不会引起对产生这些资金的犯罪行为的警觉。这一手段也为犯罪分子提供了逃避侦查的便利。因此，洗钱的目的就是为不义之财披上合法的外衣，使其可以自由使用。

对于拥有非法资金的人来说，尤其是当其消费水平与自身经济状况不符时，他们往往无法随心所欲地消费。在大多数情况下，洗钱者，至少是那些被抓获和被起诉的洗钱者，绝大多数是男性。[13] 因为异常的消费行为很容易引起执法部门、税务官员的注意，进而对其财富来源有所质疑。在这种情况下，他们必须为资金来源提供合理的解释。

因此，犯罪分子洗钱主要有两个原因：一是避免与产生犯罪所得的犯罪行为有关联，二是能够将犯罪所得当作合法所得使用。洗钱者通过掩盖犯罪所得的资金来源，让人们觉得这些资金是合法的。

洗钱的三个阶段

尽管每起洗钱案件都有其独特性，涉及的资金来源和人员各不相同，但基本的洗钱过程大同小异。根据美国金融犯罪执法局的定义，洗钱主要包括三个步骤或阶段：处置、离析和融合。在网飞出品的电视剧《黑钱胜地》第一季中，主角马蒂·伯德生动地描绘了这些步骤。

处置是洗钱的第一阶段，即将非法所得投入合法的金融机构，开启清洗过程。这好比将脏衣服放入洗衣机。这是黑钱进入金融体系的第一步，目的在于让犯罪分子手中的大量非法现金进入金融体系。

对于洗钱者而言，处置阶段的风险最高，也最容易暴露。这是因为银行必须建立和维护客户身份识别程序（CIP），其中包括在开立账户时识别和核实客户，以及其他各种"了解你的客户"（KYC）的程序，包括基本背景调查、制裁筛查以及财富和资金来源审查。此外，被普遍认为具有较高洗钱、恐怖融资风险的客户，如政治公众人物（PEP），则需要接受额外的审查，即所谓的强化尽职调查（EDD）。

虽然银行无须证明客户的资金是干净的，但这些反洗钱内控措施以及其他措施（如监控）的意图是，发现潜在的洗钱及资助恐怖主义活动，并剔除那些可能试图滥用金融机构的人。因此，银行在与客户首次建立关系（即资金首次进入金融机构）履行合规程序时，最有可能发现洗钱者的身份。

离析是洗钱的第二阶段，也是最重要的一个阶段。在此阶段，黑钱被清洗干净。仍然用洗衣机打比方，这一阶段相当于脱水过程。它往往是黑钱在金融体系内的第一次流动。这也是洗钱过程中最复杂的阶段，通常包括一系列复杂的交易，用来掩盖资金来源，模糊财务线索，迷惑审计和调查人员。交易过程越复杂，资金的来源和最终归属就越难被追查到。

这一阶段的交易包括将现金兑换成旅行支票，币种转换，多次电汇，跨境资金转移，通过匿名空壳公司、信托或基金腾挪资金，以及投资手续简便的生意等。这些交易通常涉及多家银行和多个账户。由于这些交易可能会在不同产品和服务中多次进行，因此这一阶段被称为"离析"。

融合是洗钱过程的第三阶段，也是最后一个阶段，此时非法所得重新进入主流金融体系，变得"合法化"。这就好比从洗衣机中取出干净的衣物。在这一阶段，洗钱者可能会通过合法交易，如出售、转让或购买在离析阶段获得的房产、证券或其他高端资产，以确保资金在正规经济中的所有权。此时，合法资金和非法资金已难以区分。因此，在这三个阶段中，融合被认为是风险最小、最不容易被发现的阶段。

虽然洗钱被描述为由三个独立的不同阶段组成，但它实际上是一个连续且不断变化的过程。三个阶段的划分只是对动态、复杂洗钱活动的简单描述。而且，这三个阶段并不一定按顺序进行，它们可以相互交织、混合进行。

此外，清洗非法所得需要的时间也因案件而异。犯罪分子有时希望快速洗钱以便立即使用，但有时也会将非法所得藏匿于房产或投资项目中达数年之久，并不一定要求非法所得必须立即融入合法金融体系。

洗钱的手段多种多样。电汇是最常见的资金转移方式之一，金融体系一天的电汇笔数超过50万笔（总金额超过2万亿美元）。[14] 由于洗钱活动所采用的转账方式与合法交易在形式上几乎一致，所以在缺乏额外信息的情况下，仅通过交易审查很难准确识别洗钱活动。多种交易类型表面上看很相似，因此要确定某笔特定交易是否涉及洗钱、逃税或资助恐怖主义等非法行为是非常困难的，特别是在洗钱的初期阶段，这种识别工作几乎无法进行。[15] 这些事实进一步凸显了洗钱的复杂性，以及识别和打击洗钱活动的难度。

更全面地审视洗钱过程

将洗钱过程划分为三个阶段虽然有效，但在描述实际洗钱手法时却显得颇为局限。具体来说，三个阶段的划分主要聚焦于资金在金融体系内的流转情况，然而对非法资金来源及最终流向的深入调查同样至关重要。更全面地审视洗钱过程，有助于反洗钱专业人员和调查人员识别各种洗钱活动。非法资金进入合法金融体系并不应被视为洗钱的起点，实际上，洗钱活动在产生非法资金的上游犯罪（如盗窃、挪用公款、野生动植物非法贸易等）发生时便已开始。另外，洗钱行为也并非在资金融入金融体系（如购买游艇、进行投资等行为）时便宣告结束。持续追踪资金直至其最终流向，即最终受益的个人或犯罪集团，也同样至关重要。例如，我们需关注融合后的资金是否流向阿富汗的激进武装组织（资助其行动），或成为哥伦比亚贩毒集团的金库（购买武器）。

由于上游犯罪类型繁多，清洗犯罪非法所得的技术手段也千差万别。在反洗钱和打击恐怖融资领域，这些用于洗钱和资助恐怖主义的技术、方法和趋势被统称为洗钱类型。洗钱类型往往因地区而异，并受到经济、金融市场和法律制度［包括反洗钱和反恐怖融资（CFT）制度］等因素的影响。因此，清洗犯罪所得和资助非法活动的方法不

仅因地而异，也因时而异。¹⁶

例如，塔利班作为阿富汗最活跃的激进武装组织，不仅是罂粟种植的幕后推手（罂粟可用于制造海洛因），还曾利用正规银行部门转移和清洗贩毒资金。然而，随着阿富汗的银行实施更为严格的规定，该组织转而采用非正规的资金转移体系，如哈瓦拉（将于第九章详细讨论）等。经过清洗的毒资进一步用于资助武装活动和塔利班组织的复兴。¹⁷

其他地区也有值得关注的大型犯罪集团。这类组织涉足国际毒品贸易，在毒品被走私后，犯罪集团会利用空壳公司、豪华房地产和高档汽车等昂贵资产清洗毒资。

与这些犯罪集团类似，哥伦比亚的贩毒集团也有其独特的洗钱方式。为了应对创纪录的可卡因产量带来的巨额利润，哥伦比亚贩毒集团不仅采用传统手段，如投资土地、房地产、建筑以及利用现金密集的幌子生意和黑市比索交易（BMPE，将在第三章详细讨论），还逐渐将投资重心从大城市的中心转移到小城市，如麦德林和哥伦比亚首都波哥大。此外，贩毒集团还越来越多地利用加密货币进行洗钱活动。¹⁸

洗钱类型的多样性反映了犯罪分子在隐藏、清洗和转移非法资金方面所采用的方法、技术与计划各具特色且不断演变。正如前述案例所示，不同犯罪集团、不同地理区域的洗钱类型存在显著差异，主要原因是犯罪分子会根据其交易特点调整洗钱策略。上游犯罪类型和地理位置是识别洗钱类型的重要指标之一。通过辨识这些类型，我们可以更准确地识别特定的洗钱或恐怖融资威胁，并制定相应的打击策略。虽然单个指标本身并不足以证明犯罪活动的存在，但它可以作为预警信号，触发进一步的审查措施，如强化尽职调查和特别监控等。合规人员在关注与其行业、产品或服务相关的洗钱案件类型的同时，应不断更新和学习新出现的、正在发展中的洗钱案件类型的知识。识别这些类型不仅有助于合规人员更有效地打击金融犯罪，还能协助金融机构，确保其符合监管要求。[19]

上游犯罪

洗钱与其他犯罪（包括其他金融犯罪）存在显著区别，其他犯罪行为本身就被视作犯罪，如谋杀、盗窃、强奸、挪用公款等，然而，洗钱所涉及的金融交易，在没有非法所得作为前提的情况下，并不构成非法行为。（这里有个例外，那就是分拆交易，即为了逃避监管，将大额现金拆分成多笔小额存款。在美国等司法管辖区，分拆交易被视作独立的刑事犯罪，详细内容参见第六章。）换句话说，合法赚取的钱财是不需要清洗的（但需要注意的是，如果故意清洗这些资金的未付税款，则可能构成重罪，此时未付税款被视为非法所得）。因此，洗钱通常指的是在上游犯罪或上游犯罪行为发生后的一系列交易行为。

在刑法体系中，上游犯罪指的是为更严重或更广泛的犯罪提供资源或构成其要素的犯罪。换句话说，上游犯罪就是那些产生洗钱罪所需非法收益的犯罪行为。正如预期的那样，上游犯罪必须产生某种形式的金钱利益或经济收益。实际上，法院已经裁定，在洗钱行为发生前，必须存在某种产生经济利益的犯罪行为。

在洗钱立法方面，各国对上游犯罪的定义以及确认哪些犯罪构成上游犯罪存在不小的差异。有的国家将范围限定在贩毒及相关犯罪上，或列出详尽的上游犯罪清单，或对上游犯罪的定义更为宽泛，涵盖所有犯罪、严重犯罪或达到特定处罚标准的犯罪。[20] 随着洗钱案件性质的不断演变，上游犯罪的范围也在不断扩大。现在，国际反洗钱界普遍认为，上游犯罪的范围应涵盖所有严重犯罪，这一立场已在各种反洗钱公约和法令中得到体现。

在美国，联邦反洗钱法规中包含一份详尽的犯罪清单，被称为"特定的非法活动"（SUA），它们被视为洗钱的上游犯罪。[21] 这份清单列出了 250 项非法活动，涵盖了违犯本土以外、联邦和州法律的犯罪行为。对于洗钱指控而言，资金的来源必须是《美国法典》第 18 编第 1956 节（c）（7）条中规定的特定犯罪活动，或者是《反敲诈勒索及腐败组织法案》（RICO）中列出的犯罪活动。[22]（关于《反敲诈勒索及腐败组织法案》的具体内容，将在第十章中详细讨论。）

联邦法规中列出的特定的非法活动范围广泛，包括白领犯罪、各种欺诈行为、勒索活动、构成犯罪的企业行为、毒品相关犯罪、人口贩运、网络犯罪、环境犯罪、恐怖主义融资、制裁犯罪以及危害外国的犯罪等。值得注意的是，即使无法对特定的非法活动或上游犯罪本身定罪，政府仍可以提起洗钱罪的指控。在美国将洗钱定为刑事犯罪的最初几十年里，上游犯罪大多与非法销售毒品及其相关犯罪有关。反洗钱立法与美国的"禁毒战争"几乎是同步发展的。在此期间，哥伦比亚的贩毒集团，特别是卡利集团和麦德林集团，对美国执法部门构成了巨大威胁。[23] 网飞电视剧《毒枭》从历史角度相当准确地描述了这两个贩毒集团的兴衰及其犯下的罪行。

自 20 世纪 80 年代以来，毒品收入一直是非法现金的主要部分，无论是在街头还是其他场所，毒品都使用现金进行交易，甚至中型毒品分销商和零售商也采用现金结算。[24] 这导致大量非法现金流入美国金融体系。因此，打击洗钱的执法工作一直重点关注非法麻醉品交易，更具体地说，侧重于打击对贩毒者和犯罪组织影响最大的方面，即他们的"利润"。由于犯罪组织必须依赖金融体系来转移和掩饰非法资金，金融体系被认为是它们最脆弱的环节，也是最容易被发现的地方。此外，对于执法部门来说，通过金融体系追踪洗钱活动更加高效且风险较低。因此，美国通过实施反洗钱条例，要求银行和其他金融机构承担发现和阻止洗钱活动的责任。

如今，除了与毒品相关的犯罪，更多类型的犯罪被视为洗钱的上游犯罪。尽管联邦法院现有的洗钱定罪数据有限（例如，被控洗钱的被告可能会提出抗辩，仅承认较轻的犯罪行为），但大体上，各种类型的欺诈行为——包括银行欺诈、消费者欺诈、医疗保健欺诈、证券欺诈和退税欺诈——以及毒品犯罪，占据了当前上游犯罪指控的绝大多数。[25] 在美国，非法收益还有很大一部分来自人口走私、人口贩运、有组织犯罪和腐败犯罪等。

洗钱和腐败

关于洗钱和腐败之间的内在联系，已经有很多研究和著述进行了探讨，金融行动特别工作组和世界银行等国际组织也对此内在联系给予了认可。[26] 腐败行为，如贿赂政府官员和盗窃公共资金等，往往产生巨额非法收益，这些收益需要清洗。此外，腐败还进一步助长了洗钱、恐怖融资以及上游犯罪等不法活动。更为严重的是，系统性腐败还会侵蚀反洗钱和反恐怖融资的法律与监管框架，削弱其执行力度和有效性。因此，洗钱和腐败之间形成了一个恶性循环：腐败催生洗钱，而洗钱又进一步加剧腐败的蔓延。

然而，正如洗钱和腐败紧密相关一样，反洗钱与反腐败战略也密不可分。世界银行在2007年3月发布的一份反腐败战略报告中指出，有效的客户尽职调查（CDD）在打击腐败、提升金融透明度方面发挥着至关重要的作用，这也是反洗钱和反恐怖融资工作的基本要求。报告还强调，金融情报中心（FIU）、反腐败机构、执法部门以及私人部门之间需要加强合作，以最大限度地发挥反洗钱机构在打击腐败方面的效能。世界银行的报告进一步指出,在多个受访国家中,执法机构普遍认为腐败是洗钱活动的主要根源。因此,反洗钱和反恐怖融资政策不仅旨在维护金融秩序与安全,同时也是重要的反腐败工具,具有双重意义。[27]

洗钱和逃税

洗钱和逃税这两个概念常常相伴相随,有时甚至难以区分。它们在某种程度上存在诸多相似之处,且经常同时发生。

逃税,指的是个人或实体故意逃避缴纳应缴税款的非法行为。这通常包括向美国国内收入局(IRS)虚报收入,如少报实际收入、虚增扣除额或隐瞒离岸账户中的收入等。[28]逃税的手段五花八门,从提供虚假报税信息到非法转移资产,不一而足。

洗钱和逃税有几个共同点。首先,两者均被归类为重罪:洗钱被明确列入《美国法典》第18编第1956节和第1957节,逃税则被列入第18编第7201节和第7206节。此外,两者均出于经济动机,旨在隐藏或掩饰非法货币收益。由于它们具有金钱交易和非暴力性质,传统上被认为是白领犯罪,主要涉案人员多为企业和政府的专业人员。[29]然而,如今犯罪组织和其他非法业务参与者也逐渐成为这些犯罪的主体,且这一趋势日益明显。

海蒂·弗莱斯经营的高档妓院丑闻,便凸显了非法企业、逃税与洗钱之间的紧密联系。20世纪90年代末,被誉为"好莱坞夫人"的海蒂·弗莱斯在洛杉矶经营一家高档伴游服务公司,为名流富豪提供服务。据报道,她每周能赚取高达30万美元的非法收入。

《美国法典》第18编第1952节明确规定,涉及卖淫的商业活动属于洗钱的上游犯罪。弗莱斯不仅因洗钱罪受审,还因逃税罪被判刑，服刑37个月。有趣的是，她的刑期远低于联邦量刑指南建议的最高刑期（至少是她所判刑期的两倍）。主审法官在解释量刑时指出，专家证人的证词表明，洗钱量刑指南主要针对的是犯罪组织和贩毒集团，而非鸨母。[30] 考虑到近年来洗钱法律及相关观念的演变，如今这样的量刑显然不太可能。

洗钱和逃税另一个值得注意的相似之处在于，这些犯罪所涉及的金额往往巨大。究其原因，对于犯罪分子而言，清洗小额非法资金或逃避少量税款所带来的风险和麻烦并不划算。

这两种犯罪还经常涉及资金的全球非法流动，特别是流向离岸"避税天堂"和以严格的银行保密规则著称的司法管辖区。因此，洗钱和逃税均被视为非法资金流动①的形式。[31] 这些资金流动对所有经济体都会产生负面影响，对发展中国家的影响尤为严重。它们不仅将资金从最急需的国家抽离，还助长了犯罪活动，破坏了社会法治，加剧了社会的不稳定。

进一步将这两种犯罪联系起来的是，洗钱者和其他犯罪活动参与者通常也会逃税。这是因为报告非法所得很可能引起执法部门的注意，进而面临刑事指控。然而，根据美国国内收入局的规定，个人无论收入来源如何，都必须对所有收入进行报税。[32] 尽管这听起来有些滑稽，且实际操作中犯罪分子很少遵守，但美国政府仍明确要求犯罪分子向美国国内收入局申报其犯罪所得，并像合法收入一样缴税。美国国内收入局特别强调，"非法活动的收入，如贩毒所得，必须计入个人所得"。[33]

长期以来，尽管阿尔·卡彭常与洗钱联系在一起，但他实际上却是因逃税行为在1931年被送入联邦监狱的。卡彭的生活虽然奢华，

---

① 非法资金流动是指资金或资本从一个国家非法流向另一个国家。

但他从未提交过纳税申报表，这为指控其逃税提供了确凿证据。值得注意的是，直到1986年，洗钱才正式被定为联邦罪行。1987年的电影《铁面无私》生动展现了特工在发现卡彭（由罗伯特·德尼罗饰演）提交纳税申报表后，对其展开逃税调查的过程。

值得一提的是，虽然逃税在一些国家（如英国和加拿大）被视为洗钱的上游犯罪，但在美国的反洗钱法规中，逃税并未被列为特定的非法活动。尽管如此，检察官仍利用邮件和电信欺诈等罪名，间接对基于税务犯罪所得的洗钱行为提出指控。[34]

鉴于税收是美国政府收入的主要来源，为确保税收的有效征收，美国政府对金融活动进行了严密的监控。[35] 相应地，洗钱和逃税计划也采用相似的手段，如使用代理人、外国货币、多个银行账户、电汇和国际避税港等，以逃避税务和执法部门的侦查。

洗钱和欺诈

欺诈是一种泛称，指故意做出不实陈述的行为。《布莱克法律词典》将其定义为"故意歪曲事实或隐瞒重要事实，以诱使他人采取对其不利的行动"。[36]

欺诈涵盖了众多类型的犯罪活动，包括但不限于税务欺诈、医疗保健欺诈、庞氏骗局和金字塔骗局、身份盗窃、各种类型的网络欺诈，甚至是导致2007—2010年金融危机的抵押贷款欺诈。个人（如伯纳德·麦道夫数十亿美元庞氏骗局的投资者）和公司（如卷入2001年和2002年臭名昭著的安然、泰科和世通会计丑闻的合作公司）都可能成为欺诈的受害者。

欺诈的动机主要是剥夺他人的金钱、财产或合法权利，这在很大程度上是出于经济利益的考虑。由于欺诈所得的非法资金需要合法化，因此洗钱活动往往伴随其中。欺诈的种类繁多，许多洗钱的上游犯罪都与欺诈紧密相关。[37] 因此，欺诈案件的增加通常也会伴随着洗钱活动的加剧。特别是在经济前景不明朗、不稳定时期，欺诈行为往往会激增，因为欺诈者会趁机利用漏洞。相应地，洗钱和其他金融犯罪也会增多。2020 年暴发的新冠疫情就是一个典型的例子，其展现了欺诈、洗钱和经济不稳定之间的紧密关联。多个国家和国际执法机构，如欧洲刑警组织和美国联邦调查局（FBI），都发现针对个人、企业和政府的欺诈活动数量有所增加。这些非法活动包括各种形式的欺诈，如医疗保健欺诈、信用卡欺诈、抗病毒药物贩运、投资骗局、涉及假冒慈善机构的诈骗以及网络欺诈等。[38] 事实上，美国金融犯罪执法局、美国证券交易委员会和美国商品期货交易委员会都发布了警告，特别提醒金融机构要警惕新冠疫情可能导致非法金融活动增加。[39]

欺诈行为往往伴随着一些预警信号，如异常账户活动和可疑客户行为，这些也可能暗示着洗钱活动的存在。因此，许多用于侦查和打击洗钱的方法与资源，特别是调查工具，同样适用于欺诈行为的侦查和打击。

尽管欺诈和洗钱之间存在诸多关联，但长期以来，反欺诈和反洗钱的职能一直分属于不同的角色，反洗钱职能隶属首席合规官，反欺诈职能则隶属首席风险官或同等角色。然而，近年来，随着对这两项职能独立性的认识逐渐改变，它们在更广泛的反金融犯罪领域中正逐渐融合。这种合作以及数据、资源的共享带来了诸多好处，如减少冗员等。监管机构如美国金融犯罪执法局和欧洲银行业联合会等都鼓励反洗钱和反欺诈部门之间的协调、合作与交流，这不仅加强了两个部门之间的有效合作，而且促进了与网络安全部门之间的协作。[40]

洗钱调查、执法和处罚

美国是最早将洗钱定为刑事犯罪的国家之一，早在1986年就通过了《洗钱控制法案》。此后，美国国会对《洗钱控制法案》进行了多次修订，并将其编入《美国法典》第18编。该法案主要包含两部重要的联邦刑事洗钱法规，即第1956节和第1957节。

具体而言，第1956节主要关注货币工具，如货币、个人支票和汇票涉及的洗钱问题。该法规禁止任何人在明知财产来自某些特定的非法活动的情况下，实施或企图实施金融交易。

第1957节则侧重于涉及特定的非法活动所得财产的货币交易，常被称为"交易资金罪"，因为它将故意交易非法所得资金的行为视为重罪。该规定的目的在于使犯罪所得失去价值，从而遏制犯罪行为。[41] 这与打击从犯罪中获利的行为的整体目标是一致的。

《洗钱控制法案》不仅是最早的反洗钱刑事法，而且具有强大的法律效力。《洗钱控制法案》与《银行保密法案》不同，后者通常没有域外管辖权，但《洗钱控制法案》的条款却具有广泛的域外效力。第1956节适用于在世界任何地方参与洗钱的美国公民，以及在美国境内实施任何犯罪步骤的非美国公民。同样，根据第1957节，只要交易的一部分发生在美国境内，则无论参与者是否为美国人，无论交易是否在美国境外进行，该法都具有管辖权。此外，一些在外国发生的罪行也被视为洗钱的上游犯罪。

多个联邦机构有权开展洗钱犯罪调查，包括美国联邦调查局、美国移民和海关执法局、美国特勤局、美国缉毒署（DEA）、美国国内收入局刑事司和美国邮政检查局等，甚至美国国家环境保护局也参与调查与环境犯罪相关的洗钱案件。

美国司法部（DOJ）刑事司内部设有"洗钱和资产追回科"，专门负责洗钱案件的起诉工作。全国94个检察官办公室均有权提起洗钱诉讼。在管辖权重叠的情况下，联邦机构会与各州和地方当局合作处理相关案件。

根据《洗钱控制法案》，洗钱指控没有最低金额门槛，无论交易规模大小，均适用该法。[42] 洗钱罪的诉讼时效为5年。[43] 该法适用于个人和组织，违犯者可受到民事或刑事处罚，包括监禁、罚款、民事处罚、归还和没收。第1956节和第1957节均有各自独立的处罚规定。[44]

违犯第1956节规定的行为可处罚款50万美元或洗钱金额的两倍，以金额较高者为准。法院还有权判处被告不超过20年的监禁。此外，交易中涉及的任何财产或可追溯到相关犯罪活动收益的财产都将被没收。第1957节的刑罚标准较第1956节轻，最高刑期不超过10年。这是因为该罪行的主观犯罪意图较轻，检方无须证明被告明知财产来自犯罪活动。相比之下，第1956节要求检察官必须排除被告对财产来源的合理怀疑。从本质上讲，第1957节旨在防止个人故意忽略非法资金的来源。

根据《洗钱控制法案》，共谋、未遂、协助和教唆均属非法行为。联邦洗钱法规中的共谋条款并不复杂，证明共谋通常比证明洗钱更为容易。值得注意的是，违犯第1957节和共谋违犯该节的罚款与刑期相同，因此白领犯罪的起诉通常包括洗钱共谋指控。洗钱案件也常涉及逃税指控，这增强了检方的诉讼力度。

除联邦法律外，各州法律也将洗钱定为刑事犯罪，这与联邦法律并行不悖。在美国，已有超过半数的州将洗钱定为犯罪。[45] 在州一级，地方检察官办公室负责调查和起诉洗钱犯罪。一个人可能因同一行为在州和联邦同时被起诉，但不会产生"一罪二审"的问题，因为第五修正案的"一罪二审"条款不适用于根据联邦和州法律对同一罪行的同时起诉。[46]

鉴于美国是最早通过立法将洗钱定为刑事犯罪的国家之一，其起诉力度比其他任何国家都大并不令人意外。[47] 这主要归因于三点：一是美国可能面临的贩毒问题比其他工业化国家更为严重，因此其反洗钱立法一直以打击贩毒为核心；二是从20世纪70年代开始，美国在打击有组织犯罪方面取得显著成效，这为打击洗钱活动提供了立法框架和执法专业知识；三是美国拥有悠久而强大的执法文化，这种文化在反洗钱领域同样得到了体现。[48]

洗钱的三种主要方式

洗钱的手法五花八门，只有犯罪分子想不到的，没有他们做不到的。犯罪集团不断变换手段，为规避最新法律法规采用新技术，洗钱方式也在持续演变。因此，我们无法涵盖所有潜在的洗钱方式，但归根结底，洗钱的核心就是转移资金，主要可以归结为以下三种方式：

1. 利用金融体系（如银行间电汇）。
2. 实际转移资金（如跨境运送现金）。
3. 通过贸易系统实际转移货物（如在贸易交易中虚报进出口价格或数量）。[49]

每种方式的运用既可以简单直接，也可以极其复杂狡猾。常见的方式是通过一系列交易来转移非法所得资金，以掩盖其真实来源。尽管在某些情况下，一次交易就能使非法资金与犯罪源头分离，但在大多数情况下这是远远不够的。更常见的做法是进行多次复杂交易来掩盖资金线索。洗钱过程可能极其复杂，涉及跨辖区转移资金，利用各类金融与非金融机构，并可能涉及其他知情或不知情的参与者，如公司注册代理人、律师、会计师等。

通过现金密集型企业洗钱略显过时

清洗非法所得的一种最直接的方式，就是将非法所得与合法收入在现金密集型企业（如洗衣店、餐馆、便利店或洗车店等）中混合。这些企业，有时被称为"幌子公司"，是那些以现金交易为主的合法企业，涉及多个行业。由于它们的经营以现金收入为主，因此实际交易流水数据很难被精确掌握。虚报利润、夸大收益、篡改发票以及为增加的资金量编造各种似是而非的解释都相当容易做到。正因如此，金融机构很难识别与这类企业相关的异常活动。因此，犯罪分子和犯罪组织一直青睐这类企业，过去将其作为非法所得合法化的工具，如今仍用于洗钱。银行和其他金融机构也普遍将这些企业视为高风险客户。

然而，在当前的经济环境中，电子支付日益普及，许多低风险、高效率的洗钱方式应运而生，利用现金密集型企业洗钱则显现出明显的缺陷和局限性。特别是，单个现金密集型企业的利润通常受限于该行业合理的平均盈利水平。例如，比萨店或餐馆报告的利润只能在一定范围内，超出这一范围就可能引起美国国内收入局和执法部门的警觉。因此，如果要清洗巨额非法所得，就需要拥有多家餐馆或洗车场（或两者兼有），这必然导致所有相关企业都面临审查。这不仅费时费力，而且在有其他更高效便捷的选择时，这种做法显然显得不合时宜。

如第二章至第八章所示，还有其他更为迅速高效的洗钱方式和技术，更重要的是，这些方式具有匿名性，犯罪分子在保持对资金控制权的同时不易被发现。这些方式包括滥用匿名法律实体和难以追踪的空壳公司网络，从事贸易洗钱（TBML），购买房地产（特别是高端市场的豪华房产），使用虚拟或加密货币，以及实施网络洗钱计划（如利用网骡和暗网）等。

与洗钱相关的红旗警讯

红旗警讯指的是与可疑洗钱活动相关的警告信号或指标。这些信号本身并不能作为洗钱活动已经发生的确凿证据，同理，没有这些信号也不代表没有金融犯罪发生。红旗警讯是一种警示，提醒我们在进行交易前需仔细审查，以防止通过金融机构进行潜在的非法交易。一般而言，红旗警讯越多，发生洗钱活动的可能性就越大。

需要注意的是，红旗警讯仅仅表示可能涉及非法活动，只是部分可疑。并非每个偏离常规的活动都是洗钱。因此，我们应从整体审视各种情况，而不是仅仅盯着单笔交易。在做出任何决策，如是否接受或拒绝潜在客户、是否进行交易或是否提交可疑活动报告（SAR）之前，都必须仔细分析并评估每个案例的具体事实和背景，包括面对特定客户或在特定情景下正常的和预期的交易模式是怎样的。例如，进行客户尽职调查时，应仔细检查各参与方、所在管辖区域、账户历史交易记录、交易的总体商业目的等细节，并根据所有事实判断交易是否合理。有时，为了完成评估，我们可能需要进一步收集信息。

此外，红旗警讯清单并非一成不变。它需要保持灵活性，随着洗钱手段的发展、机构状况及其风险的变化而不断更新和检视。

红旗警讯因行业（如金融、建筑）、行业内的细分领域（如银行、证券、保险）、洗钱方式或技术（如贸易洗钱、房地产洗钱）、客户类型（如个人或企业）、交易类型（如电汇、自动清算所交易）以及管辖区域（即低风险地区与高风险地区）的不同而有所差异。红旗警讯还可以进一步细分为多个类别，包括可疑客户行为、规避报告行为、提供信息质量或完整性不足、与客户业务不符的交易，以及与资金转账、同业往来、大宗货币运输、贸易融资、保险和空壳公司等交易相关的异常活动等。

各类标准制定机构及反洗钱组织，如金融行动特别工作组、美国金融犯罪执法局和联邦金融机构检查委员会（FFIEC）等，均在其官方网站上发布了与洗钱和恐怖融资相关的红旗警讯清单。这些清单虽然并非详尽无遗，但提供了实用的范例，有助于识别可疑交易，阻止洗钱、恐怖融资和其他金融犯罪，并确保遵守反洗钱法规。对于金融机构而言，最简单且成本效益最高的措施是，对员工进行培训和教育，使其了解潜在风险及相关预警信号，从而更有效地发现和阻止洗钱交易。

结语

洗钱计划往往被刻意设计得复杂且难以捉摸。考虑到犯罪活动，特别是洗钱活动的不停演变和隐蔽性特点，任何从事反洗钱工作的人员都必须时刻保持对各种洗钱类型，以及相关法律法规发展动态的敏锐感知，同时还应密切关注执法机构的行动和最新案例。在对洗钱具备基本认知的同时，拥有更广阔的视野，将在制定风险缓释策略、实施更为有效的侦查和威慑行动，以及确保合规性方面发挥更大的作用。

第二章

空壳公司

空壳公司是一种特殊的法律实体，它们虽然通常没有实体存在，仅停留在纸面上，但却能持有资产并开展交易。拥有和运营空壳公司是合法的，但由于其匿名性，这些公司容易被滥用，成为调查人员和当局的重要障碍，因此需要受到严格审查。

在专业中介机构领域，由于监管法规较为宽松且缺乏全球统一标准，匿名空壳公司极易被操纵和利用。这些中介机构主要指协助空壳公司成立和运营的各类服务机构，它们提供法律、商业和财务等方面的服务。然而，空壳公司常被不法分子利用，为腐败、逃税、洗钱和其他金融犯罪提供便利，对社会造成深远影响，尤其是对贫困国家和发展中国家来说，破坏性后果尤为严重。

什么是空壳公司

空壳公司作为法律主体，享有一定的法律权利和义务，如签订合同、持有财产、进行交易以及作为诉讼当事人等。然而，与传统公司不同，空壳公司并没有实际的办公场所、工厂或分销中心等实体存在，仅有一个邮寄地址。这个地址通常是租用的邮寄信箱，可随时更改，主要用于接收诉讼文书和公司文件。

此外，空壳公司不提供任何产品或服务，通常也没有雇员和业务经营。实际上，大多数空壳公司的资产非常有限，甚至根本没有资产。它们属于非经营实体，不会在证券交易所上市。

空壳公司的法律形式可以是公司、有限责任公司或有限合伙企业，在全球各地，包括各大金融中心，它们都被承认为合法的公司组织。因此，空壳公司在国际交易和全球市场中发挥着重要作用。

空壳公司的合法用途和好处

空壳公司，包括匿名空壳公司，具有诸多合法用途。它们常被用作各类金融和其他商业事务的交易工具。空壳公司的特别优势在于，它们能够持有银行和经纪账户，进行电汇资金操作，拥有和转移资产（如股票和房地产），以及参与各类交易活动。[1]此外，空壳公司还可以用于财务和遗产规划，协助公司并购，并充当控股公司，甚至可以作为信托公司的受托人。

拥有空壳公司的好处主要体现在商业、法律、监管和税收方面。空壳公司有助于投资者集中资源，使企业和所有人免受某些特定的商业和财务风险；提供诉讼保护，为个人对企业债务和索赔责任设置上限，保护有形资产（如房地产）和无形资产（如知识产权、版权、特许权使用费和商业秘密），并在某些情况下提供优惠的税收待遇，从而节省大量资金。此外，匿名实体还能为所有人和管理人提供隐私保护，防止心怀不满的商业伙伴、竞争对手和前配偶等侵犯其财产。空壳公司还可用于防范绑架和赎金索求等潜在风险。

空壳公司的众多优势中，最为直观的一点在于，它可以成立多家有限责任公司以持有不动产。例如，拥有多处出租房产的个人可能会发现，为每处房产成立一家有限责任公司的方式更为有利。每家有限责任公司还可以开立自己的银行账户，用于租金收入、费用支付和出租物业的开支等。这种架构的优势在于，只要业主将其个人资产与租金收入分开，个人资产和企业资产就能保持独立。即使某处房产发生意外并引发诉讼，个人所承担的责任风险也会相应减少。更重要的是，任何针对特定有限责任公司的索赔或判决都仅限于该公司，其他财产则不会受到损失。此外，这种业务结构还有助于合理避税，带来诸多好处。

空壳公司的非法用途

绝大多数空壳公司是合法经营的，但它们的匿名性也使其极易被不法分子利用。由于多数国家未收集或更新公司所有人的信息，这种匿名性为非法活动提供了便利。这在全球法律框架中构成了明显漏洞，导致几乎任何人都可以轻而易举地成立匿名空壳公司，进而从事非法交易等不法行为。如果缺乏所有权人的记录，当局便难以追踪该公司及真正的交易者，这使腐败分子和犯罪公司所有人能够逃避责任，肆意从事非法活动而不必担心被打击报复或被捕。空壳公司既享有合法地位，又具备匿名性，因此能够迅速转移大量非法财富。尽管存在这些风险，世界上许多地方仍允许成立和经营匿名空壳公司。

在空壳公司的用途中，有些仅在道德层面受到质疑，或处于法律灰色地带（如某些避税策略），而有些则明显违法（如逃税）。除了涉税犯罪，空壳公司还涉及逃避制裁、恐怖融资、洗钱等多种非法活动，并与贩毒、贩卖人口、走私武器、诈骗、网络犯罪等罪行紧密相关。金融行动特别工作组、世界银行等组织均证实，空壳公司是清洗腐败资金最常用的途径之一，常被用于行贿、受贿或挪用公款。[2]

例如，臭名昭著的俄罗斯军火商维克托·布特，也被称为"死亡商人"（在2005年的电影《战争之王》中由尼古拉斯·凯奇饰演），他利用全球匿名空壳公司网络（包括在特拉华州、佛罗里达州和得克萨斯州注册的公司）隐藏资产、逃避制裁并销售违禁品。布特利用空壳公司的匿名性，向非洲、南美洲和中东的独裁者及游击队等世界上最残忍的罪犯出售武器。因此，他被指控向一些全球最暴力的冲突方提供武器，并密谋杀害美国公民。[3]

空壳公司的另一个常见非法用途是逃税。研究显示，最富有的人群最常进行离岸逃税，因为他们从中获利最大。例如，2016年的一项对最富有的1%家庭及其他纳税人的研究表明，在挪威、瑞典和丹麦，最富有的家庭少缴纳约25%的税款，而其他收入较低的家庭少缴纳的税款不到5%。[4]

逃税行为绝非北欧国家所独有。布鲁金斯学会（一家位于华盛顿特区的非营利性公共政策研究机构）指出，美国约有1/6的联邦税款未能如期缴纳。[5]实际上，美国西北大学研究寡头政治的政治学教授杰弗里·温特斯曾指出，空壳公司常被富人利用进行财务操作。原本高达3 000万美元的利润，经过一系列技术处理后，竟然能在美国国内收入局面前呈现出亏损1 000万美元的假象。[6]

2016年4月，"巴拿马文件"丑闻曝光，其涉及1 100多万份文件，包括20多万个离岸机构的财务数据和律师委托人等秘密信息。这些文件揭示了世界各地的富豪、权贵和政客如何利用离岸金融从事不正当和赤裸裸的非法活动。这起丑闻之所以引人注目，是因为数据泄露规模之大，涉及的公众人物之多，包括众多政客、世界领导人、名人、杰出商人、体育明星以及来自200多个国家和地区的超级富豪与知名人士。2019年，网飞制作了电影《洗钱风云》，由梅丽尔·斯特里普、安东尼奥·班德拉斯和加里·奥德曼主演,该电影根据"巴拿马文件"丑闻改编,详细讲述了作为丑闻核心的巴拿马律师事务所和企业服务提供商莫萨克·冯赛卡公司的倒闭过程。

然而,巴拿马肯定不是唯一的保密司法管辖区。"巴拿马文件"丑闻也并非唯一一个揭露离岸金融业中广泛存在非法和可疑行为的文件泄露事件。类似的泄密事件也揭露了在其他税收和财务保密天堂中,空壳公司被严重滥用,如2013年的离岸泄密、2014年的卢森堡泄密、2015年的瑞士泄密、2016年的巴哈马泄密和2017年的"天堂文件"事件。2020年,"罗安达泄密案"公布的财务文件详细描述了安哥拉前总统的女儿如何使用空壳公司和在专业中介的协助下,以牺牲国家利益为代价聚敛财富。而美国金融犯罪执法局的档案则曝光了数千份机密可疑活动报告,揭示了全球主要银行是如何为洗钱提供便利的。

成立空壳公司的便利性

空壳公司通常与那些享有离岸"避税天堂"美誉的地方有关,如加勒比海的岛国,以及瑞士等拥有知名银行保密法的国家。但近年来,空壳公司越来越多地与伦敦、纽约、香港、新加坡和迪拜等主要国际金融中心联系起来。事实上,空壳公司几乎可以在世界上任何一个国家成立,不同的司法管辖区对成立空壳公司的要求也不尽相同,包括成立的难易程度和保密程度。同样,反洗钱的立法和执法的力度也因地而异。因此,潜在的公司所有人可以自由选择最符合其目标的司法管辖区,无论是在岸的还是离岸的司法管辖区。过去几年的各种文件泄密事件清楚地表明,包括律师、会计师和其他顾问在内的一系列中介机构提供了大量服务来协助成立空壳公司。

在美国，成立公司相对简单直接。直到最近，公司还可以匿名成立，这导致美国在近几十年里成为主要的财务保密天堂。

公司设立过程，包括公司、有限责任公司和合伙企业的设立，由各州而非联邦层面管理。因此，公司法（适用于公司）、设立要求（适用于其他类型的商业实体，如有限合伙企业和有限责任公司），以及相关费用差别也很大。此外，各州对成立后的企业管理和经营行为的法律规定也有所不同。

尽管有些州要求企业必须在州内指定一个注册代理人并提供实际地址，但没有任何一个州要求必须在所有人所在州或企业运营所在州设立实体。个人可以自由选择在任何一个州，甚至在另一个国家设立空壳公司，这取决于他是寻求节省税收、宽松的备案要求、严格的隐私保护法律，还是寻求一个营商友好的法律体系来管理潜在的纠纷。[7]

关键在于，各个州都从公司设立涉及的各种注册和备案费用中获得不同程度的收入。为了吸引更多的客户，部分州采取了较为宽松的公司设立标准，这种现象被形象地称为"逐底竞争"。这些州在收集公司所有人信息的详细程度上存在显著差异。虽然这一评价是否客观公正还有待商榷，但特拉华州、内华达州和怀俄明州还是因此被誉为"保密天堂"。

特别是特拉华州，其公司注册制度极具灵活性，注册流程高效，堪称全球之最。此外，该州的税收制度为企业提供了丰富的合法减税途径。更值得一提的是，特拉华州拥有历史悠久、声誉卓著的专事公司法事务的法律体系。因此，美国半数以上的上市公司以及超过65%的《财富》500强企业选择在特拉华州注册成立。[8]

在美国，人们可以选择亲自或以远程的方式设立空壳公司，既可以借助公司服务提供商、律师事务所、会计师事务所等第三方机构完成，也可以自行完成注册手续。值得一提的是，甚至可以完全通过互联网设立空壳公司，只需填写简单的表格并提供付款信息即可。这种便捷的方式使人无论身处世界何处，均无须亲自前往美国，便能在该国成功设立一家空壳公司。⁹

2021年1月通过的联邦法律《企业透明度法案》（CTA）要求私营公司向美国金融犯罪执法局披露其受益所有人的信息。在此之前，无论是联邦还是州一级，都未强制推行反洗钱／"了解你的客户"流程，包括客户身份识别和验证的相关要求。因此，美国各州在设立公司实体时，均未要求收集受益所有人的信息。

空壳公司作为可以起诉和应诉的法律实体，在成立时必须指定一名注册代理人。这位代理人负责接收传票或其他与诉讼相关的法律文件。根据实体所在州的具体规定，注册代理人可以是受益所有人本人、受益所有人的朋友或家人，也可以选择商业注册代理人来担任这一角色。

大多数州会对在本州内设立的公司收取年费，同时，包括特拉华州在内的少数几个州还要求公司提交年度报告。成立法律实体的整个过程，从注册到收到最终文件，大约需要两周的时间。平均总费用一般为几百美元，但具体费用可能会因州的不同以及公司是否购买了额外服务而有所差异，比如请人起草经营协议或注册联邦税号（这两项工作也可以自己免费完成）。尽管律师和其他专业人士可以协助完成部分或全部的公司设立流程，但任何人都可以选择自己完成。因此，虽然对于一般人来说，在没有特定商业目的的情况下成立空壳公司可能毫无意义，但对于那些需要保护大量财富（无论是合法还是非法赚取的）的人来说，投入相对较少的精力、时间和费用来设立这样的公司无疑是值得的。

受益所有权

国际调查记者同盟以及其他组织和记者，通过坚定而严谨的新闻报道，将空壳公司、受益所有人透明度不足的问题以及金融部门在助长非法交易方面的角色公布于众，引起了公众、监管机构和执法部门的广泛关注。政策制定者和立法者显然已经注意到了这一点，因为近期出台的一系列反洗钱法律、法规和指令，都将焦点放在了受益所有人身上，特别强调了受益所有人登记的要求。其中，欧盟的第四号反洗钱指令（AMLD）和第五号反洗钱指令尤为引人注目，它们要求建立可公开访问的受益所有权信息中央登记处；美国金融犯罪执法局发布的客户尽职调查规则（CDD Rule）则明确要求受监管的金融机构必须识别法人客户的受益所有人；此外，还有《企业透明度法案》，它规定在美国注册的公司实体必须向美国金融犯罪执法局披露其受益所有人的信息。

受益所有人，有时也被称作最终受益所有人（UBO），指的是自然人（即非法人机构），他们虽然不直接拥有某种形式的财产，但却能从中获益，即便该财产的法定所有权属于其他人或实体。举例来说，公开交易的证券往往登记在经纪人名下，而非最终享有其金融价值的个人。因此，尽管在很多情况下，法定所有人和受益所有人是同一个人，但受益所有权并不等同于法定所有权。此外，受益所有人与受益人也有所不同，受益人可以是自然人或法人实体，他们从其他人或机构那里获得某种形式的利益，这些利益通常是货币性质的。比如，个人或有限责任公司可以成为人寿保险单、信托或遗嘱的受益人，有权获取相应的经济利益。

金融行动特别工作组将受益所有人定义为"最终拥有或控制某一

法律实体、委托他人进行交易的自然人，同时也包括对某一法人或组织行使最终控制权的人员"。[10]

在客户尽职调查规则中，美国金融犯罪执法局通过细致区分控制权和所有权来界定受益所有权。其中，控制权主要聚焦于对法人实体的管理、指导或控制负有重大责任的个人，如首席执行官或总裁等。根据美国《联邦法规汇编》第 31 编第 1010.230 条，法人客户的定义是"公司、有限责任公司或通过向州务卿或类似办公室提交公开文件而成立的其他实体、普通合伙企业，以及根据外国法律成立并开立账户的任何类似实体"。[11] 所有权关注的则是直接或间接控制该实体（甚至可以是 5 人以下共用实体）25% 以上的股权。如果股权分散，没有人拥有至少 25% 的股份，则只能根据控制权原则来确定受益所有人。[12]

为进一步解释受益所有权的概念，我们假设有一个女性，她并未将某租赁物业的所有权登记在自己名下，而是选择将其登记在一个空壳公司的名下。尽管如此，她仍是该物业的受益所有人。在这种情况下，虽然出租物业的法定所有权属于空壳公司，但她实际上拥有和控制该物业，能够做出是否出售等重大决策。作为受益所有人，她负责收取租金，并最终享有所有权带来的利益，即她的利润。

上述案例只是一个简化的例子。在实际中，犯罪分子会竭尽全力隐藏他们用于非法目的的空壳公司的所有权。他们可能会构建多层次的复杂架构，利用代持人来掩盖真实的所有人身份。这种结构往往涉及多个司法管辖区，特别是那些实施严格隐私法的地区。因此，在如此精心的法律安排下，要揭示受益所有人的真实身份变得异常困难。

尽管"受益所有人"一词的定义在不同场合可能有所差异，但一个共同点是，受益所有人必须是一个自然人（而非实体或其他类型的法律构造）。揭开公司的层层面纱，揭示其背后的实际控制人，有助于防止公司匿名性带来的滥用问题。透明度的缺乏常常成为调查的障碍，因此，识别受益所有人对于执法机构实现其目的至关重要。在打击金融犯罪、提高税收透明度以及财务报告的准确性方面，受益所有人都是一个核心概念。收集、核实和维护受益所有人信息，是遏制非法资金流动和防止犯罪分子滥用全球金融体系的关键途径。

案例研究：哪里有高层腐败，哪里就有猖獗的洗钱活动

任何从事打击金融犯罪，特别是反洗钱工作的人，都深知腐败与洗钱之间的紧密联系。在大规模腐败的地方，洗钱活动尤为猖獗。高层腐败更是这种现象的极端体现，涉及数百万甚至数十亿美元的非法资金流动。

高层腐败，本质上是高层权力的滥用，它涉及政府高级官员和政治人物等公众人物，与盗窃或挪用公款紧密相关。因此，参与高层腐败的个人通常都是公众关注的焦点。然而，他们却能在不引人注目的情况下，利用匿名空壳公司窃取并清洗巨额财富。这些空壳公司的背后，往往有被称为"守门人职业"的专业中介和中间人，如律师、会计师和各类顾问，为参与高层腐败的个人提供必要的协助和建议。

"被盗资产追回倡议"（世界银行集团与联合国毒品和犯罪问题办公室的合作项目）和金融行动特别工作组进行的研究证实，在重大腐败案件中，尤其是涉案金额超过100万美元的案件，空壳公司与电汇是最常用的洗钱手段。[13] 此外，"罗安达泄密"系列调查报告也揭示了腐败与洗钱之间的密切联系，展示了腐败分子

和权贵如何利用公司、组织与境外保密管辖区进行非法活动。报告还强调了监管薄弱的专业服务行业在其中的关键作用，以及这些专业群体如何助长腐败、洗钱和其他金融犯罪。

"罗安达泄密"丑闻将伊莎贝尔·多斯桑托斯置于风口浪尖。作为安哥拉前总统若泽·爱德华多·多斯桑托斯的长女，伊莎贝尔在其父长达38年的执政期内，涉嫌通过腐败手段积累了巨额财富。举报人公布的商业和财务记录等文件，详细揭露了她是如何在牺牲安哥拉人民利益的情况下腐败地积累财富的。与此同时，安哥拉尽管拥有丰富的石油、钻石等资源，却是世界上最贫穷的国家之一。根据世界银行的数据，安哥拉目前是世界上婴儿死亡率最高的国家之一，国民的平均寿命只有60岁左右，大部分安哥拉人无法获得清洁饮用水，全国近一半的人口每天的生活费不足两美元。[14]然而，《福布斯》富豪榜却将伊莎贝尔列为非洲最有钱的女性和首位女性亿万富翁。[15]

尽管伊莎贝尔坚决声称她的财富是自主创造的，从未挪用任何公共资金，但众多文件的披露却揭示了一个截然不同的故事。这些文件详细披露了关于腐败、贪污、内部交易、裙带关系、逃税和洗钱等诸多指控的证据，而这些被指控的罪行主要是通过合法成立的公司来实施的。伊莎贝尔和她的丈夫辛迪卡·多科洛被指利用腐败得来的国家资金构建了一个庞大的全球商业帝国，该商业帝国涵盖了400多家公司及子公司，并在世界各地拥有房产。这对夫妇的商业版图极为广泛，涉及石油、钻石、电信、媒体、零售、金融和能源等多个行业。

在若泽·爱德华多·多斯桑托斯长达近40年的总统任期内，由于执政家族对安哥拉几乎所有公共机构的绝对控制，腐败现象难以避免。他任命了众多亲戚和朋友担任关键职位，使一小部分人通过自然资源获取巨额利益，而广大民众则陷入日益贫困的境地。若泽·爱德华多·多斯桑托斯还赋予伊莎贝尔在多家安哥拉公司的股份，让她能够参与众多利润丰厚的交易、公共合同的签订、税收减免的获取、许可证的发放，甚至包括钻石开采权的分配。此外，他还任命伊莎贝尔为安哥拉国家石油公司（Sonangol）的负责人，并让她在安哥拉最大的电信公司Unitel担任董事职务。

腐败的盛行必然伴随着洗钱的需求，而这些活动通常是通过合法的公司实体来完成的。在这个过程中，律师、会计师、财务顾问、企业服务提供商、顾问和中间人等专业中介发挥了关键作用，他们不仅为洗钱活动提供便利，还从中获取了丰厚的利益。通过遍布全球的庞大空壳公司网络，伊莎贝尔和她的丈夫得以成功"洗白"非法财富，规避监管检查，并成功逃避税收。

记录显示，安哥拉的国有公司多次将外汇转移至外国司法管辖区的空壳公司，这些公司的最终受益人指向伊莎贝尔和多科洛夫妇。这对夫妇通过咨询费、贷款和合约等手段，巧妙地将资金从企业转移到他们在英属维尔京群岛、荷兰、马耳他和毛里求斯等多个保密司法管辖区的空壳公司。这些空壳公司的发票上，往往以"咨询服务"这一模糊描述作为巨额款项支出的名目，而这正是与洗钱和金融犯罪相关的典型红旗警讯。此外，伊莎贝尔和多科洛还通过在特拉华州注册的空壳公司持有了葡萄牙里斯本的一套豪华顶层公寓。为隐藏身份，他们采用代持人策略，确保夫妇二人的名字不出现在公开文件中。这些代持人或是他们的熟人，或是他们控制的公司，这种安排使他们得以在保持匿名性的同时，维持着对空壳公司的控制和财产所有权。

电子邮件和其他文件显示，会计师、律师和顾问等专业人士为夫妇二人提供了关于资金转移、规避银行合规要求、保持匿名及避税等方面的建议。尽管银行因夫妇二人的政治身份和复杂的财务安排而对其洗钱风险表示担忧，但仍为他们提供了支持。这对夫妇因政治人物身份而被视为洗钱高风险对象，其复杂的财务安排和与反洗钱控制薄弱的司法管辖区的联系均引起了广泛关注。[16]与银行相比，尽管专业服务公司、律师、会计师、财务顾问等商业服务提供者也需要遵守一定的规定，但他们的监管责任相对较少，审查程序也相对简化。这些行业可能拥有自己的行为准则或专业资格标准，但监管主要依赖于行业自律，而非政府的直接监管。因此，与金融机构受到的严格监管相比，这些"守门人职业"在监管方面存在较大的差异。

美国对于客户评估或审查的法律要求因职业领域而异，有的领域要求非常有限，甚至几乎没有。与此相比，欧盟在这方面的规定相对严格，但欧盟委员会的研究表明，客户审查要求的遵守情况参差不齐。透明国际的一项分析和其他类似研究也发现，金融中介机构在某些情况下确实有意无意地为洗钱活动提供了便利。[17]此外，2018年金融行动特别工作组发布的报告指出，"守门人职业"（即专业中介机构）在绝大多数洗钱案件中扮演着重要角色。[18]由于这些机构拥有专业的知识和技能，如果缺乏有效监督，可能会被用于操纵法律和金融体系。

在此背景下，伊莎贝尔和她的丈夫因挪用公款和洗钱而面临法律指控。指控提出几个月后，辛迪卡·多科洛在迪拜的一次潜水事故中死亡。[19]他们的资产已被冻结，而这类案件往往会拖上很多年。即使检方能够胜诉，追回被窃取的资产也极其困难，安哥拉很可能永远无法拿回那些被窃取的资金。

有过之无不及

没有国家能够免于腐败或由此引发的一系列金融犯罪。安哥拉的情况在非洲大陆和其他很多资源丰富的国家也存在。腐败是经济和社会发展最大的障碍之一。同时，公司架构的匿名性特点所衍生出的财务保密性也助长了腐败。[20] 腐败官员可以通过这些欠透明的公司，轻而易举地将国家资金塞进自己的腰包。例如，全球见证组织的调查揭露了在英属维尔京群岛注册的匿名公司，是如何以远低于实际价值的价格购买刚果民主共和国的铜矿和钴矿，然后转手大赚一票的。这些交易背后的不明身份者获取巨额利益，而刚果民主共和国的人民应得的数十亿美元公共资金却流失殆尽。[21]

同样，赤道几内亚的奥比昂家族也涉及多项非法活动，包括通过美国的金融机构和空壳公司洗钱。[22]

与安哥拉相似，赤道几内亚是一个自然资源丰富但贫富差距悬殊的非洲国家，其人类发展指数极低。执政的奥比昂家族，包括总统特奥多罗·奥比昂·恩圭马·姆巴索戈和他的长子副总统特奥多罗·恩圭马·奥比昂·曼格，被指控掠夺国家石油财富，并借此过着奢华的生活。例如，恩圭马·奥比昂拥有多处豪宅，包括在加利福尼亚州马里布的一座价值 3 000 万美元的豪宅，在巴黎有 101 个房间的顶层公寓，等等。他还拥有豪华跑车车队和一架湾流喷气式私人飞机，所有这些消费都与其副总统的工资严重不符。他的许多奢侈消费均通过位于特拉华州和英属维尔京群岛的匿名空壳公司进行。[23]

这些案例凸显了匿名空壳公司在挪用和清洗政府资金中的关键作用，且滥用空壳公司者往往身居高位。尽管并非所有有权或有钱的人都会滥用空壳公司，但有权有势的人更容易接触到专业人士，如律师、会计师和财务顾问，这些专业人士可以协助其设立空壳公司，并为交易提供相关便利。

因此，提高公司透明度对防止匿名公司被滥用和应对腐败问题至关重要。这不仅有助于防止金融犯罪，更能打击由此产生的贫困、资源枯竭、环境恶化等一系列社会弊端。

与空壳公司相关的红旗警讯

对"罗安达泄密案"中的文件进行审查后，我们发现，多起交易都涉及与空壳公司相关的典型红旗警讯。然而，为多斯桑托斯家族提供公司、法律和金融服务的金融机构与组织，却在很大程度上忽视了这些警示信号。为有效侦查和遏制通过不透明公司结构进行的金融犯罪和非法交易，金融机构、组织以及提供专业公司服务的中介机构在与空壳公司进行交易时，必须充分认识到这些架构可能被滥用的风险，并深入了解空壳公司可能带来的具体风险。同时，它们还需要具备识别可疑活动及相应红旗警讯的能力。鉴于不同交易、涉及的公司主体及其所有权结构、客户类型、账户设立目的以及服务类型的差异，每笔涉及空壳公司的交易都需要进行具体的风险评估。

一些指向滥用空壳公司的红旗警讯包括：公司目的未知或不明确；付款涉及不明确或模棱两可的术语，如"咨询费"，且缺少明确的资金用途说明；通过高风险司法管辖区或涉及高风险地区（金融行动特别工作组将其定义为在打击洗钱、资助恐怖主义和资助核扩散方面存在重大战略缺陷，从而对国际金融体系构成风险的国家或辖区[24]）以及已知的财务保密港进行的资金交易。金融行动特别工作组和美国金融犯罪执法局均分别公布了与空壳公司相关的红旗警讯清单。

结语

匿名空壳公司的存在使财务保密和非法资金的全球流动成为可能。由于空壳公司的所有人和控制人身份不透明,所以有一个悖论现象:一方面犯罪分子可以藏身于公司背后,另一方面他们能在众目睽睽之下实施交易。这种现象给执法工作带来了极大的挑战和难以克服的障碍。

目前,不受监管的公司服务业与各类专业中介机构往往成为推动匿名公司或实体组织成立和被滥用的主要力量。成立一家匿名空壳公司,进而通过这家公司轻松进入国际金融体系,将非法资金转移到世界各地,规避法律法规和国际制裁,并且进行一系列非法金融交易而不受惩罚和追究责任,已成为一种轻而易举的操作。

这种现象带来的后果深远且持久,无辜的个人也受到了波及,尽管他们与非法活动和不法行为毫无关联。经验和案例充分表明,尽管非法使用空壳公司造成的后果可能并不立即显现,甚至难以察觉,但受害者确实存在。在某些情况下,环境退化、资源枯竭和贫困加剧等问题的后果,往往需要数年时间才能完全暴露出来。

许多研究指出,空壳公司的非法使用加剧了最富有人群与其他社会成员之间的经济鸿沟。[25] 利用这些空壳公司暗中转移关键资源,导致资本外逃,特别是当资金从发展中国家被转移出去时,资本外逃的现象更为严重。与其他形式的洗钱活动一样,滥用空壳公司不仅加剧了腐败的恶性循环,还导致政治不稳定、削弱国家民主制度,以及降低公众对金融市场和法律的信任。总之,空壳公司的滥用行为对国际社会产生了深远的影响。

鉴于全球化的推进和各国日益紧密的联系,以及国际金融体系的互通性,打击非法使用匿名公司的有效手段在于各国在金融透明度、公司受益所有权等方面的国际合作。执法部门和国际金融机构必须能够轻易获取受益所有权登记册中关于法律实体所有人和控制人的信息。这些信息的获取将极大地促进执法调查工作,帮助调查人员串联线索,揭露非法活动。透明度不仅有助于金融机构进行更为有效的客户尽职调查、监控和可疑活动报告,还能改善执法部门、金融机构之间以及不同司法管辖区之间的沟通和信息共享。

在犯罪活动日益国际化的今天,跨境合作显得尤为关键。事实上,研究表明,与犯罪活动本身的跨国性相比,国界对执法造成的障碍更为显著,域外限制,如刑事立法的属地性,经常阻碍执法工作的进行。[26] 为了消除这些障碍,必须强化国际合作,共同努力,确保法律的跨国实施和有效打击跨境犯罪。

第三章

贸易洗钱

早在纸币和银行体系出现之前，贸易与易货交易形式便已存在。如同今日，当时的贸易环境中也不乏走私、掠夺货物以及价值虚报等不法行为。随着商业和贸易的逐步发展，为确保市场秩序，保护消费者的权益，相应的法规也陆续出台。然而，那些意图规避规则的人总能想出新的方法，以达成其目的。贸易作为价值转移的手段已有数千年的历史，其不仅用于合法的经济利益获取，也被一些人用于非法目的。

什么是贸易洗钱

被称为"贸易洗钱"的洗钱手法是基于对贸易体系的滥用或操纵。具体而言，它涉及利用贸易和贸易融资将非法金融收益伪装成合法来源。贸易洗钱通过伪造货物和服务单据等手段实现财富的转移，使大额资金能够无障碍地在国内外流动。

贸易洗钱是犯罪分子在合法经济体系中隐藏、转移和处置非法资金的主要手段之一。[1] 由于贸易洗钱高度的复杂性和隐蔽性，其已被美国金融犯罪执法局和金融行动特别工作组等机构列为洗钱和恐怖融资的高风险领域。贸易体系本身存在诸多弱点，为犯罪分子提供了洗钱和向恐怖组织转移资金的便利。据统计，全球每年通过贸易达成的洗钱金额高达数千亿美元。以美国为例，根据美国海关与边境保护局的数据，2019年平均每天有近7.9万个集装箱和价值73亿美元的货物通过入境口岸进入美国。[2]这仅仅是美国的数据，如果考虑全球范围内的进口量，涉及的金额将更加庞大。如此巨大的货物转移量无疑为犯罪分子提供了大量可乘之机。贸易涉及多方参与者，这使贸易洗钱的侦查工作变得异常复杂。同时，这也意味着贸易洗钱带来的风险和挑战更加严峻。值得注意的是，跨国机构和私人银行在非法贸易财富转移中扮演着重要角色。

直到2006年，金融行动特别工作组才正式给出了贸易洗钱的官方定义，即"通过贸易交易掩盖犯罪收益，并对资金的非法来源进行合法化的过程"。[3]美国国土安全部也对贸易洗钱进行了定义，强调其是"通过贸易掩饰犯罪所得，使其非法来源合法化的过程"。[4]通过这种方式，犯罪分子操纵商业交易，跨越国界转移货币价值。贸易洗钱并非一种单一行为，而是犯罪分子为掩盖犯罪所得而综合运用的一系列活动。

这些活动通常涉及复杂的贸易计划，例如商品流动、伪造商品价值和虚报与贸易相关的金融交易。这一过程通常是在商业人士的同谋下完成的。洗钱计划的最终目的是将非法资金融入市场，掩盖其真实来源。一旦非法资金与货物实现交换，将很难追查到非法资金的来源。

贸易洗钱具有四个显著特征，这些特征使其与其他洗钱活动有所区别，并有助于我们解释与之相关的风险并揭示其复杂性。首先，贸易洗钱常常涉及多个司法管辖区之间的国际贸易，而其他形式的洗钱可能只涉及一个司法管辖区。这种跨国性质为犯罪分子提供了更多操作空间，他们得以利用不同司法管辖区之间的法律制度差异进行洗钱活动。例如，某些国家的海关监管和反洗钱制度可能相对宽松，从而为犯罪分子提供了可乘之机。此外，现代贸易体量大、周转快的特点，也使制度上的一些漏洞更易于被利用和放大。

其次，贸易洗钱涉及贸易部门和金融部门的交叉重叠，犯罪分子可以利用这两个部门的漏洞。反洗钱制度若要行之有效，必须涵盖这些部门，并在调查过程中同时对这两个领域的数据进行仔细检查和交叉比对。

再次，国际贸易的特性使其容易受到外汇市场脆弱性的影响。货币兑换环节为犯罪分子提供了清洗非法所得的机会，增加了他们洗钱成功的概率。

最后，国际贸易中的供应链相互关联，也是贸易洗钱活动易发生的重要因素。供应链长、范围广泛，使其面临着多种重大风险和威胁。[5]

贸易洗钱的认识和范围

近几十年来，国际贸易以前所未有的速度迅猛增长，这种增长为贸易洗钱提供了更多的潜在机会。许多反洗钱专家指出，贸易洗钱已成为全球最大的洗钱类型。[6]然而，令人不解的是，相较于其他洗钱方式，贸易洗钱并未引起足够的重视和关注。近年来，用于打击通过金融机构和大量现金走私进行的洗钱活动集中了大量的资源和技术手段。随着对已知洗钱模式的打击力度加强，犯罪分子开始将目光转向贸易洗钱。他们发现这种洗钱方式既有效又隐蔽，能够很好地阻碍侦查。与金融体系面临的其他潜在威胁一样，贸易洗钱也在不断演变，以适应金融市场和实践的变化。

贸易洗钱之所以尚未被普遍认为是一种重大威胁，有几个主要原因。其中一个原因是，贸易洗钱涉及的范围极为广泛，既包括国内活动，也涉及跨境交易。贸易洗钱可能涉及真实贸易，也可能是完全虚构或略有伪造的。它适用于各种商品和服务，不受供应链特质的限制。此外，贸易洗钱的形式多种多样，犯罪分子可以通过操纵商品或服务的价格、质量和数量等手段进行洗钱。

另一个原因是，贸易洗钱虽然公开进行，但难以被察觉，也很难了解问题的真实程度和普遍程度。海关部门在侦查可疑贸易交易时面临资源有限的困境。每天发生的贸易交易数量庞大，使非法贸易很容易隐藏在合法贸易中。当合法与非法的贸易交织在一起，且资金混合时，欺诈行为变得更加复杂，难以区分和追踪。

根据世界贸易组织发布的数据，2018 年世界商品出口总额高达 19.48 万亿美元，而服务出口总额也达到 5.77 万亿美元。[7] 考虑到如此庞大的贸易活动规模，贸易洗钱活动能够轻易隐藏其中，难以被察觉也在情理之中。更为复杂的是，尽管贸易洗钱在全球范围内普遍存在，但不同司法管辖区对它的理解、处理方式、分类和执法力度都存在显著差异。这种差异使确定贸易洗钱实际发生的真实情况变得异常复杂。

最后，贸易洗钱的手法日益复杂多样，这也进一步增加了侦查的难度。贸易洗钱往往与其他洗钱技术和犯罪行为交织在一起，使资金流动轨迹变得扑朔迷离、难以追踪。例如，犯罪分子可能利用匿名空壳公司来增加操作的不透明性，从而掩盖其真实目的和资金来源。同时，贸易洗钱还可能涉及海关欺诈、逃税、资本外逃、违犯进出口管制法律法规、违反国际制裁以及恐怖融资等多种犯罪活动。

常见的贸易洗钱手法

如前所述，贸易洗钱的手法确实多种多样，有时与其他形式的洗钱活动难以区分。这些手法可能因不同辖区的商业惯例和习俗而有所差异，但总体来说，贸易洗钱涉及以下活动：

- 多开发票或少开发票：这涉及虚报货物或服务的价格，向进口商或出口商转移额外价值。当进口商和/或出口商串通一气时，贸易单据与承运货物完全一致，这使得这种洗钱方式几乎无法被察觉。金融行动特别工作组指出，这已经成为跨境洗钱的主要手段之一。
- 多次开票：这种情况是指对同一批货物或提供的服务多次开具发票，进行多次付款，并且使用不同的金融机构进行额外付款。这增加了交易的复杂性，也使侦查工作更加复杂。
- 多装运或少装运：装运的货物数量多于或少于发票上的数量，其中多装运往往是为了逃避进口关税。更为极端的是，进口商和出口商可能完全串通，根本不发货，但仍然为不存在的交易伪造单据，这就是所谓的"幽灵运输"。
- "幽灵运输"：这涉及"空"的货运并附有假发票，通常需要与进口商串通。在这种情况下，银行和其他金融机构可能会在不知情的情况下参与此类货物的贸易融资，从而被卷入洗钱活动。
- 混淆视听或欺诈性运输：运送与发票不符的货物，包括虚报货物质量或类型（而非货物价格）。这种手法不仅用于商品贸易，也可用于金融顾问、咨询等服务项目。[8]

将非法所得用于购买出口商品，并通过销售这些商品来清洗这些资金，这是一种比较典型的贸易洗钱手法。[9] 在这种方案中，美元被兑换成具体的商品，并通过出口/进口进入另一个司法管辖区，从而避免了实际货币的跨境转移。这种手法通常涉及多开/少开发票，或多发/少发货物，操纵所售商品的价格、质量或数量。例如，在多开发票的情况下，A 公司向 B 公司运送 10 台笔记本电脑，每台市值 1 000 美元，但开具的发票却是每台 2 000 美元。这样，B 公司就可以合法支付 A 公司 2 万美元，其中有一半是要清洗的黑钱。A 公司因此获利 1 万美元，而这些犯罪所得现在已经是"干净的"。A 公司还可以在出口某些特定商品时享受税收优惠。此外，它还可以通过将超额收益存入离岸账户来逃避资本管制。[10]

同样，也可以反向操作，即通过少开发票进行贸易洗钱。例如，A 公司向 B 公司运送 10 辆卡车，每辆卡车的市场价值为 10 万美元（市场价值合计 100 万美元），但只为每辆卡车开具了 5 万美元的发票（即市场价值的一半）。B 公司向 A 公司转账 50 万美元，随后以 100 万美元的市场价格将卡车卖给经销商。通过这种方式，A 公司可以将 50 万美元的黑钱支付给 B 公司。这笔交易看似合法，也很难证明其非法。不过，为了躲避审查，这些公司一般会将发票少开的幅度限制在 10% 或以下。[11]

贸易洗钱活动中最常使用的产品包括高税收产品（如烟、酒、电子产品）和国际价差较大的产品（如药品和消费品）。因此，在这些领域经营的合法公司的销量和利润遭受的损失最大。[12]

其他特别容易受到贸易洗钱影响的产品是军民两用产品。比如，常见的化学品硝酸铵，既可以用来制造化肥，也可以用来制造炸药。另外，国防物资也是洗钱者关注的重点，这类物资种类繁多，包括可以为军事、导弹、卫星等领域以及其他受控用途的物品进行应用、配置、设计、开发或改装，并可能包括枪炮、零部件及配件、模型或软件及相关技术数据等。[13]

贸易洗钱的参与者

美国情报与国家安全联盟下的金融威胁委员会是一个非营利性机构，致力于通过公私合作与信息共享推动情报和国家安全领域的重要事务。该委员会指出，贸易洗钱往往牵涉三类核心参与者：跨国犯罪组织、恐怖组织以及腐败的外国官员。这三者均擅长利用金融和贸易系统中的漏洞牟取私利，包括为非法活动筹集和清洗资金。

跨国犯罪组织和贩毒集团常常借助贸易洗钱手段，使非法活动所得变得合法化。它们通过购买产品并出口，再借助看似正常的交易销售这些产品，从而达到清洗非法所得的目的。交易过程中，产品实际价值与交易价格之间经常存在巨大的差异，这些差额往往被用于贿赂和维持犯罪活动所需的资金。这不仅助长了非法毒品贸易，还往往与人口贩运等其他犯罪活动密切相关。

同样，塔利班等恐怖组织也擅于利用贸易洗钱手段，如虚开发票、伪造单据和逃税等，悄然将资产从来源国转移至其计划发动袭击的国家。[14]

最后，腐败的政府官员通常在以贸易为基础的资金流动中，尤其是贸易洗钱过程中，发挥着重要作用。事实上，腐败官员是贸易洗钱的关键推动者，因为他们会利用特殊地位所获取的信息、程序和资源，使非法资金成功流动。同时，他们对执法部门和决策者也有着很大的影响力。

黑市比索交易

美国作为世界上最大的非法毒品进口国，其大部分非法毒品来自拉丁美洲。尤为引人关注的是，美国还是世界上最大的可卡因市场。[15]每年，这种非法交易产生的数百亿美元利润亟待清洗。为此，拉丁美洲地区广泛采用了一种名为黑市比索交易的手法来清洗毒品所得。这种交易方式结合了两种或两种以上的贸易洗钱技术。

这种复杂的洗钱系统最初为哥伦比亚的毒品贩子所使用，随后墨西哥的贩毒集团也效仿了这种手法。这个例子很好地说明了洗钱者和其他犯罪分子是如何灵活调整策略以规避法律法规的。事实上，黑市比索交易起源于 20 世纪 60 年代，当时哥伦比亚禁止了美元的使用并对进口商品征收高额税款。在这样的背景下，比索经纪人这一职业应运而生，他们提供比索供人们购买商品，而货款则以外币支付。到了 20 世纪 80 年代，随着美国对可卡因需求量的激增，毒品销售收入也达到了惊人的规模，这使贩毒集团难以将大量资金运回哥伦比亚。因此，比索经纪人开始参与黑市比索交易计划，协助清洗贩毒所得利润，并将其兑换为比索。如今，这种洗钱手法仍然被贩毒者利用。他们可以通过这种方式向另一个国家的供应商支付货款，而无须实际进行跨境货币转移。

除了洗钱，黑市比索交易还为拉丁美洲进口商提供了规避高额进口费用和税收的途径。具体来说，利用这一系统，美国的货币经纪人会接收以美国为基地的贩毒者提供的毒品交易所得美元；然后，他们通过哥伦比亚商人向哥伦比亚的供应商提供比索，以进口美国商品；接着，代理商用毒品交易所得美元购买这些商品并运回哥伦比亚。这样做不仅满足了哥伦比亚商人的进口需求，还让以美国为基地的贩毒者避免了跨境走私大量现金的风险。[16] 总体而言，这一系统使美国的贩毒集团能够将手中的美元出售给那些寻求购买美国出口商品的哥伦比亚商人，从而实现在哥伦比亚境内将美元转换成比索。[17]

下面的例子展示了一个简化的黑市比索交易方案，这个方案将不同的贸易洗钱技术圆滑地结合在一起。值得注意的是，这一过程中的每一个步骤都使证明美元与毒品之间的联系变得更加困难。[18]

该方案始于将非法毒品走私到美国，这一步骤通常由拉丁美洲的贩毒集团（如哥伦比亚或墨西哥贩毒集团）进行。它们通过销售毒品换取大量的美元现金。这一步是犯罪计划中风险最高的一环，因为会产生大量现金（通常是小面额美元），这些现金在运输或存入银行时很容易引起注意。由于在实际操作中持有现金比索更为实用，因此需要一个比索经纪人（或货币交易商）来协助将这些美元兑换成比索。在这个犯罪方案中，比索经纪人扮演着至关重要的角色。[19]

接下来，贩毒集团需要安排在美国的代理人将美元打折卖给位于境外（通常在哥伦比亚）的比索经纪人。比索经纪人通过哥伦比亚的银行账户向贩毒集团支付比索，并收取佣金。这一步骤有效地撇清了贩毒集团与整个洗钱活动的关系。到这一阶段，贩毒集团在成功降低跨境走私现金的风险和成本的同时，将其非法贩毒利润转化为可使用的比索。[20]

此外，比索经纪人必须通过其在美国的代理人对这笔美元进行拆分洗钱，也就是将其拆分成更小的存款，以避免存款超过 1 万美元时触发银行的报告要求。（第六章将详细介绍分拆交易和拆分洗钱。）随后，比索经纪人将这些钱存入在美国的银行账户。

为了将美元重新兑换成比索，比索经纪人与哥伦比亚进口商（可能是，也可能不是上述计划参与者）合作，后者需要用美元从美国出口商那里购买货物。比索经纪人在这里的作用，代表哥伦比亚进口商，用在美国银行账户上的钱向美国出口商付款。然后，美国出口商将货物运往哥伦比亚。最后，哥伦比亚进口商将货物（通常是电子产品、汽车零部件或家用电器等高价值物品）以比索出售后付款给比索经纪人。这样，比索经纪人就收回了当初提供的比索。

甚至一些知名的《财富》500强企业，如福特、通用电气、通用汽车、惠普、索尼和惠而浦等，也被卷入了黑市比索交易计划之中。在这些交易中，这些公司出售电器、汽车、电子产品和其他货物，然而它们并不知道这些产品的购买资金来源于毒品利润。这些产品随后被运往哥伦比亚，并在那里以比索进行转售。通过这种方式，毒品所得中的美元被成功转换成了可用资产。[21]

因此，黑市比索交易不仅是一种有效的洗钱手段，也是贩毒集团规避某些风险的途径。它们可以规避跨境时携带大笔现金所带来的风险，并绕过可能触发《银行保密法案》规定的银行大额现金存款的报告要求。[22]

"黑市比索交易"一词最初意指与哥伦比亚毒品贩运相关的一种洗钱手段，但现在这种方式被许多国家的犯罪分子广泛使用，来汇回各类犯罪所得。

案例研究：利用玩具和比索清洗毒资

2012年，位于加利福尼亚州的玩具制造商天使玩具公司的两姐妹作为共同所有人，被查实卷入了长期且涉及面甚广的黑市比索交易计划。这两姐妹协助贩毒组织进行洗钱活动，通过将存款金额拆分至1万美元以下，成功规避了提交现金交易报告（CTR）的监管要求。[23]

作为洗钱计划的一部分，这家位于洛杉矶的玩具公司从哥伦比亚毒品贩卖中收到数百万美元的现金。有时，现金会直接放在天使玩具公司位于洛杉矶市中心的办公室；有时，现金会直接存入该公司的银行账户。为规避银行的报告要求，非法现金被拆分为小额存款，化整为零进入金融体系，这个过程被称为"分拆交易"。调查显示，在4年多的时间里，有超过800万美元的现金存入了天使玩具公司的银行账户，其中没有一笔交易超过1万美元。[24]

贩毒集团存入玩具公司账户的非法资金被汇往中国购买玩具，并进口到美国，从而将贩毒所得转化为商品。这些玩具主要包括泰迪熊和其他毛绒玩具，随后从美国再出口到哥伦比亚出售，从而通过合法货物贸易将资金转移到所需的地区（替代了跨境转运美元）。出售毛绒玩具的收益以比索的形式偿还给贩毒集团。利用这种方法，美国的贩毒黑钱通过合法商品的国际购销（在此案例中，以玩具的形式）被转化成干净的哥伦比亚比索。这样，犯罪分子利用国际贸易将其收益离析并融入合法经济体系，从而掩盖了资金的非法来源。[25]

最终，天使玩具公司的两名共同所有人和一名哥伦比亚商人因参与黑市比索交易计划被定罪，并被处以罚款。该公司也被判定犯有共谋洗钱罪。

有趣的是，与此同时，加利福尼亚州的另一家玩具公司伍迪玩具公司也参与了类似的黑市比索交易计划。这家公司的共同所有人是一对夫妻，他们同样被查实协助贩毒集团进行洗钱活动，并参与了货币的分拆交易。他们采取与天使玩具公司类似的手段，将非法贩毒资金以小额存款的方式分散存入，从而规避了银行提交现金交易报告。[26] 同样，伍迪玩具公司还利用这些贩毒收益购买和进口玩具，然后将其出口到哥伦比亚和墨西哥。玩具售出后，公司再将比索支付给贩毒组织。通过这种方式，伍迪玩具公司为墨西哥和哥伦比亚的贩毒集团清洗了约300万美元的黑钱。

这两个黑市比索交易计划都使用了一种常见的贸易洗钱手法，即以虚高价格出口货物以换取海外进口商的虚增付款。这种策略为贩毒集团和其他犯罪组织提供了通过国际贸易体系清洗非法资金的手段。在这些操作手法中，外国零售商可以获得美元兑换折扣，从而避免汇率剧烈波动带来的风险。此外，合谋的公司还因销量和现金流的提升增加了收益。[27]

以贸易为基础的洗钱手法确实非常难以被发现，这主要是因

> 为海关官员无法对每一批货物进行检查和核实。此外，由于市场公允价值每天都在波动，海关官员也很难确定货物的准确价值。例如，对于玩具公司的毛绒泰迪熊的价值，他们就可能无法确定其到底是值10美元、30美元还是100美元。

与贸易洗钱相关的红旗警讯

鉴于贸易洗钱活动的本质特性，包括其涉及的交易种类繁多，对金融机构而言，由于掌握的贸易交易信息有限，降低贸易洗钱风险尤为棘手。此外，银行无法实际检查货物或确认服务，只能依赖单据进行交易审核。然而，通过单据核实交易的真实性、货物价格或数量的准确性以及报关单的真实性，对银行来说是一项艰巨的任务。

全球众多监管机构、标准制定组织和行业协会，如金融行动特别工作组、沃尔夫斯堡集团和美国金融犯罪执法局等，都公布了针对贸易洗钱活动的红旗警讯。这些警讯有时会根据贸易洗钱的不同类别进行分组，凸显了问题的复杂程度。

为有效降低贸易洗钱风险，银行、其他金融机构以及公司必须保持对预警信号的高度警觉，并严格审查各种看似正常的货物贸易交易。特别需要关注定价过高或过低的迹象，尤其是涉及空壳公司或高风险地区的交易。同时，单据如收据、发票和合同中的任何不一致或差异都应被视为潜在问题的警示指标。忽视这些预警信号可能会导致严重的过失错误，进而面临罚款、处罚以及声誉损失的风险。

常见的贸易洗钱红旗警讯包括：公司业务范围与交易方背景或所售产品类型存在明显不符；运输的货物与出口商或进口商的日常业务内容不匹配，如规模、频率、目的地或货物类型异常，或货物装运超出实际运输工具的容量;货运路线异常,如选择不常见或与预期不符的路线;以及涉及高风险区域,如原产地、目的地或途经国家存在洗钱风险等。[28]

最后,匿名空壳公司等法律实体经常被用于基于贸易的洗钱计划,为贸易交易和资金转移披上合法的外衣。因此,与非法使用空壳公司相关的红旗警讯也可能同样指向贸易洗钱活动。

结语

美国财政部在《2018年国家洗钱风险评估》中明确指出,贸易洗钱不仅是最常用,而且是最难被发现的洗钱方式之一。尽管贸易洗钱的形式各异,但其核心机制始终相同,即利用贸易体系进行资金转移,从而掩盖非法资金的来源。

与本书描述的其他洗钱方式相似,贸易洗钱导致的大量资金流动往往是从发展中国家和新兴经济体流向发达国家。这种现象对那些经济脆弱、腐败和其他犯罪率已居高不下的国家造成的伤害尤为严重。普华永道2015年的一份报告显示,发展中国家有高达80%的非法资金外流是通过贸易洗钱实现的。此外,全球金融诚信组织2013年的研究也显示,仅在2011年,以虚报贸易发票为主要形式的非法资金外流就高达约9 470亿美元,这相当于这些国家GDP总和的3.7%。[29] 这种资金迅速流失的现象,即贸易洗钱导致的资本外逃,对这些国家来说意味着无法承受的经济损失,进一步减少了国内关键领域投资和经济活动的资金。

贸易洗钱不仅影响发展中国家,也对美国等富裕国家造成了负面影响。它阻碍了企业的创新,剥夺了合法公司的收益,扰乱了产品供应链,并进一步破坏了合法产业及其消费者市场。[30] 更为严重的是，贸易洗钱助长了政府官员的腐败，侵蚀了本应用于政府正常运作的资金，从而削弱了国家的外汇政策和外汇安全。更令人担忧的是，贸易洗钱还为恐怖分子和跨国犯罪组织提供了资金支持，这些组织往往是各国政府最大的敌人。

贸易洗钱对金融体系的威胁不容忽视。基于贸易的洗钱活动遍布各国，且跨国进行时效果更为显著。因此，贸易洗钱本质上是一个全球性问题，需要各国共同合作应对。经济合作与发展组织（OECD）的研究报告指出，全球市场为犯罪组织提供了新手段，通过多样化的盈利活动来分散风险并逃避侦查。[31] 尽管在金融行动特别工作组于2006年首次发布关于贸易洗钱的报告《基于贸易的洗钱》之后对贸易洗钱的关注度有所提高，但仍有许多工作有待完善。

打击贸易洗钱以及其他形式的洗钱和金融犯罪的主要障碍之一是信息匮乏。提高信息透明度、拓宽信息获取渠道，包括贸易数据、运输记录、定价信息，以及出口商、进口商和公司所有权的相关信息，对于有效打击贸易洗钱至关重要。

在不损害正常贸易活动的前提下，任何旨在打击和预防贸易洗钱的战略都必须从深入了解贸易洗钱的手法、模式和相关风险开始。与解决其他洗钱问题一样，要有效应对贸易洗钱这一高度复杂且破坏力巨大的全球性问题，需要国际社会的共同努力。这包括提升全球信息透明度、加强沟通协作，以及促进监管机构、执法部门和金融机构之间的数据共享等。

第四章

房地产洗钱

与几乎所有有价值的东西一样，房地产——无论是土地还是建筑物，住宅还是商业地产——也可以被用来清洗黑钱。其中，高端房地产最容易被用于洗钱。曼哈顿的顶层公寓、迈阿密的豪华公寓、伦敦的豪华住宅、法国南部的葡萄庄园，甚至迪拜金碧辉煌的购物中心，都曾被用来清洗非法资金。房地产价格越高，通过它清洗的资金就越多。因此，尽管所有房地产市场都容易受到洗钱活动的负面影响，但伦敦、多伦多和纽约等世界主要房地产市场的高端房产仍然是洗钱的首要目标。

房地产的众多优势，对于犯罪分子和各类投资者而言都具有吸引力。因此，房地产成了被广泛利用以转移非法资金的途径；事实上，这是已知最古老的犯罪收益洗钱方式之一。金融行动特别工作组在过去几年中指出，房地产业是犯罪分子和犯罪组织用来清洗不义之财的众多工具之一。[1]根据该组织的报告，2011—2013年，全球没收的犯罪资产中，房地产约占30%。[2]

从寻求清洗巨额腐败资产的政府官员，到寻求将非法所得隐藏至海外的跨国犯罪组织，这些人大量使用房地产投资用于非法目的。近年来，保罗·马纳福特、特奥多罗·奥比昂、黑帮、腐败官员等都成为房地产洗钱的头条新闻。

大宗金融交易背后受益所有权的信息不明也为房地产洗钱提供了便利。匿名公司、信托公司和基金会之所以可以轻而易举地获得房产并进行洗钱，与主要市场规则不完善和执法实践不充分有关。[3]

当然，并非所有离岸所有权都是非法的，也并非所有通过公司购买房地产的人都是罪犯。但是，在保密司法管辖区成立的公司所进行的境外房地产投资被发现存在诸多问题。

通过房地产洗钱虽然看似无害，但却是另一种形式的资本外逃，对本国和国际社会都有重大负面影响。它加剧了不断扩大的收入差距，影响到全球所有群体。

为什么通过房地产洗钱

房地产业的某些特点对洗钱者和恐怖主义资助者具有吸引力。通过房地产清洗非法资金并不复杂，也不需要任何特殊的专业知识。因此，它为将犯罪收益融入合法经济体系提供了一种相对简单且直接的途径。

房地产可以用现金购买，也可以通过其他各种融资和信贷方式，以及不透明的公司结构（信托、基金会和空壳公司等）购买。其中，许多方法都可以提供匿名保护，掩盖真实所有权。由于房地产交易受到的审查远远少于金融部门，因此对于那些试图保持低调的人而言，这种洗钱方式被发现的风险总体较低。

房地产投资具有较高的安全性，并具备长期增值的潜力。大量资金可以先暂时投入高端房产中，之后再根据需要进行其他领域的投资，这样资本损失的风险相对较低。不动产既可以作为第二居所或度假屋使用，也可以通过改良后出售获利，或者出租以赚取收入，具有很强的实用性。此外，人们还可以选择仅持有不动产作为遗产。在某些情况下，投资房地产成为在某些司法管辖区获得居住权或入籍的途径。更为重要的是，一些来自腐败司法管辖区的犯罪分子通过在美国等富裕国家购置房地产，将其非法资金转移到更为稳定的经济体中，从而逃避了法律的制裁。

房地产可以提供许多合法或不合法的税收优惠。除了作为避税场所，房地产还可以用于逃税。豪宅的高价值和高端房地产项目的投资潜力可以洗干净大笔财富，有时仅凭借一次交易就可以达成。

此外，在比弗利山庄或诺丁山等人们向往的地区拥有房产，或拥有葡萄庄园或滑雪胜地等昂贵的休闲地产，可以提高个人的社会地位及名望。即使是犯罪分子，也可能对这类资产产生浓厚兴趣，那些注重社交和追求地位的洗钱者更是如此。更重要的是，房地产还能为业主提供一个合法的身份。

基于上述种种原因，几个世纪以来，人们凭借土地、昂贵的住宅和其他生意"洗白"黑钱。只要与房地产相关的优势依然存在，犯罪分子就会继续利用房地产作为清洗黑钱的手段。

房地产洗钱的成功要素

除了被当作一种具吸引力的方便的洗钱手段，房地产业还存在很多其他薄弱点，如法律和监管方面的漏洞使其特别容易受到洗钱的影响。这些薄弱点主要源于房地产业并不像银行那样受到严格的反洗钱和"了解你的客户"要求的约束。因此，房地产从业人员通常不会对交易各方进行尽职调查，包括对政治公众人物等高风险交易方进行强化尽职调查。同时，该行业也没有强制要求进行制裁名单筛查或提交可疑活动报告。这就造成了一个巨大的漏洞，腐败资金可以轻易地通过房地产业进入美国经济。

此外，尽管房地产交易相关业务被视为助长洗钱活动的高风险领域，但反洗钱部门并没有对房地产从业人员进行全面监管或监督。因此，在涉及非法购买房地产的交易中，房地产从业者可能有意无意地成为中间人。

这种监管缺失的状态把美国房地产市场变成国外腐败资金的主要目的地。事实上，《纽约杂志》称曼哈顿房地产为新的"瑞士银行账户"。[4]一个典型的例子是，位于曼哈顿哥伦布圆环的前时代华纳中心（现名德意志银行中心）是外国人的最爱。这座大厦中有十多位拥有百万美元公寓的海外业主成了外国政府调查的对象。其中一位是俄罗斯前参议员兼银行家维塔利·马尔金，他通过一个匿名的公司实体在德意志银行中心大厦购买了价值1 560万美元的公寓。马尔金随后因涉嫌一系列重大金融犯罪，被多个国家调查。[5]此外，他还通过另一家匿名公司在法国购买了一座滑雪小屋，最终因此被法庭判决缴纳数百万美元的欠税。

同样，迈阿密也是俄罗斯、委内瑞拉、巴西等国的富有买家首选的房地产目的地。在佛罗里达，新建的豪华公寓是藏匿非法财富的首选之地。

然而，《金融时报》报道指出，最近伦敦已成为豪宅销售的"全球之冠"，销售给有钱外国人的住宅数量超过全球其他任何城市。事实上，即便新冠疫情带来了旅行限制和封锁措施，也并未减少人们对所谓顶级豪宅的需求，这些豪宅的售价普遍在1 000万美元以上。这些房产的平均售价高达1 860万美元，大部分买家来自俄罗斯、法国以及华人群体。[6]毋庸置疑，伦敦已经成为房地产洗钱的热土。[7]

房地产从业人员经常与客户面对面交流，便于收集客户身份信息，进行基本的背景调查和筛查。在识别和报告与房地产购买相关的异常和可疑交易行为方面，他们也具备独特的优势。因此，要求房地产业遵守反洗钱／"了解你的客户"要求，如客户尽职调查和可疑活动报告，不仅有助于识别出试图通过美国房地产洗钱的罪犯，还能阻止非法资金流入美国经济。

如何通过房地产洗钱

如第一章所述，洗钱的三个阶段是处置、离析和融合。当房地产被用作洗钱工具时，由于购买不动产是将犯罪资金转化为合法资金的一种手段，因此这一过程通常发生在洗钱周期的最后阶段。而通过出售或出租不动产所获得的收入，在表面上看起来就像是合法的经济来源。

对美国境内外洗钱案件的分析显示，通过房地产清洗非法资金有十种常见方法，但这并非全部方法。[8]犯罪分子可以对这些方法进行组合，以进一步掩盖资金轨迹。了解这些策略有助于我们确定洗钱者是如何利用房地产进行非法活动的，进而有助于发现和阻止未来的洗钱行为。

方法一

这种方法包含两种不同的技术——现金购买（无论是部分付款还是全额付款）和同时发生的小额现金存款，是通过房地产业洗钱的最简单和最常见的方法。虽然现金全款购房是完全可能的，但洗钱者更有可能通过不同的银行账户进行多笔小额付款，所有付款金额都低于现金交易报告门槛。

方法二

获得贷款和抵押贷款是房地产洗钱的另一种常用方法，因为这些金融交易可以作为非法资金的掩护。而且，还款还可以将合法资金和非法资金混在一起。这种方法简单来说就是申请抵押贷款，然后短期内全额结清贷款。虽然申请抵押贷款本身没有问题，但在银行和其他贷款机构看来，在短期内结清大笔抵押贷款应该就是红旗警讯。

方法三

洗钱者还可以利用第三方，如朋友、商业伙伴或家庭成员等，代表他们购买房地产。洗钱者向第三方提供购买房产的资金，然后第三方购买房产并成为合法所有人，但洗钱者最终控制着房产。有犯罪记录或名字出现在制裁名单或黑名单上的洗钱者会使用这种方法。这种方法可以使洗钱者避免直接参与交易和洗钱过程。

方法四

空壳公司、幌子公司、信托、基金会和其他实体架构（在美国或海外设立）也可用于购买房地产和清洗非法资金。这种洗钱手法与利用第三方的方法类似：房地产以法人实体的名义持有，使洗钱者与所有权分离，从而保持匿名性。

方法五

同样，会计师、财务顾问、律师、房地产经纪人以及信托和公司服务提供商等专业人士或守门人，也可以有意或无意地帮助犯罪分子通过房地产洗钱。这些服务还可以让洗钱者匿名，割断洗钱者与金融活动、资产之间的联系。这些专业人士还可以使交易具有明显的合法性。此外，洗钱者还可以在整个过程中雇用多个专业人士，使洗钱线索更加复杂。

专业人士提供的服务可用于通过利用房地产进一步开展洗钱活

动，例如：

- 构建和维护国内或国外法律实体架构。
- 协助房产所有权的获取和转让，包括转让给第三方。
- 协助或代理犯罪分子进行交易。
- 接收和转移资金。
- 创建财务安排。
- 提供与金融机构和其他服务提供商的联系渠道。
- 提供财务、税务和法律咨询。

方法六

这种洗钱方法是利用非法资金购买住宅或商业性质的不动产，用于开展犯罪活动，如性交易或生产非法麻醉品。产生的收入可以用来购买更多的不动产和拓展非法业务。

方法七

通过出租房地产获得租金的方式洗钱，即洗钱者用非法资金支付部分或全部租金，从而使其不义之财合法化。通过这种方式，洗钱者利用租户来协助清洗黑钱。

该方法的另一个版本是，犯罪分子可能以第三方的名义购买房地产，然后假装从第三方处租用房地产，并用非法资金支付租金。这种方法既可以掩盖非法资金，也可以掩盖房产所有权。

还有第三个版本，即犯罪分子可以创建一个虚假的租房账户，并将非法资金以租金名义存入该账户，造成合法租金收入的假象。这些非法资金可以与合法租金收入混在一个租金账户中融入金融体系。

方法八

另一种通过房地产洗钱的方式是,以高于或低于市场价值的价格进行房地产交易,从而操纵其实际价值。这种操纵行为可能涉及买方、卖方和/或其他第三方(如房地产中介和律师)的串谋合作,他们可能会低估或高估房地产的价值。成交价与标价的差额私下用现金结算。这类似于贸易洗钱中使用的多开发票和少开发票的方法。

低估房地产价值是指,在销售合同上登记的房地产价值低于实际市场价格。房地产的合同价格与实际价值之间的差额由非法资金秘密弥补。这样,购买者(罪犯)就可以声称,他支付的价格与其合法经济能力相符。

高估房地产价值是指,为获得尽可能多的贷款而赋予房地产高于其实际价值的价格。贷款额度越大,通过偿还贷款来清洗的非法资金额也就越大。利用这种手段,可以在申请贷款时提交有关房产价值的虚假文件,之后用非法资金偿还贷款和利息。

方法九

连续转售房地产是另一种常用的洗钱手段。多次出售房产可以混淆审计线索。这一策略的相关版本包括所谓的房产"暂存"。在这一策略中,某人购买房产并持有一段时间,然后以更高的价格转售。

方法十

最后这个方法是,外国个人和信托公司为向本国当局(包括税务局)隐藏其财富,在海外购买房地产。在这种情况下,他们还会利用第三方进一步隐瞒房地产的实际所有权。

黄金签证带来丰厚的福利

许多国家，特别是那些依靠休闲旅游业获得收入的国家，都在寻求新的方式来吸引资本并提振经济。被称为"黄金签证"的投资入籍和投资居留，是旨在吸引外国资本的国家项目。这些项目通常要求申请者通过购买超过特定金额的不动产，或在特定产业、低收入地区进行大额金融投资，从而快速获得居住权或公民权。例如，塞浦路斯曾允许通过投资获得公民身份并入籍欧盟，即"塞浦路斯公民投资计划"，后因计划违法而被废除。

过去几十年里，推出此类投资计划的国家数量不多。第一个投资居留计划于1984年在圣基茨和尼维斯推出，投资者只需投资25万美元，便可快速获得居留权。[9] 近年来，此类项目的热度不断上涨，特别是2008年全球金融危机以来，许多国家需要另辟蹊径来支撑经济增长。恒理环球（Henley & Partners）是一家帮助客户进行居留和入籍规划的公司，根据该公司的数据，目前已有100多个国家推出投资移民计划。事实上，高净值人士对这类项目的兴趣和需求也在增加。

当然，虽然人们可能有合法的理由获得居留证或公民证（如在另一个国家学习或工作），但这些计划也可能被犯罪分子利用，进而引发对洗钱和腐败的担忧。急需资金的经济体，加之利用非法所得进行大量房地产投资的便利性，为非法活动提供了诱因。欧洲议会和致力于促进全球经济增长的经济合作与发展组织担心，居留权和公民权项目可能会助长全球范围的金融犯罪（如洗钱和偷税漏税），进一步助长罪犯和恐怖分子的自由流动，让来自俄罗斯、伊朗和叙利亚的富人躲避经济制裁。[10] 事实上，欧洲议会认为，这些项目让有钱的外国人过于快速和简单地获得欧盟公民权，因而督促欧盟成员国暂停此类项目。

目前，俄罗斯人是签证和护照的最大购买者之一。[11] 排名靠前的国家均遭受了严重的资本外逃、腐败和洗钱问题。巧合的是（或许也并非巧合），目前提供极具吸引力的投资移民项目的国家，大多同时也是著名的"避税天堂"和保密司法管辖区。2018 年，税收正义联盟根据其财务保密指数指出，有 56 个高风险司法管辖区用护照和居留权来换取资金。[12]

房地产洗钱的实际影响

虽然洗钱的真实规模难以准确估计，但毫无疑问，这种犯罪资金流动造成了社会经济损失，并对国家安全造成了相应的负面影响。除了一般的洗钱影响，房地产洗钱还会造成一些特别的后果，尤其是在涉及外国投资和海外买家的情况下。

近年来，在高端住宅物业中，东欧和俄罗斯投资者的占比最大，其次是中东、北非等地区的购房者。[13] 根据透明国际发布的全球清廉指数，这些地区的腐败问题都特别严重。[14]

更具体地说，一个地区的负面影响以及经济扭曲程度在本地住房市场上表现得最为明显。非法资金流入房地产市场会造成以下破坏性影响：资源分配和价格扭曲（即住房的可获得性和可负担性）、不公平竞争、无法正常开展的合法活动、对境外直接投资的负面影响、腐败加剧、房地产市场的波动增大，以及收入差距的扩大等。[15]

腐败资金的流入不仅影响了其直接投资的社区房地产价格，也对周边社区的价格产生了影响。非法资金的流入抬高了房地产的平均价格，使房价远远超出许多工薪阶层和中产阶级家庭的承受能力，这导致了房地产价格链的连锁反应。随着住房价格越来越难以承受，居民纷纷搬出自己的社区，迁入周边地区，这反过来又推高了附近社区的房产价格。这种迁移也不可避免地减少了附近社区价格合理的房产的供应量，进而导致写字楼的短缺。因腐败资金快速流入而导致的房地产市场泡沫，对租户和买家都造成了影响。[16]

此外，鉴于高端房产是外国买家的兴趣所在，开发商的重点也从价格较低的住宅转向了豪华房地产。这些外国人购买的通常是第二、第三甚至第四居所，许多房产在购买后一直空置，形成了所谓的"幽灵社区"和"鬼城"。因此，外国业主的闲置房屋还影响了当地的商业和社区生活。

通过房地产进行的洗钱活动支持了一系列腐败和非法活动。据多家媒体报道，从事芬太尼交易的毒贩将数百万美元的毒品所得投资于温哥华的房地产市场，这使犯罪分子不仅能够清洗资金并从中获得巨额收益，而且能在该市建立据点。[17]

尽管洗钱被认为是一种犯罪，但人们对洗钱造成的重大安全影响却关注不多。例如，激进武装组织成员也将房地产作为重要的洗钱手段。其中，塔利班成员将资金投资于阿富汗境外的一个封闭式住宅小区。此外，许多报道显示，塔利班和哈卡尼网络（阿富汗游击叛乱组织，塔利班的分支）利用非法房地产交易，通过迪拜将资金转移到世界各地。值得注意的是，金融行动特别工作组2016年的一份报告指出，美国高端房地产业存在资助恐怖活动的重大漏洞，给国家安全带来重大隐患。[18]

美国金融犯罪执法局签发特定地区令

美国因其稳定的金融体系、强大的法治和稳健的房地产市场，历来是洗钱资金青睐的目的地。2016年"巴拿马文件"泄密事件凸显了美国房地产市场是如何吸引那些试图清洗非法资金的人群的。文件揭露了一些与本国贿赂、腐败、贪污、逃税和其他金融犯罪有关的人，他们以空壳公司或代理人的名义在美国各大城市购买住宅。

为解决这一问题，美国金融犯罪执法局局长于2016年1月签发了房地产特定地区令（GTO）。根据《银行保密法案》，特定地区令对超过特定金额的房地产交易提出了数据收集和报告要求。当时，这些命令仅适用于特定的财产保险公司，最初只要求它们查明以现金全款（是指不涉及外部融资的交易，最初不适用于电汇，这一漏洞后来被填补了）购买位于曼哈顿区和迈阿密-戴德县的豪华住宅的公司背后的自然人。这些财产保险公司必须向美国金融犯罪执法局报告所有完全以现金进行的、在曼哈顿超过300万美元或在迈阿密-戴德县超过100万美元的交易，以及交易背后受益所有人的身份。[19] 受两个城市房地产市场价格的影响，报告的限额存在一定差异。

美国金融犯罪执法局对特定地区令报告的数据进行审查、研究和跟踪。2017年8月，美国金融犯罪执法局发布了一份咨询意见，指出在纽约和其他几个大都市地区，超过30%的高价值、全现金购房者是那些可疑活动报告对象或涉嫌参与非法交易的个人。美国金融犯罪执法局的调查结果证实了收集此类信息的价值。

由于从特定地区令中获得了有用的信息，美国金融犯罪执法局自最初发布这些指令以来，已多次重新发布和扩大这些指令的范围（根据法规，这些指令应该是临时措施，有效期最长为180天）。除了在后续特定地区令中增加报告辖区数量，其他改变还包括将电汇作为"现金支付"的一种形式，并将加密货币也列为需要报告的房地产支付方式。

此外，特定地区令还更新了购买门槛金额。以前，这一门槛因辖区不同而有所差异。如今，30万美元的标准已统一适用于当前需要报告的 12 个主要大都市地区的所有房地产公司。特定地区令涉及的地区包括波士顿、芝加哥、达拉斯－沃思堡、火奴鲁鲁、拉斯维加斯、洛杉矶、迈阿密、纽约、圣安东尼奥、圣迭戈、旧金山和西雅图。[20] 因为犯罪分子青睐拥有高价值房产的地区，所以这些高端房地产市场是房地产洗钱的高风险地区。

特定地区令显然为美国金融犯罪执法局提供了有用的数据，该局对这些信息进行分析，并用其确定金融业中洗钱和其他金融犯罪的漏洞。不过，特定地区令是否会一直延续还有待观察。同时，一些专家指出，无论该指令是永久性的还是临时的，都无法阻止犯罪分子参与美国房地产市场。相反，那些试图规避指令的人只需要在目标区域之外购买房地产、贷款或放弃使用保险公司就可以了。

尽管美国金融犯罪执法局的特定地区令无疑是朝正确的方向迈出了一步，但还远远不够深入。美国金融犯罪执法局局长肯尼思·布兰科也承认，美国越来越被视为国内外洗钱者的避风港，并指出匿名空壳公司是一个关键漏洞。同样，在 2020 年发布的一份报告中，美国财政部强调了匿名公司或"稻草人"（指此类公司实际所有人的代理人）利用房地产交易购买相对稳定的高价值资产的风险。无论是在国内还是国外购买房产，这种风险都存在，特别是在现金全款房地产交易中尤为明显。因为这种交易既不收集资金来源信息，也不要求确认受益所有人信息。报告指出，"匿名购买不动产与匿名金融服务都可能被滥用"。[21]

除了特定地区令所针对的美国房地产市场，伦敦、巴黎、多伦多、悉尼、多哈、新加坡和香港以及其他一些国际城市也被广泛认为是房地产交易洗钱的高发地区。[22] 世界各国政府已开始进行各种尝试，阻止用非法资金购买豪宅；然而，除非所有权匿名的问题能够得到有效解决，否则此类行为只会继续增多。

实际上，与许多国家一样，尽管欧盟各成员国都采取了各种措施来阻止通过房地产洗钱，但这在欧盟地区仍是一个重大威胁。在欧洲，尤其是英国的房地产市场逐渐成为洗钱者的主要目标。英国政府在 2020 年 12 月发布报告指出，英国的房地产市场被认为是洗钱高风险市场，而其 3 年前的评级还是中等风险市场。其中，风险最高的英国房地产市场为伦敦、爱丁堡和几个大学城，这些地区的房地产价值较高。[23]

除了美国和英国，房地产洗钱者的主要目标国还包括加拿大、德国、新加坡和澳大利亚等。[24] 在加拿大，风景秀丽的西海岸城市温哥华是世界上最受欢迎的房地产市场之一，也是最昂贵的房地产市场之一。不列颠哥伦比亚省最近提交的政府报告显示，温哥华房地产业不仅存在严重的洗钱问题，而且与有组织的犯罪团伙有关联，导致越来越多的本地居民逐渐被挤出市场。这些犯罪团伙包括墨西哥的锡那罗亚集团以及来自伊朗等国的犯罪网络，后者在温哥华最时髦的社区购买了房产。[25] 在澳大利亚，一名神秘的华人购买了 6 套房产，总价达 3 700 万美元，但却没有在其中任何一套居住。空置豪宅是房地产交易洗钱的常见信号。[26]

然而，并非只有上述这些国家的房地产业被洗钱者染指。不幸的是，在世界许多其他国家，房地产交易洗钱的现象正呈上升趋势。[27]

案例研究：贪婪、挪用公款和房地产洗钱

"一马发展公司案"是历史上最大的金融丑闻之一。一马发展公司成立于 2009 年，是由马来西亚金融家刘特佐为资助马来

西亚的基础设施建设和促进经济发展而设立的,为马来西亚财政部所有。当时新上任的马来西亚总理纳吉布·拉扎克担任该基金顾问委员会主席,任期直至2016年。

该基金通过债券为投资项目和合资企业筹集了数十亿美元的资金。然而,刘特佐、纳吉布·拉扎克以及该基金的其他高级官员及其同伙被指控贪污了基金中的数十亿美元。美国司法部称,有45亿美元被转移至离岸银行账户和空壳公司,其中许多都与刘特佐有关。这些资金随后通过各种途径进行清洗,如购买美国和英国的房地产,购买奢侈品、艺术品,制作2013年的电影《华尔街之狼》(通过纳吉布的继子、刘特佐的朋友里扎·阿齐兹共同创办的公司)等。马来西亚当局声称,还有43亿美元或更多资金仍下落不明。这些资金本应用于改善马来西亚人民的生活以及增进民生福祉。

据称,刘特佐试图通过美国、英国和瑞士等国家以及空壳公司网络来洗钱,这一策略已成为洗钱、腐败和其他金融犯罪案件中的常规手法。[28] 刘特佐在美国的房产包括一家比弗利山庄酒店和位于纽约的两套价值数百万美元的公寓,这些房产都是通过公司购买的。一套公寓位于曼哈顿前时代华纳中心(现德意志银行中心)第76层的豪华四居室公寓,另一套是位于苏豪区时尚地段的四居室公寓。

2019年10月,美国司法部就民事没收案件达成了一项合并和解协议,成功追回了刘特佐及其家人通过挪用一马发展公司资金所获得的超过7亿美元的资产。这项和解协议涉及的资产包括位于比弗利山庄、纽约和伦敦的房地产,以及数千万美元的商业投资。此次和解不仅追回了刘特佐非法获得的资金,还向外界传递了一个明确的信息:美国不会成为腐败所得的避风港。

> 这一策略以及其他类似的洗钱计划，正是利用了当前法律框架的漏洞和缺陷，通过多个账户和司法管辖区转移巨额非法资金，并利用公司实体的匿名性购买房地产。在这个过程中，房地产专业人士、律师、产权公司等中间人和其他中介机构起到了关键的推动作用，没有他们的协助，这些计划很难成功实施。金融犯罪的规模和明目张胆的程度，清楚地暴露出当前反洗钱制度的失效，因此，对房地产业和其他中介机构实施全面的反洗钱／"了解你的客户"的要求显得尤为必要。

预防房地产洗钱的方法

可以通过三种具体方法来处理和预防通过房地产洗钱的问题：提高透明度，如要求公职人员申报财产；对关键的"守门人"行业进行监管；以及建立强制性财产登记制度。

要求政府官员公开薪酬以及就职前的所有人权益，将加大他们在任职期间腐败敛财的难度。这至少可以允许公众对他们的财务状况提出疑问。这种公众监督将起到强大的威慑作用。[29]

"守门人"角色在获取信息、预防洗钱和其他金融犯罪方面具有独特优势。预防洗钱培训、强制性客户核查和交叉检查（包括识别受益所有人与核实其资金来源），以及强制要求提交可疑活动报告（在美国以外的一些国家被称为可疑交易报告）等要求，将大大增加实施洗钱和其他犯罪计划的难度。[30]

最后，中央房产登记应是强制性的。这些信息至少应包括房屋所在地、实际受益人的全名及出生日期，以及对所有权或控制权的详细描述。这些信息应保持实时更新。至少，这些信息应面向金融机构开放（以便它们能够共享信息，更高效地履行反洗钱／"了解你的客户"的义务，如进行尽职调查和制裁筛查），同时也应向执法机关提供。这种登记不仅能强化问责制，还能使执法部门在开展调查时更好地将各个环节联系起来，从而大幅提高调查的效率和效果。[31]

通过识别可疑活动降低风险

要降低风险和发现可疑活动，就必须熟悉正常的业务行为，并拥有识别不寻常或可疑活动的能力。可疑活动一般分为三类：客户风险、交易风险和地域风险。[32]

客户风险主要与买方有关，但也可能包含卖方和参与交易的任何其他人。识别交易背后的真正买家或最终受益人，是评估客户风险的重要内容。客户风险还需要特别关注政治公众人物以及制裁筛查。

交易风险指的是能够发现各种不寻常的交易行为，例如根据个案的事实和情况判断业务或商业行为不合理，包括多次连续交易、估价过低或过高、买方与房产不匹配、使用现金或过于复杂的贷款。

地域风险可能与房产、买方以及资金来源有关。它包括确定反洗钱制度薄弱的司法管辖区，如那些支持或资助恐怖主义以及腐败严重的地区。

与房地产洗钱相关的红旗警讯

任何一个尽职的调查人员都知道，无论洗钱行为是通过房地产还是其他渠道实施的，侦查洗钱的诀窍在于能够识别交易背后的活动。为了帮助筛查出可能涉及洗钱活动的房地产交易，金融行动特别工作组和美国金融犯罪执法局等多个组织公布了一系列房地产洗钱的红旗警讯，其中包括：涉及使用中介或代持人的交易、以现金或通过空壳公司或两者兼而有之的方式购买房地产，以及客户遭受重大损失或对价格毫不关心的交易。与房地产交易相关的红旗警讯通常按自然人、法人（即公司实体或信托）、中介、支付手段和交易性质来进行分类。

与房地产洗钱活动相关的一些更常见的红旗警讯包括：交易涉及的法律实体或组织注册地位于"避税天堂"或高风险司法管辖区；使用新设法律实体；在没有合理解释的情况下，交易始于某人而终结于另一个人；迅速连续交易（如购买并立即出售房产）；与购买时相比，随后价格出现大幅度波动。[33]

结语

透明国际指出，尽管有国际承诺，但目前的规则和做法仍不足以有效降低房地产洗钱的风险，也不能有效侦查洗钱活动。[34] 美国的情况也大抵如此，监管机构和执法部门警告说，国内外的洗钱者都将美国的房地产交易作为目标，因为这是一种相对有效且匿名的清洗黑钱的手段。但美国并不是唯一受影响的国家。与一般洗钱活动一样，通过房地产洗钱的影响范围非常广泛，超出了其周边地区。由于市场价值高的高档地区豪宅特别容易受到洗钱活动的影响，全球各国政府应有理由对此感到担忧，那些遭受非法资金外流的司法管辖区市场更容易出现不稳定的情况。

要有效解决这一问题，需要采取全面的行动。除了对房地产专业人士和其他中介机构实施反洗钱／"了解你的客户"的要求，还需要制定相关战略，并与包括法律、房地产和金融行业在内的各行业利益相关者以及各地执法部门达成共识。与其他风险管理战略一样，利益相关者应当将其资源和精力投入风险最高的领域，包括房地产洗钱的目标区域和资金流出地。金融情报中心和其他机构则应继续识别新的犯罪趋势和洗钱类型，还应与各司法管辖区、私人部门和公共部门共享这些信息，合作至关重要。

此外，资产扣押在反洗钱中发挥着重要作用，因为它们通过切断犯罪分子活动的资金来源，在经济上打击犯罪。另外，追回资产可确保犯罪受害人获得一定经济补偿。[35] 然而，资产扣押主要是作为一种惩罚措施，迄今为止鲜有威慑作用。因此，主要工作应放在预防措施上。

最后，国际社会的努力还应集中在对那些在全球范围内转移犯罪所得的腐败分子进行制裁。有针对性的制裁可以防止犯罪分子进入金融体系，使他们几乎无法伪装和转移非法资金。

第五章

俄罗斯自助洗衣店

一直以来，金融犯罪都威胁着金融体系的完整性。近几十年来，随着犯罪计划越来越复杂，范围越来越全球化，这种威胁也在加剧。最新被确认的洗钱手段被称为"自助洗衣店"。这是一个十分恰当的别名，因为这些洗钱窝点由多个不同的"洗衣机"或实体组成，它们互相合作，如全流程工业化运营一般。

更具体地说，"自助洗衣店"是指一种规模庞大、隐秘且高度复杂的手段，专门用于清洗巨额非法财产。这些"自助洗衣店"由专业经营的企业操控，涉及权势人物、多家银行和空壳公司。它们能够跨越多个司法管辖区，并运用各种手段进行洗钱活动。它们通过腐败的政客、肆无忌惮的商人和有组织的犯罪集团，将价值数十亿美元的财富——巨额腐败、逃税、大规模欺诈和其他犯罪所得——一一从俄罗斯和前东欧集团（Eastern Bloc）国家转移出去。[1]

"自助洗衣店"由腐败滋生，并通过滥用国际金融网络得以运作。为了成功运作，"自助洗衣店"必须躲避执法部门的侦查，规避金融机构对可疑交易的监测以及对不法分子的监管。事实上，最近曝光的"自助洗衣店"洗钱活动只是因为文件泄露才被发现，并非归功于警务、监管程序或任何旨在捕捉异常和可疑活动的内控合规机制。这些犯罪活动的规模极大，跨越多个国家，涉及各类银行。这不仅凸显了各金融机构在合规方面的明显缺陷，也直接暴露了反洗钱措施的不足，以及在这一领域缺乏有效的监管。

"自助洗衣店"对合规的挑战

毫不奇怪，"自助洗衣店"给金融机构的合规性带来了重大挑战，因为它们涉及一些本身就容易受到洗钱风险影响的领域。这些风险领域包括涉及政治公众人物、代理人和匿名空壳公司的领域，贸易往来领域，代理行业务，以及高风险司法管辖区。尽管这些因素都被视为预警信号，表明存在洗钱或其他金融犯罪的可能性增加，但它们并不一定直接指向非法行为。然而，这些领域确实需要加强审查。此外，存在的风险因素越多，非法活动的可能性就越大。了解这些风险以及它们是如何破坏金融体系的，对于理解"自助洗衣店"的运作方式及其对金融机构构成的威胁至关重要。识别风险和危险信号的能力也是有效风险缓释策略的关键组成部分。

除了使用法人实体和代持人来隐藏受益所有人、提供匿名性，"自助洗衣店"的另一个显著特点便是利用贸易洗钱。由于贸易洗钱的形式多种多样，并且都巧妙地利用了合法的贸易体系，因此具有很强的隐蔽性。在"自助洗衣店"计划中，贸易洗钱的手法本质上属于商业性质，其中还包括转让定价、虚开发票等其他类似手法。

滥用代理行业务也通常出现在"自助洗衣店"计划中。根据金融行动特别工作组给出的定义，代理行业务是指"一家银行（代理行）向另一家银行（委托行）提供的银行服务"。[2] 大行充当小型外资银行代理行的角色是很普遍的现象。例如，委托行用代理行处理来自国外的交易，并作为该行在海外的代表。换句话说，代理行作为代理人，为其提供各种服务，如国际电汇、支票清算和"路过"账户（又称通汇账户，关于"路过"账户的更多信息，参见第十一章）。代理行还可以代表外国银行管理外汇和国际投资，以此促进国际贸易和融资。

因此，代理行业务使当地银行和那些全球业务范围较小的银行能够在未设立分支机构的地区为自己和客户从事国际交易。它的重要功能是帮助这些银行及其客户进入全球金融体系。然而，代理行业务也存在洗钱风险。

更具体地说，代理行业务关系容易受到洗钱活动的影响，原因有二。第一个原因是，代理行间接为委托行的客户提供独立的服务，但并不收集客户信息。相反，代理行必须依赖委托行的客户身份查验和其他反洗钱程序，但这些程序可能并不如代理行自身的程序严格或严谨，甚至可能不符合全球反洗钱标准。因此，该业务的主要洗钱风险来源于代理行与委托行的客户之间缺乏直接关系。

代理行业务具有高洗钱风险的第二个原因是，银行每天要进行大量的交易，流经代理行账户的资金量也非常大，这使识别可疑或非法活动变得非常困难。

"自助洗衣店"的另一个特点是，它们通常针对在高风险司法管辖区开展业务的金融机构——当地银行或大型全球性银行的分行或附属机构。那些被金融行动特别工作组认定为高风险的司法管辖区，反洗钱合规体系不健全或无效，执法不力或根本没有执法。因此，高风险司法管辖区内的机构往往合规制度不达标准，合规文化匮乏。洗钱活动经常将这些银行作为非法资金的入口。[3]

"自助洗衣店"是如何运作的

尽管每个"自助洗衣店"的手法各不相同,但其运作方式却有明显的相似之处。与所有洗钱计划一样,"自助洗衣店"的洗钱过程也始于黑钱。不过,通常情况下,"自助洗衣店"是用来清洗那些来自俄罗斯或其周边国家的巨额黑钱(数十亿美元)的。

"自助洗衣店"的运作至少需要五个基本组成部分。第一个组成部分是一家愿意与之共谋的银行(或有同谋或腐败的员工),反洗钱合规程序不完善,或位于洗钱高风险司法管辖区。通常情况下,银行同时具备上述三个特征。第二个组成部分是一个庞大的空壳公司网络,用于转移资金。这种网络通常由高度复杂的法律实体网络构成。第三个组成部分是代理人或代持人,他们作为空壳公司及其银行账户的所有者和控制者。第四个组成部分涉及一种精心设计的复杂程序,用于资金的流转或分层,以掩盖其非法来源,同时保持对资金的控制。第五个组成部分则是与高风险司法管辖区、众所周知的"避税天堂"或具有严格隐私或保密法律的司法管辖区有关。这些司法管辖区不仅以反洗钱制度薄弱著称(包括松懈的或根本不存在的"了解你的客户"流程、交易监控和可疑活动报告),而且往往存在司法腐败问题。

案例研究:腐败、缺乏透明度和薄弱的内部控制
导致"自助洗衣店"不断翻新

"自助洗衣店"计划不仅展现了洗钱活动日益复杂的态势,还揭示了全球洗钱活动的庞大资金规模,这表明尽管全球在反洗

钱方面做出了努力，但仍存在重大失败。在过去 10 年中，有四个规模庞大的"自助洗衣店"被曝光，它们均涉及俄罗斯方面的资金和人员，分别是"三驾马车（Troika）自助洗衣店"、"代理平台（Proxy Platform）自助洗衣店"、"俄罗斯自助洗衣店"和"阿塞拜疆自助洗衣店"。除了洗钱规模巨大，这些洗钱计划还因高级政治精英的参与、西方主要银行有意无意的参与，以及对许多涉案人员知之甚少而更加令人发指。

三驾马车自助洗衣店

"三驾马车自助洗衣店"于 2006—2013 年在俄罗斯境外开展业务。其名称源于"Troika Dialog"（金融投资平台），它是当时俄罗斯最大的私人投资银行，也是负责制订和运营洗钱计划的实体。

"三驾马车自助洗衣店"的主要目的在于，将非法所得的资金从俄罗斯转移出去，同时它也是一个隐蔽的投资工具、非法基金和逃税计划。[4] 为了实现这一目的，Troika Dialog 建立了一个由大约 75 家离岸空壳公司组成的网络，通过现已倒闭的立陶宛私人银行 Ukio Bankas 的各种账户转移数十亿美元。通过这种方式，两家银行共同促成了这一洗钱计划。

整个操作依靠的是贸易洗钱策略，非法付款看起来似乎与贸易有关，包括各种货物的运输。然而，这些只是空壳公司在伪造发票和合同下进行的"幽灵运输"。事实上，并不涉及任何实物，买卖货物的公司也只存在于纸面上。银行将非法付款与不存在的货物运输关联起来以掩饰非法付款，使其看起来不那么可疑。

Troika Dialog 指挥着俄罗斯境内来源各异的数十亿美元资金，将其通过由众多空壳公司和银行账户构成的洗钱网络进行转移。经过一系列错综复杂的交易，合法资金和非法资金交织混杂，难以分辨。

Troika Dialog 通过代持人隐藏其管理的空壳公司的所有权。他们的名字和签名出现在各种文件上，如合同和贷款协议，但这些名字只是普通人的，甚至是不知情人士的，例如普通工厂的工人。由此看来，这些签名要么是伪造的，要么是花钱买来的。

当资金离开金融体系时，洗干净的资金主要通过位于西欧的大型国际银行的代理行账户转移。文件显示，众多的交易对手包括花旗集团、瑞福森银行和德意志银行。收款人包括俄罗斯总统弗拉基米尔·普京的朋友和盟友。Troika Dialog 管理的空壳公司之间的交易总价值估计为 88 亿美元。[5]

代理平台自助洗衣店

代理平台是另一个由匿名空壳公司组成的错综复杂的网络，2007—2011 年，其在俄罗斯洗钱的金额达数十亿美元。这些由代理人站在台前的空壳公司有数百家，甚至数千家。使用代理人的目的是，隐藏实际拥有或控制公司的个人的身份，这与"三驾马车自助洗衣店"使用代持人的情况非常相似。事实上，与"三驾马车自助洗衣店"的代持人类似，代理平台的代理人也只是普通人，他们的名字出现在官方文件上，但在大多数情况下，他们完全不知道这些公司的存在。[6] 例如，其中一名不知情的代理人是匈牙利公民，他被列为至少 138 家公司的董事，所有这些公司都在英国注册并参与了该平台。

与其他洗钱中心一样，组成"代理平台自助洗衣店"的匿名公司网络也持有私人账户，从事秘密交易。许多涉案公司成立得快，解散得也快。公司之间进行了大量虚假交易，资金被拆分进行小额分期付款，以免引起怀疑。该网络在交易中使用了多家公司和代理商，使其看起来更像是正常的外贸活动。其中许多交易都流经奥克兰、伦敦、莫斯科和基辅等洗钱中心城市，以及前东欧集团国家的其他城市。

托梅克斯有限公司（Tormex Limited）是"代理平台自助洗衣店"使用最广泛的空壳公司之一，该公司于2007年在美国新泽西州注册，是一家匿名的空壳公司，没有任何办公室、员工或实际运营业务。托梅克斯有限公司的受益所有人至今仍不为人知，一直小心翼翼地隐藏在层层代理和离岸公司的背后。而我们所知道的仅是，托梅克斯有限公司在拉脱维亚有一个银行账户，而拉脱维亚的银行体系是世界上最不透明的，在透明国际的全球清廉指数中一直排名靠后。[7]通过这个银行账户，成千上万笔非法资金从世界各地流向拉脱维亚，这些资金混合交杂难以区分，随后被汇往其他离岸实体。这个流程可以确保资金无法被追溯到犯罪来源或最终所有人。

平台中涉及的许多空壳公司都是由新西兰的GT集团（GT Group）和伦敦的米德兰咨询公司（Midland Consult）注册的。这两家公司都是企业服务提供商，为犯罪组织、恐怖分子和其他臭名昭著的人物设立空壳公司。事实上，在新西兰当局2011年最终关闭GT集团之前，有大量的罪犯使用过该公司。

与其他洗钱中心一样，"代理平台自助洗衣店"并不是单一的洗钱事件。在其存续期间，大量个人、团体、银行和公司利用该平台清洗非法资金，包括亚洲犯罪集团成员和俄罗斯人，他们与谢尔盖·马格尼茨基揭露的税务欺诈有关。此外，美联银行（现为富国银行的一部分）也被指控使用代理平台为锡那罗亚贩毒集团洗钱近3 900亿美元。[8]

俄罗斯自助洗衣店

"俄罗斯自助洗衣店",又称"全球自助洗衣店"和"摩尔多瓦自助洗衣店",很可能是迄今为止规模最大、最复杂的洗钱计划。2010—2014年,俄罗斯犯罪分子利用它来清洗来自俄罗斯的资金,总金额为200亿~800亿美元。这些非法资金很可能来自欺诈、腐败和逃税,而原本应用于惠及俄罗斯公民的公共工程和其他项目。

非法资金通过一系列在英国注册成立的匿名空壳公司被注入"自助洗衣店"。随后,在空壳公司的隐秘所有人的指示下,通过一系列交易将这些资金进行离析。这些交易主要包括空壳公司之间的虚构贷款和虚假违约,但实际上资金从未真正易手。在这些交易结构中,始终有一名摩尔多瓦公民参与,以确保归摩尔多瓦法院管辖。参与计划的腐败法官对这些有担保的债务进行确认。为将资金从"自助洗衣店"中转移出来,摩尔多瓦法官会命令担保债务的空壳公司将贷款偿还至摩尔多瓦法院控制的某个账户,从而实现对资金的清洗。一些钱用于购买奢侈品,剩余的则被转移到拉脱维亚的银行,然后通过更多的空壳公司,分发到世界各地的账户。正如所有的洗钱案一样,这些钱的大部分将永远无法追回。

这些资金总共流经了5 140家公司在96个国家的732家银行开立的账户。[9] 著名的全球银行,包括德意志银行,以及一些小型、较为不知名的银行,包括在摩尔多瓦和拉脱维亚的一些银行,要么直接参与了洗钱,要么曾经处理过这些洗钱资金。

尽管包括英国、摩尔多瓦和拉脱维亚在内的一些国家已经开始对"俄罗斯自助洗衣店"进行调查,但许多调查随后被无限期搁置。只有少数人被逮捕,并对涉案的小型银行进行监管处罚;

俄罗斯政府不愿配合调查，这又在很大程度上阻碍了资金追回和对洗钱计划罪魁祸首的抓捕。[10]

阿塞拜疆自助洗衣店

阿塞拜疆是一个前东欧集团小国。它拥有丰富的石油和天然气资源，但同时也是一个腐败和侵犯人权行为猖獗的国家。因此，阿塞拜疆在透明国际的全球清廉指数中一直排名垫底。考虑到这些因素，阿塞拜疆的环境有利于金融犯罪也就不奇怪了。当阿塞拜疆成为2017年曝光的丑闻中心时，并不令人感到惊讶。阿塞拜疆的统治精英被指控清洗了约29亿美元的资金，所谓的"阿塞拜疆自助洗衣店"也随之暴露。

"阿塞拜疆自助洗衣店"在2012—2014年运作。该洗钱中心非常高效，关于其具体如何运作、非法资金从何而来以及最终流向何处等内容仍有待被发现。很大一部分黑钱似乎与阿塞拜疆的政治人物有关，包括阿塞拜疆总统的家人和其他与政府有关的人，这些黑钱来自各种形式的腐败、贪污和其他金融犯罪。

大部分资金还与几家公司有关，其中包括一家名为"Baktelekom"的神秘公司，该公司为阿塞拜疆官员所有，但公司只存在于文件上，并在阿塞拜疆拥有一个银行账户。有趣的是，"Baktelekom"与一家名为"Baktelecom"的合法公司名称仅相差一个字母。该空壳公司取这个名字，似乎就是为了与合法公司的名称相混淆，这是那些出于非法目的设立匿名空壳公司的人惯用的伎俩。[11]

在英国注册的秘密空壳公司也是这一洗钱计划的核心，这进一步凸显了对企业服务商进行全球反洗钱控制的必要性。与其他"自助洗衣店"相同的另一个因素是，众多政治公众人物参与其中，这也是一个常见的洗钱预警信号。

同流合污和缺乏监督的极端案例

"阿塞拜疆自助洗衣店"与迄今为止最大的洗钱丑闻——丹斯克银行洗钱案同年曝光,这绝非巧合。总部位于哥本哈根的丹斯克银行是丹麦最大的银行。洗钱丑闻的主角是该银行于2007年收购的爱沙尼亚分行。至关重要的是,爱沙尼亚分行被收购后没有按照母公司的标准更新其反洗钱合规方案,因而使其成为洗钱活动的目标。俄罗斯的可疑款项通过该分行流向伦敦和其他西方金融中心,涉及约2 300亿美元的洗钱活动。

一名内部举报人称,2007—2015年发生的多起可疑交易一再被各方(包括银行执行董事会)忽视。这些可疑交易涉及非常多的非居民客户(主要来自俄罗斯和其他曾经的苏联加盟共和国)与外国空壳公司,而这两者都是常见的红旗警讯。令人震惊的是,该银行既没有确认付款来源和空壳公司的目的,也没有充分了解客户的信息,而其中一些客户有公开的洗钱活动记录。例如,随后的报告显示,该银行的某些客户存在向其他银行的可疑交易对象进行付款的行为,其收入与账户活动之间存在显著的不匹配,持有可疑财产,并且与其他人共享地址却无法给出合理解释。[12]

此外,和参与其他"自助洗衣店"计划的小型银行所发生的情况一样,丹斯克银行爱沙尼亚分行的几名员工与犯罪分子内外勾结,持续进行洗钱活动。而且,这些员工还伪造账目和财务报告。根据其中一份举报人的报告,该银行在知情的情况下继续与犯罪公司进行交易。[13]

在丹斯克银行爱沙尼亚分行与"阿塞拜疆自助洗衣店"的联系中,有4家在英国注册的公司的账户,它们都有同一个位于阿塞拜疆的最终受益人。这些账户总共有超过30亿美元的交易无法解释。[14]

该分行还有数十名客户与"阿塞拜疆自助洗衣店"存在关联,其中包括与阿塞拜疆总统及其家人有关的庞大非居民投资组合。

此外,丹斯克银行爱沙尼亚分行的数百名客户收到了"俄罗斯自助洗衣店"空壳公司的付款。同时,它似乎还参与了导致谢尔盖·马格尼茨基死亡的俄罗斯税务欺诈丑闻中相关收益的洗钱活动。

丹斯克银行此后承认,在爱沙尼亚的反洗钱控制措施不足。[15] 该银行最终关闭了在俄罗斯和波罗的海国家的业务。尽管如此,考虑到丹斯克银行爱沙尼亚分行在合规监管方面的严重缺失,以及通过该分行进行的可疑交易规模之大,很可能还存在一些与非法活动相关但未被发现的问题。

与此相关的是,在与丹斯克银行爱沙尼亚分行的长期合作中,德国银行业巨头德意志银行因多次不合规行为而遭到罚款,包括未对交易进行监控,以及未采取适当措施阻止丹斯克银行爱沙尼亚分行通过该行账户转移数十亿美元的可疑交易。自20世纪90年代末以来,德意志银行因协助银行欺诈、逃税和洗钱等行为多次被指控违规,并因此受到美国和欧洲监管机构和当局的多次罚款和处罚。显然,如果世界上最大的银行可以被指控多年来屡次违规,它们不仅继续从事导致违规的活动,而且从这些活动中不断牟利,那么说明反洗钱法规或执法是不够的。

揭露俄罗斯的腐败和税务欺诈行为

如今,人们在讨论俄罗斯的腐败、洗钱、欺诈和空壳公司时,不可避免地会提到俄罗斯吹哨人谢尔盖·马格尼茨基。作为一名税法专家和审计师,马格尼茨基揭露了一起涉及俄罗斯官员的巨额税务欺诈案,他随后的死亡引发了国际媒体的关注。2009年11月,在被警方羁押 11 个月后，他在俄罗斯一家审前拘留所内死亡，年仅 37 岁。关于他的死是蓄意谋杀还是极端疏忽所致，各方说法不一。

马格尼茨基曾在莫斯科的费尔斯通·邓肯律师事务所工作。2007 年，赫米塔吉资本管理公司的联合创始人威廉·布劳德聘请他代表这家投资基金和资本管理公司进行调查，该公司被俄罗斯内务部指控逃税和欺诈。马格尼茨基追踪资金轨迹，并最终发现了俄罗斯寡头是如何通过伪造合同和假的法院判决，从赫米塔吉资本管理公司抽走数亿美元税款的。

更具体地说，马格尼茨基发现，俄罗斯官员与执法人员和俄罗斯犯罪网络勾结，利用被盗的身份证件成立三家空壳公司，侵占这些资金。而这些空壳公司正是赫米塔吉资本管理公司持有的投资组合的一部分。该团伙得到对这些公司的虚假判决后，根据这些判决获得了利润丰厚的退税。[16] 之后，他们将这些偷税的非法所得进行清洗。人们后来发现，用于税务欺诈计划的空壳公司，与"三驾马车自助洗衣店"计划中洗钱超过 1.3 亿美元的公司都是同一批。此外，在"代理平台自助洗衣店"中扮演重要角色的托梅克斯有限公司也清洗了马格尼茨基所揭露的退税欺诈案中的部分收益。

马格尼茨基向俄罗斯当局举报了这起欺诈案，并为指控涉案人员（包括警察、税务官员和法官）提供了证词。然而几周后，他被逮捕，并被指控亲自实施了欺诈行为。他被关押了近一年，在等待审判期间死亡。虽然官方给出的死因是心脏衰竭，但舆论普遍认为马格尼茨基是死于刑讯。

与"自助洗衣店"计划一样，马格尼茨基揭露的税务欺诈案中的涉案俄罗斯官员无一被绳之以法。一个法律基础设施薄弱、司法不独立、政治不透明、几乎没有公共问责制、没有新闻自由的社会环境，会不可避免地导致腐败和其他金融犯罪。[17] 而这正是俄罗斯一直处于数起数十亿美元洗钱丑闻中心的原因。在贪婪的驱使下，这些腐败的政客、不诚实的商人和犯罪组织无所畏惧，因为他们知道自己永远不需要为自己的行为负责。如果没有任何真正的后果或威慑，洗钱及其上游犯罪将不可避免地继续存在。

正如丹斯克银行的案例一样，即使是声誉卓著的大型国际银行，尽管其西方总部机构内部控制强健，但在那些控制薄弱、问责措施松懈、以腐败著称的国家，也仍然会很容易受到影响。因此，在进行有效改革之前，必须先解决这些重大的根本问题。由于不法分子总是会利用控制薄弱的司法管辖区作为通道，将财富转移到稳定经济体，因此唯一的解决办法就是阻止他们进入全球金融体系。

与"自助洗衣店"相关的红旗警讯

正如各种"自助洗衣店"案例所展现的那样，这些洗钱计划利用四个关键点进入金融体系：匿名空壳公司、贸易洗钱、代理行业务、无效的反洗钱合规方案。[18] 出现与上述任何一个领域相关的红旗警讯，以及其他指向一般洗钱的预警信号，都可能表明存在"自助洗衣店"洗钱计划。金融行动特别工作组、美国金融犯罪执法局和沃尔夫斯堡集团等机构发布的各种报告，提供了有用的红旗警讯清单，可用于识别与"自助洗衣店"计划有关的洗钱活动。

通常与"自助洗衣店"洗钱类型相关，可能表明存在洗钱活动的红旗警讯包括：使用极其复杂或多层次的空壳公司结构；涉及多个匿名或不透明公司，或公司的代持人/董事还与许多其他公司有关联；存在奇怪或无法解释的贸易交易、与此类交易有关的不寻常文件，或与所供货物不符的产品描述；涉及政治公众人物，特别是多名政治公众人物；以及与众多高风险司法管辖区有关的交易报告，包括频繁的高价值交易。

结语

"自助洗衣店"暴露了银行是多么容易被用来隐藏和清洗犯罪所得。尽管一些国家在过去几年中加强了反洗钱法律法规体系建设，但犯罪分子设计了越来越复杂的计划来规避这些法律法规。此外，即便在最佳状态下，各国的执法工作仍难以保持一致；而在最坏的情况下，这些工作则可能完全无效。许多案例都凸显了一个问题，即富人和政治关联人士往往不太可能被起诉或绳之以法，特别是在腐败问题严重的发展中国家，这种情况尤为突出。

尽管"自助洗衣店"采用了多种洗钱手段，但其缺乏透明度被认为是洗钱计划得以实施并成功的关键因素。同样，这也导致几乎不可能查明幕后策划的个人和团体并追究其责任，也使被盗资金永远无法追回。因此，事实证明，"自助洗衣店"在掩盖和转移非法资金方面相当有效，只要幕后黑手能够隐藏起来，就永远不会被绳之以法，洗钱计划也就会继续猖獗。

事实上，在俄罗斯和其他曾经的苏联加盟共和国发现的"自助洗衣店"并不是孤例。拉丁美洲国家的犯罪组织也有类似的洗钱中心。此外，目前在世界不同地区还有其他类型结构复杂的"自助洗衣店"在运营，但由于是匿名的，人们无法发现它们。

事实证明，洗钱者和其他犯罪分子在规避法律、发现并利用法律和金融体系的漏洞，以及寻找新的洗钱途径方面足智多谋且富有创造性。因此，可以预见洗钱计划的复杂性和精密程度将持续增加，这说明，尽管参与其中的个人可能不道德，但他们肯定不愚蠢。这些计划的复杂性表明，打击洗钱和其他金融犯罪的斗争将变得更具挑战性。

第六章

钱骡与网骡

千百年来，人力一直被用作跨越国界转移金钱、毒品或其他违禁品的信使。现在，贩毒集团常采用的一种走私方法就是雇用个人运送隐藏的毒品过境，这些人被称为"毒骡"。同样，洗钱者也经常通过被称为"钱骡"的人，以现金、电汇或快递的方式转移非法所得资金。

钱骡骗局有很多变种，可以说是广义骗局的一个分支，包括诱骗人们相信自己中奖了，需要先汇款才能领取奖金的骗局。在钱骡骗局中，骗子在拿到受害者的钱后并不会就此罢手。他们往往需要转移钱款，但又不愿意冒风险自己动手。这时，骗子们就会招募钱骡来帮忙，有些钱骡是知情的，有些则不知情。

近年来，钱骡越来越常见，尤其是在以电子方式转移资金的领域，而银行提供了直接获取资金的渠道，因此成为钱骡活动的主要目标。互联网的使用和可访问性等的增加使其不仅成为钱骡计划的助推者，也成为网络犯罪（这在几十年前几乎闻所未闻）的主要实施途径。由于互联网具有匿名性且速度快，大规模的网络犯罪计划变得更加普遍。

钱骡的作用是什么？他们应犯罪分子或犯罪组织的要求，通过各种账户转移犯罪所得。他们成了洗钱过程中的关键中介，通过他们的操作，黑钱和罪犯之间的联系被切断，从而使非法资金的来源变得难以追踪。实际上，尽管在洗钱活动的后续离析阶段，他们也可能继续发挥作用，但钱骡是将非法资金引入合法金融体系的重要第一步。[1] 钱骡通常（但并不总是）会收到一小部分被转移的钱作为佣金。对于他们在为罪犯工作，或者在处理非法资金，甚至可能因此受到刑事处罚等情况，这些人有的知情，有的则一无所知。在许多情况下，钱骡本人甚至不认识钱骡计划背后的罪犯。

钱骡的三种类型

一般来说，可根据知情程度和共谋程度将钱骡分为三大类：不知情的钱骡、知情的钱骡和同谋的钱骡。[2]

不知情的钱骡根本不知道自己参与了犯罪活动，也不知道自己经手的资金来源不合法；而知情的钱骡则故意忽视犯罪活动的预警信号，或故意对自己参与的骗局视而不见。后者甚至在收到银行工作人员的警告后，仍继续开立多个账户。这些人一般是从不知情开始的。

同谋的钱骡对自己作为资金骡子的作用有认知，并协助和教唆更大的犯罪计划。他们可能定期在不同的机构开设银行账户，希望接收非法资金。他们还可能公开宣传自己的钱骡服务，并积极招募他人。

无论他们是否意识到自己参与的行为是违法的，钱骡都为清洗犯罪所得提供了便利。他们使非法资金得以流动，将洗钱上游犯罪活动和资金来源分离开，以达到洗钱的目的。利用钱骡作为中间人，使犯罪计划背后的犯罪分子很难被发现。

招募钱骡

放骡人或牧骡人指的是以钱骡为目标的犯罪分子。牧骡人最常用的招工方式包括通过在线求职网站、分类广告、在线交友网站、社交网站、直接发送到个人收件箱的垃圾邮件以及暗网论坛等发布招工信息。许多网络诈骗专门针对那些易轻信、易受骗和脆弱的、毫无戒心的个人。最常见的目标群体是老年人、刚退休的人、失忆的人、青少年和大学适龄青年、刚离婚或丧偶的人、正在找工作或经济困难的人,以及新移民和外国公民。[3]

一些钱骡是在知情的情况下自愿参与欺诈计划的,还有一小部分人可能会主动寻找这种非法工作。牧骡人通常会向愿意参与的人提供关于如何建立账户的具体培训,并可能向他们提供虚假文件,以便进行交易。

然而,大多数在网上招募的人是无辜的,他们认为自己在从事合法工作。事实上,网上招聘钱骡时往往都是打着居家办公的幌子。这类工作涉及以各种形式转移资金,不需要任何教育经历或工作经验。此类招聘广告通常打着"汇款代理""付款清算"等幌子,因为不需要特定的知识或培训,相对容易上手,而且可以在家完成,所以这类工作可能很吸引人。虽然钱骡通常会收到一定的报酬,通常是以转移资金抽成作为佣金,但收不到报酬,甚至贴钱的情况也很常见。

事实上,牧骡人专门入侵招聘网站,如 Monster.com(网络招聘服务商)和其他流行的就业搜索引擎,获得数百万份简历,并利用这些简历专门针对眼下失业或正在寻找额外工作或兼职工作的人。[4]

犯罪分子瞄准并招募个人从事钱骡工作的另一种方式是通过交友或社交网站,假装与目标建立浪漫关系或柏拉图式关系。在这些情况下，犯罪分子与这些人逐渐建立起信任关系，并说服他们使用个人银行账户接收、持有和使用汇款，最终以各种虚假借口转移资金。这种骗局的受骗者可能会被告知保留一部分资金，作为礼物或报酬。而这种骗局的另一个版本是，骗子说服受害者拿出自己的钱，使他们失去积蓄。这些案件的目标往往是刚离婚或丧偶的人或大学生。一般来说，这些人真的以为自己是在帮助恋爱对象或朋友。

招募钱骡的其他手段还包括不请自来的电子邮件和垃圾邮件，以及在暗网论坛上的招募信息。那些通过暗网招募的人，是同谋参与者的概率更大。在所有这些情况下，牧骡人的真实身份均不为人知，被招募的钱骡永远不知道他们在与谁打交道。因此，钱骡被抓的风险总是最高的。

网骡的演变

如前所述，招募和使用钱骡来转移资金并非新鲜事。我们所知的这种做法似乎起源于贩毒贸易，也就是将大批货物拆散，利用个人在境内或跨境走私少量毒品。这一概念同样适用于当今的钱骡。只不过，如今的钱骡更多地被用来安排金融交易，用电子方式在各种账户中转移资金，而不是将钱藏在身上越境（尽管这种情况现在仍然存在）。

正如人们所预料的那样，过去，钱骡的所有活动，从招募钱骡到转移资金，都是在现实世界中与人进行互动的。当时，有组织犯罪集团的低级别成员或小偷通常担任职业钱骡的角色，他们的工作包括面对面地招募（而非在线招募）其他钱骡，以及将现金从一处转移到另一处。虽然这类职业钱骡依然存在，但反洗钱法律法规使他们很难在不被发现的情况下完成工作。[5]

相反，随着互联网的兴起和网银的出现，犯罪分子也与时俱进，调整现有手段，开发新方法。现在，通过网上银行转账等电子手段，许多工作都可以更快速、轻松、廉价和匿名完成。事实上，近年来钱骡活动激增，这是网络技术进步的结果。虽然有时钱骡仍然是线下招募的，某些情况下可能还需要实际转移货币，但更常见的是网上招募，以及通过电子手段转移或协助转移资金。

此外，犯罪分子还利用现代科技和恶意软件来完成非法活动。实际上，犯罪分子似乎对网络犯罪行业趋之若鹜，并开发了各种类型的恶意软件。例如，钱骡网络使用犯罪软件（一种专门用于网络犯罪的恶意软件）来实施身份盗窃和其他网络犯罪。这种恶意软件可以通过电子邮件侵入受害者的电脑，窃取受害者的银行信息，从而将受害者账户上的钱转移到钱骡的账户上。

因此，当今绝大多数的洗钱活动是在网上进行的。欧洲刑警组织称，通过欧洲的"骡子行动"发现的90%以上的骡子交易活动与网络犯罪有关（欧洲的"骡子行动"与美国的"骡子倡议"类似，都是通过协调执法来打击利用钱骡的犯罪网络）。此外，非法资金大多来自互联网犯罪活动，如网络钓鱼、恶意软件攻击、在线拍卖欺诈、电子商务欺诈、商业电子邮件攻击（BEC）和首席执行官欺诈、恋爱诈骗、假日欺诈（预订欺诈）等。[6]因此，更准确地说，传统的钱骡已发展为网骡。

大规模网络抢劫

虽然老式的银行抢劫还没有完全过时，但现在大规模的网络抢劫更为常见。在这种抢劫中，网络钱骡的功能是清洗犯罪资金，以及掩盖这些资金的后续流向。与持枪走进银行，同伙在汽车里等待逃跑相比，网络抢劫提供了更强的匿名性和更大的收益，以及更可观的风险收益比。

要成功实施网络抢劫，犯罪分子需要在攻击前采取某些步骤，包括招募和培训钱骡，有时还要提前设立欺诈账户（除非钱骡在网络抢劫后参与设立账户）。事实上，这类账户可能在抢劫前几个月就已开设，只是暂时处于休眠状态。预设账户可以增加将要转移资金的钱骡的信任。[7]

不同洗钱计划涉及的钱骡数量会有较大差异，网络抢劫也是如此。大规模网络抢劫通常会涉及多达 10 个骡子。然而，神秘的拉扎勒斯集团（Lazarus Group）——一个与朝鲜有明显联系的网络犯罪集团，尽管它在 2009 年前后就已存在，但人们对它的了解并不多——与针对一家银行的网络攻击有关，在短短两小时内从该银行位于 28 个国家的 ATM（自动柜员机）中非法提取了 1.2 万笔资金。这显然是一个庞大且高度协调的钱骡集团进行的洗钱活动。[8] 由于钱骡可能在洗钱过程的多个阶段发挥作用，所以单个洗钱计划中的骡子总数可能会有所不同。

常见的钱骡骗局

钱骡计划有许多不同类型。恋爱诈骗、居家办公骗局和商业电子邮件攻击是最常见的几种类型。它们通常利用不知情的钱骡来清洗不义之财，有时还会诈骗受害者。

恋爱诈骗

恋爱诈骗总是涉及招募毫无戒心的受害者充当钱骡。这种骗局在美国国内和国外都呈上升趋势，受骗金额也越来越大。恋爱诈骗的一个情境是以老年寡妇为目标。一旦骗子与受害者建立了信任，就会要求寡妇汇款，称想购买机票来看望她。等收到钱后，骗子会声称汇款没有到账，要求再次汇款。此后，当骗子没有如约出现时，还会提出其他要求并索要更多钱财，继续诈骗受害人。作为这一骗局的一部分，受害者也可能会被说服以自己的名义开立银行账户和／或注册有限责任公司，用于汇款或收款。

居家办公骗局

在居家办公骗局中，牧骡人打着慈善机构或公司的幌子，用看似合法的居家工作机会接近他们的目标。这种招聘通常通过互联网、社交媒体广告、电子邮件或短信进行。一旦目标接受了工作邀请，他就会被指示通过各种账户转移资金或开立新账户。通常情况下，钱骡的收入就是协助转移资金的一定比例的佣金。居家办公骗局的被害人可能对活动的非法性质毫不知情，而其他人虽然可能有所怀疑，但并不会在意。

商业电子邮件攻击

商业电子邮件攻击也被称为"网络金融诈骗"，是钱骡活动中经常使用的另一种比较流行的网络犯罪。商业电子邮件攻击的目标通常为企业，尤其是网络安全控制措施不太先进的小型企业。此外，政府机构、非营利组织和其他机构也同样可能成为商业电子邮件攻击诈骗的受害者。

商业电子邮件攻击主要涉及通过电子邮件进行欺诈，即攻击者会设法获取商业电子邮件账户的访问权限，然后冒充电子邮件所有者的身份，对公司、员工、客户或第三方合作伙伴进行欺诈。为了欺骗受害者，攻击者会建立一个与企业网络地址几乎完全相同的电子邮件账户。

虽然商业电子邮件攻击的形式多样，但在大多数情况下，欺诈者会将目标锁定在可以动用公司资金的员工身上，并试图诱骗他们向看似合法但账号略有改动的银行账户转账汇款。结果，这些资金实际上会流入犯罪分子或犯罪集团的账户中。

商业电子邮件攻击不仅限于汇款的要求，它们还可能涉及索取支票或敏感信息（如个人身份信息或员工纳税记录等）的虚假请求。

钱骡如何运钱

最常见的钱骡转移资金的方式是通过电子手段，一般是通过网上银行转账。首先，钱骡收到非法所得，通常是存入自己的个人账户，然后根据指示将这些资金汇入第三方的银行账户。在其他情况下，还可以招募钱骡前往特定地点，从银行或 ATM 提取现金。此外，钱骡还可能被指示通过购买银行本票，将资金转换成虚拟货币、预付借记卡或礼品卡，或通过货币服务公司汇款等方式"套现"。他们甚至可以将这些方法组合起来使用。

钱骡可能会通过黑客攻击或其他欺诈手段，非法侵入无辜者的银行账户。他们还可能利用窃取来的个人信息开设新的账户，甚至使用伪造的文件来创建虚假的银行账户。当然，钱骡并不知道他们处理的钱是非法所得，或者他们转账的理由都是虚构的。

钱骡清洗的非法资金来自多种犯罪活动，其中最常见的是网络诈骗，包括商业电子邮件诈骗、在线和居家办公诈骗、恋爱诈骗、神秘顾客诈骗、预付费骗局、转运诈骗、祖父母诈骗（例如，祖父母以为孙子被劫持，从而被勒索赎金）、彩票诈骗、冒充国内收入局或执法部门诈骗、技术支持诈骗、勒索企图和信用卡诈骗等。此外，钱骡清洗的非法资金通常还来自贩毒和贩运人口。[9]

钱骡、拆分洗钱人员、分拆交易和拆分洗钱

钱骡、拆分洗钱人员、分拆交易（structuring）和拆分洗钱（smurfing），尽管不是洗钱的必要因素，但在洗钱过程中均发挥着至关重要的作用。虽然钱骡和拆分洗钱人员的角色看似相似且相关，但分拆交易和拆分洗钱的行为却有很大区别。

钱骡和拆分洗钱人员

钱骡有时也被称为拆分洗钱人员，但这两种角色之间存在重要区别。拆分洗钱人员是指将小额现金（均低于1万美元的现金交易报告门槛）存入众多不同金融机构以避免被发现的人员。他们的工作是在不触发银行报告义务的情况下转移资金。尽管钱骡有时也会选择存入大量类似的小额存款，但他们的活动远不止于此。钱骡所从事的资金转移活动范围更为广泛和复杂。

从本质上讲，拆分洗钱人员的工作是规避银行报告义务，而钱骡则是充当中间人。

分拆交易和拆分洗钱

《银行保密法案》对金融机构规定了某些报告义务。例如，它要求金融机构向美国金融犯罪执法局提交现金交易报告，报告金额超过1万美元的现金交易（即存款、取款、货币兑换或其他付款或转账）。同样，当金融机构发现疑似分拆交易的行为，如频繁发生的小额交易或交易在其他方面显得可疑时，《银行保密法案》要求这些金融机构提交可疑活动报告。不仅是美国，许多国家都有类似要求。在美国之外，可疑交易报告等同于可疑活动报告。

回顾一下，分拆交易是指改变金融交易以规避提交现金交易报告

和可疑活动报告等要求的行为。大笔资金交易被分拆成若干笔交易，且交易金额故意保持在低于1万美元的报告门槛，然后招募拆分洗钱人员进行小额存款，通常是存入几家不同的银行。这时，分拆交易就成为通常所说的拆分洗钱。因此，拆分洗钱是用来分拆交易结构的一种方法。换句话说，拆分洗钱就是利用被称为"跑腿"的个人进行多次金融交易，以规避银行或其他金融机构的监管报告。[10] 然而，没有拆分洗钱人员也可以实施分拆交易。

拆分洗钱涉及犯罪所得，而分拆交易则可能涉及合法或非法资金，其目的并不一定是洗钱。不过，即便是将合法收入分散存入多家银行以规避报告要求，也属于分拆交易的一种形式。而为了规避银行审查而故意分拆存款金额和/或次数，则构成联邦犯罪。

实例：分拆交易和拆分洗钱

举一个分拆交易和拆分洗钱的例子。假设A有5.4万美元，如果A将这笔钱全部存入一家美国银行，由于金额超过1万美元，银行必须提交现金交易报告。为了规避这一报告要求，A招募了6个人，分别向6家银行存入9 000美元。这样，由于存入每家银行的金额都低于报告门槛阈值，因此不会触发现金交易报告。但是鉴于A拆分了存款，且6个人都参与了拆分洗钱，因此A和其他6个人均构成犯罪。

案例研究：网骡、网络恶棍
和1亿美元的网络犯罪狂潮

俄罗斯网络罪犯马克西姆·雅库别茨的网络昵称是"aqua"和"aquamo"，他是世界上最复杂的跨国网络犯罪集团之一"邪恶公司"（Evil Corp）的首脑。据称，雅库别茨与一个名叫伊戈尔·图拉谢夫的同伙，精心策划并领导了长达10年的网络犯罪活动。他们发布了迄今为止最具破坏性的恶意软件，主要针对美国和英国的金融服务部门，最终导致40多个国家的数百家企业和数千名消费者被盗至少1亿美元。

根据对他的起诉书，雅库别茨和国际网络犯罪网中的一些人开发并发布了最初名为"Bugat"的恶意软件（后来随着软件改进和功能增加，又被称为"Cridex"和"Dridex"）。更具体地说，这种恶意软件被设计用于破解杀毒软件和其他保护程序，它通常被嵌入自动发送的电子邮件中的恶意链接或附件中。一旦收件人点击这些链接或附件，恶意软件就会感染他们的计算机，进而窃取他们的银行凭证和其他机密信息。然后，邪恶公司就可以利用被恶意软件感染的电脑中泄露的登录名和密码信息，从受害者的银行账户中窃取资金，并通过一个钱骡网络将资金转入邪恶公司控制的账户。[11]

钱骡是该计划的核心组成部分。雅库别茨的主要职责是招募和管理这些钱骡。作为有意或无意的帮凶，钱骡的工作就是帮助邪恶公司清洗黑钱，并将其转移给位于俄罗斯、乌克兰和东欧其他地区的同伙。

雅库别茨经营着好几个钱骡招聘网站，打着居家办公的幌子招募人员。回复这些广告的人被要求在其中一个招聘网站上创建账户，输入他们的个人信息和银行账户信息，并每天登录查看信息。为了使这一计划看起来合法，或许也为了剔除不可靠的人员，钱骡在被要求处理汇款业务之前的一段时间里，会被分配从事各种繁忙琐碎的工作。[12]

当准备好让钱骡汇款时，他们通过招聘网站发送电子邮件，打着公司经理的旗号，告知钱骡进行汇款。这些看起来很专业的诈骗邮件声称，某"客户"即将向钱骡的账户汇款，并指示钱骡立即前往银行提取现金，然后将资金（扣除约定的佣金）电汇给位于东欧的某个人。当然，在每起案件中，每个"客户"实际上都是一家小企业，俄罗斯黑客之前已经渗透了这家企业的工资账户。[13] 因此，通过这种方式，罪犯网络利用钱骡进行了数以千计的金融交易，起到了转移和伪装的作用，从而将从无辜个人和企业窃取的钱财"洗白"。

2019年12月，美国司法部悬赏500万美元（这是针对网络犯罪分子最大金额的悬赏），征集可以逮捕雅库别茨或将他定罪的线索。此外，美国财政部海外资产控制办公室（OFAC）随后制裁了雅库别茨、邪恶公司和其他许多帮助邪恶公司开展活动的同伙。[14]

雅库别茨仍在俄罗斯的某处逍遥法外。鉴于俄罗斯的不引渡本国公民条款，他能否被缉拿归案非常值得怀疑。俄罗斯更不可能把他交出去，因为雅库别茨曾在克格勃的后继机构中担任间谍。[15] 因此，除非雅库别茨自大到飞到美国——在这种情况下他会立即被拘留和逮捕——否则他可能永远也不会见识到联邦法庭或美国监狱。雅库别茨在美国联邦调查局"通缉令"上的面孔以及随附的500万美元悬赏奖金是否足以促使某人将其告发，我们拭目以待。[16]

新冠疫情对钱骡计划的影响

犯罪分子非常善于投机取巧，网络罪犯也是如此。他们会充分利用人们的弱点、漏洞、恐惧以及不确定性。极具破坏性的新冠疫情为网络犯罪提供了大量可乘之机。突然间，大量人员开始居家办公（根据盖洛普民调数据，居家办公比例为62%），再加上几十万名青少年居家上网课，这些都为网络犯罪提供了庞大的新目标群体。[17]此外，新冠疫情和相应的封锁导致许多人失业，急于寻找工作。因此，不仅网络诈骗大幅增加，招募钱骡和钱骡活动也大幅增加。如第一章所述，自新冠疫情发生以来，各政府机构——包括美国金融犯罪执法局、美国联邦调查局和欧洲刑警组织等——都发布了警告，提醒人们警惕潜在的网络诈骗和钱骡骗局。

一个与新冠疫情有关的钱骡骗局是，招募钱骡为各种慈善组织处理与疫情救济有关的假捐款。除了恋爱诈骗和居家办公诈骗，美国当局还发现了在疫情暴发期间出现的其他一些更常见的钱骡骗局。例如冒名顶替骗局，即犯罪分子假冒慈善组织、政府官员或美国国内收入局等机构从受害者那里骗取钱财，利用钱骡骗取失业保险金和其他与疫情有关的福利骗局等。

此外，邪恶公司创始人马克西姆·雅库别茨及其位于莫斯科的俄罗斯黑客网络也试图利用全球新冠疫情。在新冠疫情发生后，该网络组织被指控利用勒索软件（可以阻止用户访问计算机系统或某些文件，直到用户支付一定金额的赎金）专门针对居家办公的美国员工发动攻击。[18]

成为钱骡的后果

钱骡通过转移犯罪所得的资金，参与了犯罪活动的后半部分。无论是有意为之还是无意之举，充当钱骡的行为均构成犯罪，且潜在后果十分严重。个人可能会因此被指控参与洗钱犯罪，并面临各种其他刑事指控。在美国，可能面临的联邦指控包括邮件诈骗、电信诈骗、银行诈骗、洗钱、交易性洗钱、无照经营汇款业务和严重身份盗窃等。[19]一旦定罪，则可能被处以监禁、罚款或社区服务等惩罚。

如果被抓获，充当钱骡的个人记录中会加上欺诈标签，其现有的银行账户将被冻结或关闭，而且不会再获得贷款，还可能面对负面信用评级和被禁止开立银行账户等后果。在某些情况下，钱骡本人可能还需要承担赔偿受害者损失的责任。不过，那些美国联邦调查局认为是不知情的人，如老人、孤独者或糊涂人，一般都不会被起诉。[20]

此外，由于暴露了自己的个人信息，钱骡还面临身份被盗的风险。如果想洗手不干，钱骡及其家人可能面临犯罪分子的威胁，甚至遭到人身攻击。

在大规模网络抢劫中，钱骡最容易暴露。如果执法部门拦截抢劫，钱骡最有可能被抓获并受到惩罚。事实上，钱骡经常成为"替罪羊"，而真正的幕后策划者却隐姓埋名，无人知晓。

近年来，为了应对钱骡活动的增加，美国司法部、州和联邦执法机构，以及国际执法组织实施了许多旨在根除钱骡的举措。[21] 重点是将起诉和提高公众意识相结合，以遏制看似无休止的洗钱活动。广泛宣传有关洗钱活动的危险、威胁和后果等信息，防止个人成为此类计划的受害者，并防止被招募参与犯罪活动。

与钱骡相关的红旗警讯

美国联邦调查局的洗钱、没收和银行诈骗部门出版了《识别钱骡手册》，该手册列出了一份表明某人可能已成为钱骡的红旗警讯清单。[22] 这些预警信号主要包括不寻常或可疑的电子邮件通信，以及看似"好得令人难以置信"的条件。

此外，美国金融犯罪执法局于2019年7月发布了题为《与2019年新冠病毒相关的冒名诈骗和钱骡骗局》的公告，其中包括一份与钱骡骗局相关的特定金融预警信号清单。尽管美国金融犯罪执法局的红旗警讯清单与新冠疫情有关，但其中许多预警信号也适用于更广泛的场景。这些预警信号主要涉及居家办公骗局、与客户以往交易记录不符的交易、资金快速连续转移或转移至不相关账户等异常交易，以及涉及外国司法管辖区的活动等。[23] 这两份文件均可在各机构官网上查阅。

结语

随着科技的不断发展和社交媒体等电信技术的兴起，网络金融犯罪和线上钱骡活动激增。而且，随着技术的不断进步，这一趋势将不可避免地继续下去。与此同时，新冠疫情和由此导致的经济衰退进一步加剧了全球网络犯罪上升的态势。然而，无论当前的危机如何，欺诈者总是善于利用公众的不确定性和恐惧心理，并试图利用合规和法律框架的漏洞进行非法活动。

在网络犯罪面前，国界毫无意义。个人和企业无论身处何地都可能成为受害者，资金可以快速、便捷、匿名地在全球范围内转移。如果不能及时发现骗局，资金几乎不可能追回。实际上，由于转移赃款越来越专业化和多样化，钱骡计划将变得更加难以发现。除此以外，当资金在银行间转移时，数据隐私的保护使追踪资金更加困难。进一步加剧这一问题的是，事实证明，网络犯罪分子在技术上远远领先于那些打击他们的执法者。

培训、教育和提高对各种网络欺诈的普遍认识是避免成为受害者的最佳途径之一。展望未来，社会需要适应技术进步带来的新场景，并学会如何在信任与提高警惕、小心谨慎之间取得适当平衡。

第七章

人口贩运

非法贸易是一个利润丰厚的行业，无论是商品还是人口。人口贩运，又称贩卖人口，是奴隶贸易的现代形式，它将男人、妇女和儿童视为可以买卖和抛弃的动产。无论是在美国境内还是全球任何一个国家，人口贩运都是一种令人憎恶、可耻的犯罪，严重侵犯了人权。不幸的是，人口贩运的猖獗程度令人震惊。尽管人口贩运的隐蔽性使精确的受害者人数难以确认，但根据2016年的一项估算，全世界约有4 030万人处于某种形式的奴役之中。[1] 此外，人口贩运持续成为增长速度最快的犯罪之一，影响着全世界每个国家。

与所有的非法贸易一样，人口贩运是由消费者的需求驱动的。联合国报告称，现代奴隶制的非法收益在跨国犯罪活动中排名第三，仅次于贩毒和伪造商品。根据国际劳工组织的数据，人口贩运每年产生的不法收益约为1 500亿美元。[2] 这些巨额收益使人口贩运成为洗钱的上游犯罪。

虽然金融机构在人口贩运中的作用可能不那么明显，但银行和其他金融机构在打击人口贩运的斗争中起着关键作用。几乎所有贩运者都会在某些时候利用金融机构转移资金。因此，金融机构在识别可疑活动、追踪资金和协助执法方面具有独特的优势。

人口贩运的根源

人口贩运作为奴隶制的一种形式，有着深厚的历史根源。强迫劳动和奴隶制早已成为世界历史的一部分，自古以来，人们便以不同形式和程度的暴行相互奴役。众所周知，奴隶在古代文明中就已存在。例如，汉谟拉比国王在位期间（前1792—前1750）颁布的象征着美索不达米亚文明的法典《汉谟拉比法典》，便提及了奴隶制。古埃及也有各种形式的奴隶制，包括那些来自外国的奴隶，他们中的许多人生活在严酷的惩罚性环境中。同样，在希腊罗马社会及其经济中，奴隶也扮演着重要角色。希腊哲学家亚里士多德甚至认为，奴隶制是生活的自然组成部分。而海盗，包括来自北非和加勒比海的海盗，他们不仅抢夺货物，还掳掠人口，因为人口在当时被视为财产，出售后可获取巨额利润。

契约奴役作为经济制度的一部分，在近代早期的欧洲和北美流行。与奴隶制类似，契约奴役也是一种非自愿的劳动形式。但不同于奴隶制的是，契约奴役是基于两个人之间签订的或被迫签订的合同，其中一方无偿工作以偿还债务或履行其他法定义务，这种合同通常具有一定的期限。因此，在条款及社会地位方面，它与奴隶制存在差异。然而，与契约奴役相关的工作条件可能依然残酷。尽管整个17世纪，英国殖民地都存在奴隶，但在1680年以前，许多种植园主更倾向于雇用契约劳工。[3]

在那个时候，非洲奴隶贸易急剧增长。从15世纪到19世纪，作为跨大西洋奴隶贸易的一部分，有1 200万~1 500万的男性、女性和儿童从非洲被贩卖到西半球，这是人类历史上规模最大的合法强迫移民。[4] 此外，19世纪还出现了"苦力贸易"，即将亚洲契约工人（特别是中国人和印度人）以强迫或欺骗的方式进口和剥削，使其成为奴隶劳工。[5]

欧洲启蒙运动开始转变公众对奴隶制的看法。最终，在19世纪，英国和美国这两个世界上最主要的奴隶贸易国家相继废除了奴隶制。然而，在此之前，这些国家的政府在法律上都是允许并承认奴隶贸易的。历史表明，从古至今，奴隶制在多种文化、宗教和民族中都存在。

1948年，联合国大会通过了《世界人权宣言》。这份历史性文件是第一份确认全人类权利和自由的国际协议，为未来的人权保护奠定了基础。尽管它不具有法律约束力，但其条款被后续的国际条约、区域人权文书以及国家宪法和法典广泛采纳。[6] 然而，直到2000年，联合国才根据《联合国打击跨国有组织犯罪公约》的议定书，正式将人口贩运认定为犯罪。[7]

在美国，2000年的《人口贩运受害者保护法案》是对当时法律的有效补充，为打击人口贩运提供了新工具，成为第一部全面解决人口贩运问题的联邦法律。[8] 目前，《美国法典》中有多项条款针对人口贩运、非自愿奴役、奴隶制以及强迫劳动，这些条款载于《美国法典》第18编第77章，有时被统称为第77章罪行。[9]

然而，契约奴役和其他形式的非自愿劳动——包括各种形式的人口贩运行为——依然存在。事实上，今天陷入现代奴隶制的人数比历史上任何时期都要多。[10]

什么是现代奴隶制

任何人，无论出身、性别、年龄或法律地位如何，都可能成为人口贩运的受害者。同样，贩运者也可能来自各个层面——从个体到犯罪网络、恐怖组织或腐败的政府。[11]

人口贩运是一个全球性问题。任何国家都可能成为这种罪行的来源国、过境国或目的地国，甚至三者兼而有之。然而，人口贩运大多发生在欠发达国家，受害者在这些国家更容易受到伤害，人口贩运的目的地则多为较发达的国家。虽然人口贩运主要发生在一个国家或地区内部，但长途贩运也引起了广泛关注。欧洲是人口贩运受害者的主要目的地，受害者来自世界各地。亚洲则是人口贩运受害者的主要来源地，受害者被送往全球各地。美洲则既是来源地，也是目的地。[12]

靠近高速公路与机场的城市和地区常常是人口贩运者的集散地。在美国，从佛罗里达州到纽约的95号州际公路走廊是通往费城和华盛顿特区等大城市的快速通道，也是犯罪分子转移受害者的热门路线。由于这些城市的机场酒店和汽车旅馆便于接应、运送和藏匿受害者，所以这些地方的人口贩运活动尤为猖獗。人口贩运活动还经常发生在加油站和休息站。许多受害者是问题青年，如离家出走者等。[13]

然而，人口贩运不仅发生在城市，也发生在农村地区、小城镇和郊区。例如，在美国，强迫妇女从事性服务的虚假按摩店很常见，它们通常隐藏在购物中心、办公楼甚至居民楼内，难以被发现。[14] 人口贩子还在网络上利用脸书等流行的社交媒体和暗网上的匿名网站引诱受害者。[15]

美国金融犯罪执法局将人口贩运定义为"剥削个人进行强迫劳动、服务和商业性服务的一种犯罪行为"。[16] 《联合国打击跨国有组织犯罪公约关于预防、禁止和惩治贩运人口特别是妇女和儿童行为的补充议定书》（简称《禁止贩运人口议定书》）对人口贩运做出了更全面的定义。该议定书是各国打击人口贩运犯罪的主要文件，也是大多数国家关于人口贩运罪的法律基础。根据议定书，人口贩运是指"为剥削目的而通过暴力威胁或使用暴力手段，或通过其他形式的胁迫，通过诱拐、欺诈、欺骗、滥用权力或滥用脆弱境况，或通过授受酬金或利益取得对另一人有控制权的某人的同意等手段招募、运送、转移、窝藏或接收人员"。[17] 这个定义和美国金融犯罪执法局的类似，但涵盖内容更广，增加了人口贩运的手段作为补充要素。

截至2018年1月，包括美国在内的169个国家和地区已签订或加入了《禁止贩运人口议定书》。[18] 该议定书的主要目的是预防和打击人口贩运，保护和援助人口贩运的受害者，并促进各方共同合作以实现这些目标。它还试图为人口贩运罪的立法及政策制定、实施提供统一的国际标准。此外，议定书要求缔约国将此类行为定性为犯罪。

上述定义表明，人口贩运的主要目的是为获取金钱而剥削个人。正如利润是历史上奴隶贸易的主要驱动力一样，它也是今天以人口贩运形式延续奴隶制的罪魁祸首。现代奴隶制与以往的奴隶制一样，都是由经济和供求规律驱动的。从全球范围来看，各国对廉价劳动力的需求很高。[19] 此外，贫困、社会不稳定、军事冲突、腐败、性别偏见和其他因素也为人口贩子提供了大量可剥削的弱势群体。[20] 全球化，尤其是互联网和社交媒体的兴起，使人口贩子得以大肆买卖人口。

人口贩运的运作方式

人口贩运主要包括三个不同阶段：招募或诱拐、运输、剥削。

招募或诱拐是人口贩运的第一个阶段，贩运者通过欺骗或暴力手段拐骗受害者。例如，人口贩子通常使用绑架、假结婚或发布虚假的就业或留学广告来吸引受害者。来自受经济困难、武装冲突或自然灾害影响的地区的人，尤其容易成为这些手段的受害者。[21]

第二个阶段是运输。在成功诱拐受害者后，贩运者会将他们转移到实施剥削和贩卖的地点。可以通过海陆空等途径，将受害者送往国内或国际目的地。[22]

第三个阶段是剥削。人口贩子会通过多种方式从受害者身上牟利，包括强迫劳动、性剥削、摘取器官以及强迫受害者参与其他犯罪或非法活动等。[23]

人口贩运活动通常结构严密，是一种有组织犯罪。这种犯罪往往由一群人实施，最常见的是由多个小型犯罪网络共同操作。这些网络中的成员甚至可能包括受害者的家人或朋友。因此，在大多数情况下，人口贩子和受害者来自同一个国家。

此外，人口贩运行为各不相同，即使是同一类型的人口贩运也存在差异。不同的人口贩子网络有其特定的模式和特点，包括当事人的国籍、地理路径和剥削方式。例如，东南亚的人口贩子通常会将年轻的亚洲妇女贩卖到西方国家，在按摩店和美甲沙龙中从事性工作，而美国的非裔和西班牙裔妇女则更可能被卖到汽车旅馆从事性工作。

同样，不同的人口贩运集团在洗钱计划方面也表现出不同的特点。例如，东南亚毒贩更有可能将其幌子生意中的合法收益和非法所得进行混合，而这些幌子生意往往是一家按摩店或美甲沙龙。其他人口贩子群体则采用不同的方法，如分拆交易。认识到这些差异有助于识别人口贩运的红旗警讯。

近年来，人口贩运的范围日益全球化。参与人口贩运的犯罪组织不断扩大活动地域，进入新市场。作为扩张的一部分，人口贩子还涉足了一系列其他犯罪活动，有时甚至与其他犯罪集团合作。他们经常同时参与多种犯罪活动，如毒品和武器走私、洗钱等。[24] 同样，拉丁美洲的贩毒集团近来也开始从人口贩运中获利。[25]

虽然人口贩运受害者没有"统一的面孔"，但某些人群比其他人群更容易受到这种犯罪行为的侵害。受影响最严重的通常是生活贫困的人，因逃避暴力、自然灾害或其他原因而流离失所的人，以及没有稳定收入来源的人（如没有正式工作或移民身份的人）。人口贩子还特别关注离家出走和无家可归的青年、寄养体系中的儿童、残疾人以及曾经遭受过身体、性或精神虐待或剥削的人。

人口贩运在合法和非法行业中都有发生。最常见的行业包括农业、建筑业、服装和纺织业（血汗工厂）、酒店业、餐饮业、家政服务业、清洁服务和娱乐业，以及毒品走私和分销、性产业等。这些行业可能存在季节性劳动力轮换，从而使人口贩运更难以被发现。此外，人口贩运还影响更主流的经济部门，如食品加工、医疗保健和家政行业。虽然人口贩运活动主要发生在私人部门，但公共部门也有相关记录。[26] 由此可见，人口贩运可能发生在每个国家、每个经济部门以及许多行业供应链的各个环节。

人口贩运的类型

根据《禁止贩运人口议定书》中的定义，金融行动特别工作组确定了三种主要的人口贩运类型：

1. 用于卖淫或其他形式的性剥削。
2. 强迫劳动或奴役。
3. 摘取器官。[27]

性剥削是迄今为止最常见的人口贩运形式，根据联合国毒品和犯罪问题办公室发布的《全球人口贩运报告》，性剥削占据了全球人口贩运案件总量的79%。[28] 实际上，在人口贩运活动中，妇女的占比相当高，她们不仅是受害者，有时也会成为贩运者。作为贩运者的女性通过引诱、招募和教导新的受害者，在贩运团伙中发挥着重要的作用。之所以出现这种情况，是因为受害者通常认为女性比男性更值得信赖。例如，吉莱纳·马克斯韦尔被指控充当性贩运者杰弗里·爱泼斯坦的同谋，诱导年轻女孩接受性虐待。[29] 妇女参与人口贩运的情况常常出现在原先的受害者转变为肇事者的案例中，她们这样做是为了逃避自身受害。[30]

性贩运的受害者通常会遭受长期的剥削，其间犯罪者必须满足受害者的基本需求，如食物、住宿和交通，以维持剥削状态。这些开支所涉及的交易可能由受害者直接进行，也可能由参与人口贩运的罪犯或洗钱者进行。在识别涉及人口贩运的洗钱活动时，发现这些交易往往呈现为常规的账户活动。然而，检查受害者的支出和资金流可能是发现性贩运受害者、识别洗钱者以及人口贩运网络更为有效的方法。[31]

例如，普通的性贩运计划通常以提供更好的生活为诱饵，将东南亚妇女骗至美国、加拿大或西欧地区。然而，一旦这些妇女到达目的地，她们就会被迫在按摩店或其他幌子公司工作，并被强迫提供性服务以偿还交通债务和支付食宿费用。为了确保她们听话，犯罪分子常常会要求她们上交护照，或者以其家人相威胁。新英格兰爱国者队的老板罗伯特·克拉夫特所光顾的位于佛罗里达州棕榈滩县的亚洲按摩店就是一个典型的例子。尽管当局撤销了对克拉夫特的指控（主要原因是录像证据不被采纳），但这家按摩店和佛罗里达州南部的一些水疗中心仍在接受性交易调查。[32]

以强迫劳动或奴役为目的的人口贩运是第二大人口贩运形式，约占国际案件量的 18%。例如，债务奴役（又称劳役偿债）是指因欠债不还而沦为奴隶的行为。无论受害者从事何种劳动（如家务劳动、建筑劳动或农业劳动），无论他们是成年人还是儿童，这种行为都属于强迫劳动。

在三种形式的人口贩运中，强迫劳动贩运的受害者最有可能是男性。强迫劳动贩运是指在暴力、野蛮、恐吓或威胁进行某种惩罚的情形下从事非自愿工作。它还包括一些更隐蔽或看似更温和的剥削情形，但这些情形同样侵犯人权，对移民等个人造成伤害。此类虐待行为包括操纵债务、扣留身份证件、提供不安全的工作条件、支付极其微薄的工资、不合理限制工作和非工作时间，或威胁向移民当局告发等。这种形式的奴役颇具隐蔽性，尤其在包含多层分包商的供应链行业中，并且主要存在于对廉价商品和低成本服务的需求中。[33]

劳工贩运通常始于招聘，承诺提供国外更好的工作或更高的工资。虽然强迫劳动的形式多样，但其核心都是利用剥削他人的劳动来牟利。一些常见的劳工贩运手法包括：强迫受害者在偏远或农村城镇直接为犯罪分子工作，但给予极低的报酬甚至不给报酬；强迫受害者从事低技能要求的合法工作，但拿走大部分或全部工资并控制其银行账户；强迫受害者参与帮派相关的犯罪活动；或迫使受害者在商店内行窃以换取食宿，但不支付任何报酬。[34]

以摘取器官为目的的人口贩运虽然比例较小，但诸如"器官贩运""非法器官交易""移植旅游"等术语经常交替使用，尽管这些术语通常涵盖更多非法活动。虽然美国在其相关定义中并未明确承认以摘取器官为目的的人口贩运是一种独立的人口贩运形式，但器官贩运在美国仍然是禁止的。[35]

与本书中提到的其他非法活动一样，由于贩卖器官是秘密进行的，因此几乎无法获得此类人口贩运的准确数据。世界卫生组织估计，全球范围的器官移植中，有5%~10%是非法的。[36] 与其他形式的人口贩运相比，这类受害者的被剥削时间虽然较短，但所受的伤害却极为严重。简言之，一旦器官被摘除，人口贩子便不再需要受害者了。

肾脏是目前最常见的被贩运器官。受害者通常生活在极端贫困中，被胁迫、欺骗或强迫出售器官。他们得到的报酬通常只是贩运者（通常是犯罪组织成员）所得的一小部分。只有极少数受害者知情或有足够的判断力来表达自己的真实意愿。手术后，受害者（即捐献者）常常出现并发症，如感染艾滋病和丙型病毒性肝炎，甚至死亡的情况也屡见不鲜。

贩卖器官是一个规模不大，但利润极端丰厚的行业。在黑市上，一个肾脏可以卖到 20 万美元。虽然几乎每个国家都规定贩卖人体器官是非法的，但法律的细节各不相同，因此很难成功起诉。案件会因购买者、贩运者和受害者的母国，以及贩卖器官发生的国家的不同，而涉及多个司法管辖区的不同法律。例如，在某些国家，出售肾脏是违法的，但购买并不违法；而在另一些国家，国内买卖器官是非法的，但在国外则不违法。

这种形式的人口贩运为犯罪分子或犯罪团伙（因为通常需要分工合作）提供了更可观的一次性不法经济收益。因此，资金流很难为侦查器官贩运提供直接线索。通常，与个人收入不符的大额付款是发现此类人口贩运活动的最大突破口。另外两个可能通过资金流发现此类活动的途径包括：调查采购医疗设施和设备等实施犯罪所需的基础设施的资金来源，以及调查向参与犯罪的个人支付的款项，如外科医生、经纪人等。[37] 这两类交易都超出了正常活动的范畴。

人口贩运和人口走私

人口贩运和人口走私这两个词虽然常被并列提及，但实际上它们指代的是截然不同的活动。为了更准确地理解并识别和报告与这些行为相关的交易，我们需要明确它们之间的区别。

与人口贩运一样，人口走私也是一项严重的联邦罪行，会受到罚款和监禁的处罚。根据《美国法典》第 8 编第 1324 节，人口走私被定义为"将未经许可的外国人带入或带往美国，在美国境内运送，窝藏非法外国人，鼓励非法外国人入境，或合谋实施这些违法行为的行为或企图"。[38]

人口贩运和人口走私的主要区别体现在四个方面。第一，人口贩运必然涉及使用武力、胁迫或剥削，而人口走私则是个人选择以非法方式移民。第二，人口贩运涉及强迫或强制行为，如强迫劳动或性行为，而人口走私则仅限于非法移民或窝藏无证外国人。第三，人口贩运的受害者可能是任何人，无论其性别、年龄或法律地位如何，而人口走私则仅限于外国公民。第四，人口贩运可能并不涉及跨越边境，而人口走私则必然涉及非法越境或运送、窝藏非法越境者。[39]

因此，人口走私和人口贩运的主要区别在于：人口走私主要围绕非法外国人的流动，而人口贩运则侧重于利用和剥削受害者。此外，人口走私往往产生一次性非法收益。而除了以摘取器官为目的的人口贩运，其他类型的人口贩运通常能带来持续的犯罪收益。

人口贩运与金融机构之间的关联

金融机构在侦查和打击人口贩运及洗钱方面扮演着举足轻重的角色，因为金融机构提供的服务是现代社会几乎每个人（包括贩运者和洗钱者）都会使用的。针对人口贩运，贩运者与金融机构之间主要存在以下四个关联。事实上，在洗钱行为发生之前，贩运者就已经与金融机构建立了联系。

首先，这种关联涉及物流付款，如与贩运活动相关的交通、食品和住宿费用。其次，包括转移从性交易、劳务或器官交易客户处收到的款项。再次,是将资金从较底层的贩运者转移到更大的犯罪组织。最后,是利用金融机构清洗非法所得。[40]

由于人口贩运者可以通过多种方式接触并利用金融机构,因此金融机构被认为在一定程度上促进了人口贩运和洗钱活动。

贩运者往往会同时开设个人和公司账户来处理犯罪收益。例如,在美国,一些贩运者会经营美甲沙龙等幌子公司,并利用公司账户将合法所得和非法所得混合在一起。

在跨国案件中,人口贩子经常利用金融体系将人口贩运收入从一个地方转移到另一个地方。他们经常利用通道账户(即位于某地区的个人或公司账户,用来接收来自不同地区的现金存款,且存在时间通常较短)来实现资金的快速转移。[41] 通道账户还使贩运者能够在保持匿名的同时迅速转移收益。

第三方支付处理商也是贩运者常用的国内和国际汇款手段。这种转移资金的方式给人一种第三方支付处理商是电汇的发起人或受益人的感觉,从而掩盖了真正的发起人或受益人的身份。人口贩子可以通过第三方支付处理商为线上陪侍服务和非法在线流媒体服务的运营提供支付便利。[42]

除上述服务外,银行还可能因发放贷款或参与投资而助长人口贩运活动。此外,其他金融服务提供商如货币服务和汇款业务、信用卡公司、现金快递服务、高价值商品经销、赌场等也与人口贩运有牵连。[43]

人口贩运活动通常在暗处进行,交易隐秘,购买者也寻求匿名交易。无论是性交易、劳务交易还是器官交易,大部分都使用现金支付,因此产生了大量现金流动。[44]

当然,现金并不是唯一可接受的支付手段,加密货币也在小范围内被使用。加密货币正逐渐成为色情和非法网站中常见的支付方式,而这些网站正是人口贩运活动高发的商业色情行业。[45] 预付卡由于其匿名性也被频繁使用。此外，在涉及幌子生意（如犯罪组织经营的按摩店）的案件中，信用卡也是被认可的支付手段。

基于金融机构与人口贩运者之间的各种接触点，金融机构在识别和报告与人口贩运有关的可疑活动方面具有独特的优势。通过客户尽职调查，金融机构可以发现犯罪历史和财务异常等细节，并进而识别人口贩运者。此外，交易监控也是侦查非法活动的重要工具。美国金融犯罪执法局建议，评估交易活动是否存在人口贩运迹象最有效的方法是，在关系层面而非仅在账户层面审查交易。这样，金融机构可以更全面地分析整体客户关系，包括客户的行为和交易活动。此外，通过与客户的直接互动，金融机构特别善于发现潜在的人口贩运迹象，例如，当某个老年客户与一个年轻人一同出现，两人看起来关系不密切，或年轻人衣着简陋且无法提供适当的文件，或表现出其他异常行为时。美国金融犯罪执法局在其网站上发布了关于金融机构如何发现和报告人口贩运及相关活动的建议，以及与人口贩运有关的可疑活动报告申报指南。[46]

案例研究：杰弗里·爱泼斯坦和德意志银行的肮脏秘密

杰弗里·爱泼斯坦在2019年因卷入一起人口贩运案件丑闻而引发了广泛的媒体关注和公众热议。尽管他的案件在多个方面不具有典型性，例如作为一位人脉广泛的千万富翁，他并非典型的性贩运者，但此案无疑为我们提供了理解人口贩运，尤其是未成年人性贩运活动的重要视角。同时，对德意志银行与爱泼斯坦的客户关系，以及该银行在反洗钱方面的严重不合规行为（包括私人银行业务关系和银行员工共谋的风险）进行深入分析，也为我们提供了宝贵的经验教训，让我们更加深刻地认识到金融机构在打击人口贩运等犯罪活动中的重要作用，以及实施有效反洗钱合规方案的必要性。

杰弗里·爱泼斯坦，这位神秘的美国金融家（其财富来源至今仍是一个谜），早在2002年就多次被指控与未成年人发生性关系，并对数十名少女进行了性剥削。2005年，一名受害者的家长向警方报案，指控爱泼斯坦在佛罗里达州棕榈滩的庄园内对其年仅14岁的女儿进行性虐待，警方随后对爱泼斯坦展开了调查。

2008年，爱泼斯坦在亚历克斯·阿科斯塔的监督下达成了一项备受争议的认罪协议，阿科斯塔当时在佛罗里达州南部担任检察官（后来在唐纳德·特朗普执政期间担任劳工部长）。美国前检察官贝丽特·伯杰在接受美国全国公共广播电台（NPR）的采访时指出，在美国司法部处理的白领犯罪案件中，类似的不起诉协议相当常见，但在儿童性贩运案件中却"几乎闻所未闻"。[47] 尽管有报道称爱泼斯坦对数十名未成年人进行了性虐待的证据确凿，但由于这份协议，他成功避免了联邦定罪，仅对两项较轻的唆使卖淫指控认罪，其中一项涉及未成年人。[48] 因此，爱泼斯坦在棕榈滩县监狱服刑不到13个月，并在此期间多次获准外出工作。

与此同时，爱泼斯坦继续实施其掠夺性行为，并被指控对妇女和年仅14岁的女孩实施性虐待。与其他性贩运者一样，爱泼斯坦的"猎物"往往是本身就处于弱势的受害者。例如，至少有一名受害者曾离家出走，一些受害者则曾遭受性伤害。爱泼斯坦以支付按摩费为借口，将这些女孩诱骗至其住所。这些按摩逐渐演变为性交易，并在一些案件中被指控为强奸。

爱泼斯坦利用其前女友吉莱纳·马克斯韦尔（被称为爱泼斯坦

的"鸨母")引诱和接触未成年少女,以便对她们进行性虐待。据报道,在某些情况下,马克斯韦尔也参与了性虐待。为了保持受害者源源不断,爱泼斯坦付钱让其中一些人去招募更多的女孩,从而构建了一个庞大的性剥削受害者网络(如前文所述,性贩运者通常会利用受害者来引诱和招募更多的受害者)。爱泼斯坦的几名指控者还声称,多名有权有势的名人参与了爱泼斯坦的性交易集团,爱泼斯坦将受害者"租借"给他们。据称,一些"艳遇"发生在爱泼斯坦拥有的美属维尔京群岛的一个小岛上,这个小岛名为"小圣詹姆斯岛",但当地人和其他人都将其称为"恋童癖岛"。

爱泼斯坦最终在2019年7月再次被捕,罪名是在佛罗里达州和纽约州(这两个州与加利福尼亚州和得克萨斯州同为全美人口贩运相当严重的地区)与未成年人进行性交易。[49]爱泼斯坦的被捕导致许多与其有关的高层关系受到审查,包括安德鲁王子、比尔·克林顿和唐纳德·特朗普——他们都否认对爱泼斯坦的罪行知情。爱泼斯坦被捕后,阿科斯塔也受到了负面影响,最终辞去了劳工部长的职务。[50]

在等待审判期间,爱泼斯坦被关押在曼哈顿下城的联邦拘留所——大都会惩教中心。这座12层高的拘留所距离华尔街仅几个街区之遥,因其过度拥挤和肮脏的环境,以及在押疑犯的"高知名度"而臭名昭著。曾关押在此的犯人包括墨西哥毒枭华金·古斯曼、甘比诺犯罪家族头目约翰·戈蒂、世贸中心爆炸案策划者拉姆齐·优素福和庞氏骗局主犯伯纳德·麦道夫等。[51]

当联邦当局突击搜查爱泼斯坦在曼哈顿、棕榈滩和美属维尔京群岛等地的住所时,他们发现了大量展示全裸或半裸的妇女和女孩的性暗示照片,此外还有数不尽的性玩具、隐藏摄像机等录像设备,以及载有受害者姓名的纸条和信息。同时,他们还发现了一本假冒护照和其他证据，这些均表明这是一个高度复杂的犯罪团伙。[52]

爱泼斯坦被指控犯有性交易和共谋罪。如果这些指控成立，最低刑期为10年（如果检方能证明任何受害者的年龄低于14岁，则最低刑期可增至15年），最高刑期可达45年。此外，如果儿童色情制品的指控成立，刑期还将额外增加5年。[53]

然而，令人震惊的是，66岁的爱泼斯坦却在一个月内神秘地死于牢房之中。法医宣布的死因是自杀，但这一结论引发了广泛争议。公众对爱泼斯坦的真正死因充满怀疑，一些人甚至断言他是被谋杀的，以掩盖更多有权势人物的罪行和潜在的不法行为。[54]

至于吉莱纳·马克斯韦尔，在爱泼斯坦被捕后，她迅速消失了。美国联邦调查局后来发现，她藏身在新罕布什尔州一处占地156英亩①、僻静且价值百万美元的庄园中。这座庄园通过一家有限责任公司使用现金购买，旨在掩盖马克斯韦尔的身份。记录显示，该房产的买家是格拉尼特房地产有限责任公司（Granite Realty LLC），挂名经理是一名波士顿律师。整个房地产交易是精心安排的匿名交易，以确保马克斯韦尔的名字与购买行为无关。前业主和负责出售的房地产经纪人均对吉莱纳·马克斯韦尔的真实身份一无所知。[55] 马克斯韦尔在2020年7月被捕，被指控多项罪名，均与杰弗里·爱泼斯坦对年轻妇女和女孩的性虐待有关。

尽管爱泼斯坦已经离世，但德意志银行无法逃避因与其有业务往来而带来的合规责任。作为总部位于德国法兰克福的全球性金融机构，德意志银行也在纽约州开展业务，由纽约州金融服务局颁发执照并进行监管。因此，根据《反洗钱法案》（AMLA），

---

① 1英亩≈4 047平方米。——编者注

该银行必须制定适当的反洗钱合规方案。2020年7月，监管调查揭示德意志银行在与杰弗里·爱泼斯坦的关系中存在严重的不合规行为，并向其发出处罚令。最终，德意志银行被处以1.5亿美元的罚款，这是监管机构首次因金融机构与爱泼斯坦的交易而采取的执法行动。[56]

尽管媒体对杰弗里·爱泼斯坦的犯罪史（包括前科）和性犯罪者身份的负面报道层出不穷，但德意志银行仍然接纳他为客户。该行允许他开设账户，并在2013年8月至2018年12月一直与爱泼斯坦保持着利润丰厚的客户关系。

事实上，文件显示，处理爱泼斯坦账户的银行工作人员对他的各种违规行为了如指掌——例如，他在佛罗里达州的犯罪记录、多次庭外民事和解，以及其他本应引起银行密切关注的公开指控。然而，他们似乎为了利益而无视这些警告。至少有一名负责爱泼斯坦账户的德意志银行员工，因为引入利润丰厚的客户而受到奖励。此外，证据表明，德意志银行员工在一次讨论中明确指出，爱泼斯坦可以为银行带来可观的收入，并可为银行引荐其他高净值的潜在客户。更令人震惊的是，德意志银行的两名高管清楚与爱泼斯坦的客户关系所带来风险的严重性，并有权根据这一风险采取相应行动；但他们得出的结论是，爱泼斯坦的账户无须进一步审查。他们绕过了银行旨在降低此类风险的内控要求，同意继续开展业务。[57]

在与爱泼斯坦的客户关系管理过程中，德意志银行未能充分监控他的活动，处理了数百万美元的可疑交易。这些交易包括向已知的爱泼斯坦同谋支付不当款项、学费和酒店费用的汇款，以及向众多不相关女性（推测为爱泼斯坦的受害者）的直接付款——所有这些资金往来本应引起质疑。然而，尽管有大量公开信息表明爱泼斯坦与之前的严重不当行为有关,但银行仍允许这些金融交易继续进行。[58]

　　这家德国银行处理了与爱泼斯坦及其关联的个人和公司相关的40多个账户的数百笔交易,总金额达数百万美元。在这些交易款项中,既有用于法律和解的费用,也有爱泼斯坦及其同伙的律师费。此外,在4年的时间里,账户发生了无数笔周期性的、无法解释的现金取款,总金额超过80万美元。[59]这些都是爱泼斯坦的一名律师进行的第三方取款,他特别询问了银行管理人员,关于自己多久可以进行一次取款而不触发现金交易报告(一种监管报告,用于提示可能存在的故意分拆交易的犯罪行为)警报。该律师随后在两天内分批取款,但在面对银行管理人员的询问时,他否认有任何逃避报告的意图,并获准继续取款。[60]

　　这个案例深刻地揭示了诸多合规问题。最为突出的是,不良的合规文化使银行员工与非法行为同流合污,将追求利润置于合规之上。[61]德意志银行与爱泼斯坦相关的监管违规行为并不仅限于反洗钱方面,回顾过去20年,该机构在合规方面频繁出现违法违规行为。例如,在与爱泼斯坦相关的同一份监管处罚令中,德意志银行就承认了其在与爱沙尼亚丹斯克银行和中东联邦银行的代理行关系中存在着严重的合规问题。因此,将德意志银行比作和爱泼斯坦一样的惯犯也不为过。

与清洗人口贩运所得相关的红旗警讯

　　监管机构和其他致力于打击金融犯罪的组织不仅强调人口贩运网络对金融体系构成的风险,还在努力宣传侦查与人口贩运相关的非法资金流动的重要性。金融行动特别工作组、美国金融犯罪执法局等机构发布了多项与人口贩运活动紧密相关的红旗警讯。

在这些红旗警讯中，一部分是专门用于侦查从人口贩运中获得的资金，而另一部分则属于更广泛的洗钱指标。在大多数情况下，要想有效识别和侦查这些非法资金流动，关键在于对客户支付情况的深入了解。

红旗警讯通常根据行为特征、金融交易细节等进行分类。例如，行为指标可能包括客户衣着和卫生状况不佳、行为表现混乱或无法提供基本的身份信息。而交易指标则更多关注账户活动，如主要依赖现金存款的账户、无关的个人资金转账、由第三方控制的账户，以及多个虽然名称不同，但使用相同的手机号码、地址或就业证明等信息的账户。[62]

结语

人口贩运的威胁无处不在，具有极其严重的破坏性后果，世界上没有哪个国家能够置身事外。随着人们对这一犯罪活动认识的加深，其定罪率正在逐步上升，但与问题的严重性相比，这一比例仍然偏低。与那些以金钱利益为主要动机的金融犯罪相似，强制要求各国提高金融透明度将有效削弱犯罪分子伪装、隐藏和转移非法资金的能力，进而消除人口贩运等非法活动的盈利空间。

反洗钱合规措施，如"了解你的客户"政策和程序，以及金融机构的其他内部控制措施，是打击这类侵犯人权行为的重要工具。有效的反洗钱手法还包括对所有员工进行培训和教育，使他们能够更清楚地认识自己在这一过程中扮演的角色，并掌握识别红旗警讯所需的信息和资源。

第八章

加密货币

网络犯罪是近年来随着互联网及其匿名性的普及而大幅增加的一种以营利为目的的非法活动。从网络钓鱼诈骗到勒索软件攻击，网络犯罪不仅能在短时间内带来巨额收益，而且被发现的风险极低。同样，这些非法所得也能以低风险的方式迅速、轻松地被"洗白"。与通过操纵、开发新工具和使用新技术来获利的方式类似，犯罪分子也设计了新的洗钱手法，比如利用加密货币技术。

比特币作为一类虚拟货币，由于其加密以及去中心化等特性，难以对其开展监管。一些媒体和政府机构担忧加密货币可能带来重大的洗钱风险。美联储主席杰罗姆·鲍威尔在众议院金融服务委员会做证时表示："当你试图隐藏或洗钱时，加密货币是很好的选择。"[1] 欧洲央行行长克里斯蒂娜·拉加德也持有类似的观点，她认为加密货币是"某些不正当交易和应受谴责的洗钱活动"的幕后黑手。[2]

尽管如此，关于加密货币在洗钱活动中所扮演角色的认识仍然存在分歧。虽然美国司法部等执法部门认为加密货币带来了严重的洗钱和恐怖融资威胁，但虚拟货币社区对此持不同看法。他们指出，统计数据表明情况并非如此。研究表明，与现金交易相比，加密货币在洗钱和其他金融犯罪中的使用率极低，2019年暗网中的比特币交易为8.29亿美元，仅占所有比特币交易的0.5%。[3]

尽管对加密货币的威胁范围的看法不尽相同，但一些引人注目的案件，如"丝绸之路"案，确实展示了加密货币如何被用于洗钱。这些案例不仅为我们提供了关于比特币和其他加密货币如何被滥用的宝贵见解，还提出了打击通过加密货币进行洗钱活动的建议。这些分析至关重要，因为无论加密货币带来的风险是否巨大，不可否认的是，加密货币市场一直在持续发展。2019年，加密货币的市场价值为10.3亿美元，预计到2024年将增至14亿美元。[4]

什么是加密货币，它们如何运转

比特币是最早基于区块链技术的加密货币。2008年，神秘人物中本聪发明了比特币，其真实身份至今仍是未解之谜。中本聪撰写了著名的比特币白皮书《比特币：一种点对点的电子现金系统》，详细阐述了点对点电子现金系统的功能，被誉为比特币乃至整个加密货币领域的奠基之作。[5]

比特币于2009年金融危机后正式推出，逐渐发展成为传统银行业务集中化交易方式的替代品。尽管媒体常常将比特币描绘成有形的金币，但实际上它是一种无形的"数字证书链"。尽管后来出现了多种新型加密货币（被称为"代币"或"山寨币"），但比特币仍是当今最流行、最有价值的加密货币。其他常见的加密货币包括比特币现金、莱特币、以太币、瑞波币、大零币、恒星币等。

加密货币是一种虚拟货币，属于数字货币的广义范畴。它们仅以数字形式存在，作为支付手段使用。虚拟货币可分为可兑换和不可兑换的数字货币。可兑换的虚拟货币具有一定的现实货币价值，而不可兑换的虚拟货币则主要用于特定的虚拟领域，如网络游戏等，不能兑换为现实货币。[6] 在美国、加拿大、澳大利亚等国家，比特币等加密货币被认可为可兑换的虚拟货币，可以替代等值的现实货币使用。因此，接受比特币作为支付方式等同于接受现金。比特币在美国和其他大多数发达国家是合法的，但在一些新兴经济体中，其法律地位存在差异。

与传统法定货币（真实、有形的货币）不同，加密货币没有实物形态。在功能上与电子现金类似，不涉及实物交换，全部交易都在网络上完成。因此，加密货币可视为政府发行的法定货币（如美元、欧元和其他主要货币）的替代品，可用于当前的货币体系。

此外，大多数加密货币采用去中心化模式，即没有中央管理机构（如中央银行）负责发行货币和维护账户。相反，加密货币依赖复杂的算法、区块链技术和点对点的用户网络来维持精确的收支系统。通过这个网络，虚拟货币可以直接从一方发送到另一方，无须通过银行或其他金融机构。[7]

区块链技术对加密货币的功能至关重要，也是其吸引力的来源之一。区块链技术用于维护一个高度安全的在线账本，记录区块链上所有经过验证的交易历史。在形成共识的基础上，这种加密的交易记录可以防止双重支付和伪造，从而使伪造历史交易记录变得几乎不可能。[8] 同时，它也带来了一个问题，即给寻求匿名性的人带来了困扰，因为区块链创建了一个永久且公开的交易记录。

加密货币的安全性依赖于先进的加密技术，即密码学，这也是"加密货币"一词的来源。密码学将普通纯文本与不可译文本相互转换，从而确保信息和通信安全，并防止被第三方截获。这样可以确保只有指定接收者才能访问和处理信息。密码学包括信息加密、数字签名等内容。例如，在网上购物时，加密技术用来确保发送密码的安

全性。⁹

加密货币是通过一种被称为"挖矿"或"加密采矿"的过程，以数字方式创建的"一串数字"，被称为"矿工"的个人通过解决复杂的数学算法来进行"挖矿"。"挖矿"需要特殊的计算机，普通的笔记本电脑无法满足所需的计算能力。

加密货币存储在加密货币钱包中，这是一种数字钱包，可以保存在用户的电脑、手机应用程序或云端中。类似于虚拟账户，每个钱包都有独特的身份（类似于用户名）和密码。用户可以通过这些信息登录钱包并访问其数字资产。用户可以使用这种钱包相互发送加密货币、购买商品或管理加密货币，方式本质上与使用传统货币类似。各种类型的加密货币都可以通过移动应用程序或电脑进行转移，类似于转账交易。

加密货币可以在加密货币交易所（有时称为比特币交易所）上购买和出售，用户可以使用传统货币进行交易。币基（Coinbase）是其中一家领先的交易所，还有其他几家类似的平台。加密货币可以通过个人与个人、加密货币交易所或其他中介机构进行交换。[10]就像外汇交易一样，不同的加密货币之间也存在"汇率"。

匿名性和透明度

加密货币独特的性质使其既具有表面上的匿名性，又具备透明度。一方面，支持者认为加密货币提供的匿名性和隐私保护，对生活在政府高压统治下的"吹哨人"或"社会活动家"极具价值。另一方面，反对者则指出，与加密货币相关的骗局和其他非法活动屡见不鲜。他们认为，由于犯罪分子在加密货币交易中能够隐藏身份，因此可以匿名购买非法产品和服务。无论立场如何，加密货币的双重性质导致了需要在隐私和透明度之间权衡矛盾与平衡，这给反洗钱工作带来了挑战。

由于加密货币的交易记录存储在区块链的公共账本中，任何人都可以查看，包括未参与交易的人。交易账号（或哈希值）、发送方和接收方的钱包地址、交易涉及的加密货币数量以及交易费用等信息均可公开访问。此外，所有交易都是不可变的，这意味着它们无法被篡改或删除。这种不变性确保了数据安全，所有与给定比特币地址相关的交易都可以可靠地追溯到初始交易。[11] 因此，与现金不同，比特币和大多数加密货币都会留下安全的资金线索，可供执法部门、审计师、监管机构和其他人追踪。[12] 事实上，比特币被认为是世界上最透明的货币。

深入地看，加密货币实际上使用的是"化名"方式，因为它们只提供部分而非完全的匿名性。换句话说，加密货币并非与可识别的个人绑定，而是绑定了一串字母和数字的组合（即密钥），因此是一种"化名"。

追踪比特币交易的唯一途径是，找到其钱包地址。然而，与银行账户不同的是，获得比特币钱包地址不需要身份识别，也不需要进行任何客户检查，但需要在数字交易所通过"了解你的客户"程序进行验证。加密货币 ATM 运营商 CoinFlip 的首席执行官本·韦斯恰当地指出了这一事实："在没有'了解你的客户'、身份证明或驾照的情况下，你无法购买大量比特币。"[13]

加密货币的交易信息只与经授权的相关方共享，不会公开披露，这与传统的金融交易完全不同。在传统的金融交易中，必须识别和验证账户持有人。[14] 此外，加密货币的所有人可以在每次交易时使用不同的钱包地址，避免交易信息关联到具体个人。

虽然公共分类账（即区块链账本）能够追踪加密货币的交易行

第八章　加密货币　147

为，但很难将交易与特定个人联系起来，除非这个人之前已被金融机构识别，或已通过其他方式与钱包地址建立了一对一联系。就这点而言，因为加密货币买家和卖家的身份仍然是保密的，所以交易数据信息本身的价值有限。加密货币的支持者声称，因为加密货币交易是公开的，任何人都可以看到加密货币的金额以及流转的钱包地址，所以这种匿名性为加密货币持有者提供了保护，否则他们很容易成为盗窃的目标。

此外，不同类型的加密货币根据其相关区块链的公开程度，在匿名性上也有所差异。例如，虽然比特币地址不显示客户姓名或特定信息，但比特币的区块链是公开的。而其他加密货币使用的区块链具有不同程度的隐私性，使交易透明度大大降低或完全不透明。这些类型的加密货币被称为隐私币或匿名增强型加密货币，更难以追踪。此类隐私币包括达世币、门罗币和大零币等，且更多此类加密货币正在开发中。[15]事实上，许多此类加密货币就是专门为犯罪活动而设计的。

因此，由于比特币的可追踪性，它并非犯罪分子在加密货币中的首选。实际上，执法当局已通过对比特币区块链进行取证分析，成功逮捕并起诉了一些罪犯。[16]尽管如此，比特币仍然是非法活动中较常用的加密货币。

特别是在网络世界，利用加密货币进行洗钱活动的情况日益增多。对暗网平台阿尔法湾（AlphaBay）的创建者亚历山大·卡兹的起诉书显示，除传统货币和其他资产外，还发现他拥有包括比特币在内的至少3种不同类型的加密货币，总价值超过700万美元。俄罗斯计算机专家亚历山大·温尼克被指控通过其工作的俄罗斯加密货币交易所进行洗钱，金额高达40亿美元，最终因比特币洗钱被判在法国监狱服刑5年。[17]

对加密货币的监管或监管缺失

加密货币具有货币的基础功能，可以用作交换媒介和支付手段。然而，与传统货币或法定货币的高度集中发行和受到中央银行监督的特性不同，加密货币是去中心化的，这意味着它们不受任何政府机构或金融机构的监管。与银行账户不同，加密货币钱包并不受存款保险的保护。比特币和其他加密货币的价值完全依赖于投资者愿意支付的价格。去中心化使加密货币至少在目前阶段不受政府操纵或干预，但没有任何机构或组织能确保其正常运行或为其价值背书。因此，一旦加密货币交易所关闭，加密货币持有者将难以收回资金。

尽管加密货币已存在10多年，但市场尚未受到有效监管，在不同国家和地区，其法律地位差异也很大。一些国家的金融监管机构正努力为加密货币制定通用标准，尤其是考虑到加密货币容易被用于洗钱等犯罪活动。[18] 然而，在此之前，还有许多问题亟待解决。

例如，加密货币究竟属于货币、资产、产品、财产，还是别的东西？即使在美国这样的世界监管中心和标准制定者的国家中，各联邦监管机构在加密货币的分类问题上也存在明显分歧，对于哪个机构应负责监管加密货币交易所持有不同意见。目前，美国财政部认为加密货币是去中心化的虚拟货币，美国证券交易委员会认为加密货币是一种证券，美国商品期货交易委员会将加密货币归类为商品，而美国国内收入局则将加密货币视为资本资产。在这些问题上达成共识，将有助于决定加密货币是应自由交易还是受到更严格的监管。同时，由于美国各州对加密行业的监管法律不尽相同，联邦当局对这些法律的解释和监管也存在差异。[19]

值得注意的是，美国金融犯罪执法局并未将加密货币视为法定货币，但又确实将加密货币交易所视为货币服务商（MSB）。因此，加密货币交易所作为注册的持牌机构，将受到《银行保密法案》的监管，必须遵守反洗钱和打击恐怖融资规范，并遵循美国金融犯罪执法局关于反洗钱的合规建议以及虚拟资产监管的标准。[20]

例如，币基是一家总部位于加利福尼亚州旧金山的数字货币交易所，它是一家在美国金融犯罪执法局注册的货币服务商。因此，它必须遵守《银行保密法案》的反洗钱要求，包括"了解你的客户"程序（注册程序要求）。尽管加密货币用户在区块链上是匿名的，但币基（以及其他几家受监管的加密货币交易所）为遵守监管要求，必须识别和验证所有客户，包括收集相关的个人身份信息。

2019年4月，美国金融犯罪执法局首次对公民个人进行处罚，这显示出其对数字货币交易进行严格监管的决心。加利福尼亚州居民埃里克·鲍尔斯因在2012—2014年进行了200多笔加密货币交易，但未作为货币服务商进行合法注册、未制定确保遵守《银行账户管理条例》的书面政策或程序，以及未提交现金交易报告和可疑活动报告而受到处罚。这些行为违反了《银行保密法案》，最终被处以民事罚款。[21]

欧洲是加密货币交易频率最高的地区之一，非法使用加密货币的比例也相当高。该地区最重要的立法发展是第五号反洗钱指令。[22] 与美国金融犯罪执法局的要求类似，该指令适用于欧盟成员国，要求加密货币交易所和加密货币钱包供应商识别客户身份信息。[23]

作为行业监管者和政策制定者仍需要解决很多问题。监管加密货币市场的复杂性要求很高，各类加密货币本身的差异也极大。例如，一些加密货币具有更高的隐私性或匿名性，而且分布式账本技术仍处于早期发展阶段。此外，还必须处理税收方面的问题，因为对加密货币的不同分类将产生不同的影响。例如，如果加密货币被归类为证券，其适用规则将比被归类为货币更为烦琐。这些加密货币的独特性使其中一些问题非常棘手,目前其监管状态仍充满不确定性。[24]

滥用加密货币

加密货币交易的半匿名性对犯罪分子和其他意图掩盖非法活动的人具有独特的吸引力。美国财政部前部长史蒂文·姆努钦称,加密货币助长了"数十亿美元的非法活动,如网络犯罪、逃税、勒索软件、非法毒品和人口贩运等",甚至构成了"国家安全问题"。[25]

在网络犯罪中,加密货币的使用率特别高。加密货币交易和网络犯罪都是在网上进行的,在勒索软件攻击、其他在线勒索计划等网络犯罪中的支付,以及在暗网上犯罪分子之间的支付,加密货币已成为首选方式。

有趣的是,尽管人们起初猜测这种紧密联系与加密货币支付的匿名性有关,但实际上,加密货币交易的透明度才是真正吸引黑客的地方。由于区块链上的交易是透明的,进行勒索软件攻击的黑客只需关注区块链,就能知道支付赎金的确切时间。黑客甚至可以实现自动的"一手交钱一手交货"。[26]虽然这种方法很高效,但也带来了一个难题:因勒索产生的交易记录是不可更改、永久且公开的。为了不被抓获,黑客必须找到一种方法,掩盖自己与赃款和勒索攻击之间的关联。虽然这是有可能做到的,但难度很大。区块链技术也为执法部门提供了追踪虚拟资金的线索。加强对网络货币的监管将使掩盖此类犯罪活动的难度加大,从而对犯罪产生威慑作用。

因此,加密货币已成为网络犯罪中最受欢迎的支付方式。比特币是第一个现代暗网市场"丝绸之路"使用的主要支付方式,随后出现的一些暗网市场,包括规模是"丝绸之路"10倍的阿尔法湾,也采用比特币作为支付手段。此外,加密货币也是勒索软件攻击中被要求采用的主要支付方式，如 2013—2014 年针对 Windows（微软视窗操作系统）的大规模 CryptoLocker（勒索软件）攻击。

在加密货币诞生初期，超过 20% 的交易直接指向犯罪行为。然而，尽管非法活动特别是网络犯罪大幅增加，但加密货币的合法使用需求增长速度更快。到 2019 年，绝大多数比特币交易与合法投资和交易活动有关。[27]

尽管与加密货币相关的犯罪交易在总体比例上相对较低，但单笔非法交易所涉及的加密货币金额却相当高。根据区块链安全公司 CipherTrace 的数据，仅在 2019 年，网络犯罪分子就从与加密货币相关的犯罪中净赚了 43 亿美元，因此，有大量的网络黑钱需要清洗。[28]

金融行动特别工作组最近的一项研究关注了 2017—2020 年来自多个司法管辖区的 100 多起报告案件，并据此指出了将加密货币用于洗钱和资助恐怖主义目的的几种趋势。研究发现，大多数涉及加密货币的非法活动会牵涉各种具有洗钱性质的"上游犯罪"。此外，加密货币还被用于"逃避金融制裁和筹集资金支持恐怖活动"。[29]

在各种涉及滥用加密货币的洗钱案件中，最常见的是非法贩运受管制物品。加密货币要么在销售中直接作为支付工具，要么在洗钱活动中作为离析阶段的技术手段。涉及滥用加密货币的非法活动还包括各种"欺诈、诈骗、勒索软件和敲诈"。而且，金融行动特别工作组的报告指出，专业洗钱网络已经开始利用加密货币进行洗钱。[30]

此外，拉丁美洲的犯罪集团似乎也在越来越多地使用加密货币进行洗钱。例如，2019 年 4 月，墨西哥警方逮捕了一名涉嫌贩卖人口的嫌疑人，他与一个横跨拉丁美洲的卖淫团伙有关联，据称对大约 2 000 名妇女进行了性剥削和勒索。然而，由于缺乏足够证据，这些罪行最终并没有导致他被捕。相反，他因使用比特币交易清洗犯罪所得而被捕。根据美国和墨西哥当局的说法，哈利斯科新生代集团和锡那罗亚集团等贩毒集团，也越来越多地使用比特币进行洗钱活动。[31]

随着涉嫌犯罪的加密货币应用不断增长，监管机构和其他政府部门也开始提高对加密货币的关注。尽管加密货币法规仍在制定之中，但近年来，美国金融犯罪执法局、国土安全部、美国联邦调查局和纽约州金融服务局等机构已经对与犯罪有关的加密货币活动进行了大量处罚。[32]

利用加密货币洗钱

最初，在涉及使用比特币从事非法活动的刑事诉讼中，法律界对于加密货币是否应被视为货币存在争议。然而，如今美国的一些联邦和州法院已经认定，比特币和其他加密货币在技术上构成了货币的一种形式。同时，美国财政部也认为，使用加密货币进行洗钱属于联邦资金转移法律的监管范畴。因此，在反洗钱诉讼方面，联邦和州当局对加密货币的处理态度显然是一致的。[33]

因为加密货币能够轻易跨境转移，并提供一定程度的匿名性，所以它对犯罪分子颇具吸引力。然而，由于加密货币交易被记录在区块链上——这是一个永久、固定且公开的分类账（即电子记录簿），所以这些交易记录无法被删除、撤销或更改，且信息完全公开。虽然交易中的用户数据，如购买者和销售者的姓名和身份不会被直接记录，但交易的线索和时间都会被详细记录，并且具备可追溯性。基于上述原因，犯罪分子试图通过传统洗钱技术，如使用多个钱包和账户转移比特币来隐藏资金线索的做法是行不通的。只要有足够的时间和专业技术，就能追踪其交易路径。事实上，各级专业组织和队伍在追踪洗钱者和其他罪犯的交易方面已相当专业。与大众的观点相反，加密货币交易实际上是相当透明的。即便如此，加密货币仍然很容易被用来清洗非法犯罪资金。

比特币赃款是如何被清洗的

借助比特币洗钱指的是将加密货币从一个地方转移到另一个地方，以掩盖其资金来源，或通过其他方式将比特币兑换成法定货币，从而使其脱离非法来源的过程。尽管比特币洗钱与传统现金洗钱的概念在某些方面相似，如涉及洗钱的几个阶段，但比特币洗钱并不完全等同于传统货币洗钱。比特币洗钱涉及的步骤相对较少。除非将非法获得的比特币兑换成法定货币并纳入合法金融体系，否则整个洗钱过程（处置、离析和融合）都只发生在加密货币环境中，将更加难以察觉。加密货币洗钱共有以下五种方式。

第一，加密货币的一种洗钱方式是通过加密货币交易所或交易市场进行，这些交易所或交易市场通常是未经许可、未注册或不符合合法交易所遵循的反洗钱/反恐怖融资标准和监管要求的。这些交易所和交易市场提供虚拟货币与法定货币、不同形式的虚拟货币或其他类型的资产和货币之间的互换服务。资金通过反复的互换操作进行清洗。这种洗钱手法通常涉及洗钱过程中的处置阶段，也是最容易借助比特币洗钱交易实现的领域。[34]

第二，加密货币的另一种洗钱方式是通过所谓的"混合器"或"滚筒"。这些在线服务将多个不同用户的加密货币混合在一起，从"混合器"中出来的加密货币将生成完全不同于之前的历史交易记录，从而对加密货币进行有偿洗钱。这一过程增强了交易的匿名性，使加密货币更难被追踪。而且，这些服务通常在暗网上匿名运营。[35]虽然目前这些服务并不违法，但最近已经受到严格审查。此外，混合大量资金可能触犯故意分拆交易的相关法律。

第三，犯罪分子还使用全球范围内的分散P2P（个人对个人）模式，利用不知情的第三方转移资金。这些资金通常被转移至反洗钱法规宽松或根本没有反洗钱法规的国家，并被兑换成法定货币，用于购买昂贵的奢侈品。

第四，加密货币 ATM 也可以用于洗钱，它们可以将非法所得兑换成加密货币，或将加密货币换成现金。特别是具有双向功能的 ATM，能够实现加密货币和传统货币之间的互换。截至 2021 年 9 月，仅美国的比特币 ATM 数量估计就达到 2.5 万台，并且随着加密货币使用的增加，这一数字预计还将继续增长。[36] 与普通的 ATM 相比，比特币 ATM 的匿名性更强。

此外，越来越多的场外比特币经纪商为数百万美元的比特币国际汇款提供了便利，也为洗钱者提供了可乘之机。其中一些加密货币经纪商与交易所的反洗钱合规控制措施和按照"了解你的客户"进行客户信息核对的流程极为简单。

第五，在线赌博服务也常用来清洗加密货币。这一过程与现金赌博非常相似，简单来说，就是犯罪分子会在一些游戏中用非法获取的比特币投注，然后将赢来的"钱"兑换成传统货币。

这些只是利用加密货币进行洗钱的几种较为常见的策略。与使用传统货币进行洗钱一样，犯罪分子使用加密货币洗钱的方式不胜枚举，而且未来肯定还会出现新的方法和技术。

加密货币的半匿名性或化名性，以及在线使用和方便跨境转移大笔资金的特性，对企图清洗非法所得的犯罪分子极具吸引力。此外，新型加密货币的出现，特别是那些具有更强匿名性的加密货币，为洗钱者提供了更多可利用的机会。最后，由于加密货币领域仍然缺乏统一的监管，它仍然是洗钱活动的理想场所。

万维网的阴暗面和加密洗钱

加密货币在暗网最常被非法使用。暗网是互联网的一个特殊部分，不同于常规的网络世界，无法通过常规搜索引擎找到。事实上，洗钱罪、具有洗钱性质的"上游犯罪"等大量犯罪活动都发生在暗网上。一项由伦敦研究人员在 2015 年开展的为期 5 周对实时暗网的研究发现，57% 的暗网平台存在非法内容。[37] 因此，鉴于暗网在非法活动中的重要作用，金融犯罪和合规领域的专业人士都应该对暗网及其使用方式有基本的了解。

不过，首先要区分暗网和深网。虽然这两个词经常被混用，但它们实际上指的是万维网上完全不同的两个部分。深网，有时也被称为"隐形网"或"隐藏网"，是指互联网中无法通过谷歌、雅虎等常规搜索引擎轻易访问的网站。深网上的内容多为私人信息，存在被滥用的风险。因此，深网上的信息通常隐藏在付费服务背后，或需要用户名、密码或其他认证方式才能访问。这一步骤有助于保护个人信息和隐私，深网也因此而相对安全。深网的内容包括个人电子邮件账户、社交媒体账户、网上银行账户，以及会员网站、医疗记录和法律文件的网站、其他收费事项和存储在公司数据库中的数据等。据估计，深网约占互联网的 90%，是互联网最大的组成部分。事实上，我们能够通过标准网络浏览器直接访问的部分只是互联网的一小部分，这部分被称为"明网"。[38]

相比之下，暗网只是深网中很小的一部分。由于其隐蔽性，暗网的实际规模并不能确定，但人们普遍认为它约占整个互联网的 5%。暗网遵循完全匿名的原则，需要通过特定的匿名浏览器，如 Tor（洋葱浏览器）才能访问。Tor 通过多个不同的代理服务器路由网页，隐藏用户的 IP（互联网协议）地址，使其无法被识别和追踪。除此之外，Tor 的功能与普通浏览器类似，访问暗网只需安装即可。[39]

电子杂志 CSO 的特约撰稿人达伦·古乔内在《什么是暗网？如何访问它以及你会发现什么》一文中对暗网进行了生动的描述，并分享了浏览暗网的体验。古乔内表示，登录暗网后，人们会发现其外观和运行方式与常规网站相似，但也存在明显的差异。例如，在统一资源定位器的命名习惯上，暗网使用".onion"作为域名后缀，而不是常规网站常用的".com"、".org""或".gov"。此外，暗网的统一资源定位器通常难以理解，由随机数字和字母组成，与网站内容无直接关联，难以记忆。而且，由于创建者多为骗子，这些网站经常突然消失，以防止受害者和执法部门发现。在暗网环境中，搜索引擎的速度缓慢且重复度高，经常出现不相关、过时或错误的搜索结果。整体而言，暗网既无序又肮脏，连接经常中断，市场和卖家的可靠性难以保证，甚至可能涉及非法活动。[40]

在暗网上，人们几乎可以找到并购买任何东西——合法的、非法的以及介于两者之间的。商品包括窃取的信息（如社会保障号码、银行账号、被黑客入侵的网飞账户、被劫持的网络摄像头）、非法物品（如非法麻醉品、处方药、有毒化学品）以及大量危险和骇人听闻的物品及服务（如假货、武器、动物和人体器官、儿童色情制品、濒危物种、人口贩运等）。尽管暗网因其非法和令人不安的内容而广为人知，但并非所有内容都是非法的。它也有合法的一面，例如人们可以加入社交网络、政治聊天群组和国际象棋俱乐部。事实上，有些人认为，鉴于暗网的匿名性与缺乏政府监管和干预，它是获得和维持真正言论自由的唯一途径。

案例研究：
从古代贸易路线到非法在线市场

非法网上黑市"丝绸之路"，以连接欧洲和亚洲的古代贸易路线命名，是第一个现代暗网市场。它由 26 岁的罗斯·乌布利希于 2011 年 2 月发起设立，乌布利希在网上的绰号是"恐怖海盗罗伯茨"，灵感来源于小说和电影《公主新娘》中的虚构角色。

乌布利希是一名自由主义者和无政府主义者，他希望创建一个匿名的在线市场，在这里，用户可以购买包括毒品在内的任何物品而不受政府干涉。毒品是该网站的主要商品，后来扩展到几乎所有可以销售的非法物品。几乎所有的交易都是用比特币进行支付的。随着暗网市场的流行，他也逐渐恶名远扬，不久之后，美国司法部和美国缉毒署开展了对"丝绸之路"的调查。

除了销售违禁药物和违禁品，乌布利希还被指控委托实施了几起谋杀案件。他使用比特币雇用杀手，杀害他的竞争对手和干扰市场的人。由于他用比特币支付暗杀费用，所以交易被记录在区块链上。然而，由于没有发现任何尸体，也不清楚是否真的发生了谋杀，所以乌布利希最终并未被起诉。

与此同时，事件的真相变得更加扑朔迷离。两名来自美国特勤局和美国缉毒署的联邦探员，在"丝绸之路"调查案中进行了卧底工作，被发现向乌布利希提供了有关调查的信息，以换取比特币贿赂。其中一位是在美国缉毒署工作了 15 年的特工卡尔·马克·福斯，他通过在传统银行和数字银行账户之间转移比特币来清洗受贿资金，并将 23.5 万美元转入其巴拿马离岸账户。该特工的 Venmo（移动支付应用程序）账户曾因可疑活动被冻结，但他通过向 Venmo 发送假传票解冻了账户。随后，福斯申请了抵押贷款和联邦贷款，并将剩余资金投资于房地产和其他生意。[41]

另一位是在特勤局工作了 6 年的特工肖恩·布里奇斯，他是一名比特币专家，部分资金通过一家空壳公司"洗白"。布里奇斯成立了一家名为"量子国际投资"的有限责任公司，并在 2013 年 2 月以公司名义开立了一个银行账户。他利用公司账户接收了来自日本某比特币交易所的多笔非法汇款，总额约为 82 万美元。[42]

这两名特工均被指控犯有电信诈骗和洗钱罪，并被判处长期监禁。随后，又发生另一起案件，对第三名来自美国缉毒署的联邦特工提起诉讼，指控其泄露调查信息和篡改证据。在审判期间，主审法官收到了死亡威胁，其住址和社会保障号码等个人信息被公布在暗网"隐藏维基"网站上。

"丝绸之路"于 2013 年 10 月关闭。乌布利希最终被判犯有洗钱罪等多项罪名，被判处两项终身监禁，外加 40 年刑期且不得假释。

数以千计的毒贩通过"丝绸之路"向超过 10 万名匿名买家出售毒品和其他非法物品，他们随后清洗了从非法销售中赚取的数亿美元。对乌布利希的调查引发了对许多"丝绸之路"用户的后续调查，他们绝大多数是毒贩。"丝绸之路"是第一个专营非法和违法商品的"网络超市"，它肯定不会是最后一个。此后，比"丝绸之路"规模更大的网络黑市如雨后春笋般涌现。就在美国联邦调查局关闭"丝绸之路"的同一年，"丝绸之路"的前员工就推出了"丝绸之路"2.0。2014 年，执法部门关闭了"丝绸之路"2.0，并逮捕了运营者。值得注意的是，"丝绸之路"3.0 随之出现，直到 2017 年才下线。[43]

> 由于暗网的神秘性，很多人对其充满了好奇和兴趣。作为该领域的第一个大型地下网站，关于"丝绸之路"的报道层出不穷，乌布利希的兴衰故事甚至被改编成多部电影。2015年由基努·里维斯解说的纪录片《深网》记录了"丝绸之路"的相关事件和人物，包括罗斯·乌布利希的被捕和审判，以及与比特币和暗网有关的其他事件。同样，由蒂勒·拉塞尔编剧和导演的电影《丝绸之路》将乌布利希的网上黑市搬上了大银幕。
>
> 与邪恶公司的创始人马克西姆·雅库别茨相似，罗斯·乌布利希也是一位高智商且精通技术的人。雅库别茨和乌布利希等网络犯罪分子拥有高超的专业知识和技能，现已成为金融服务业和整个社会面临的最大威胁之一。

与加密货币相关的红旗警讯

2020年9月，金融行动特别工作组发布了一份名为《虚拟资产与洗钱和资助恐怖主义红旗警讯》的报告。在这份报告中，金融行动特别工作组列出了一份详尽的红旗警讯清单，并通过实际案例对部分指标进行了阐释。尽管这些红旗警讯大多与常规支付手段的交易相关，但针对加密货币潜在的犯罪活动，这些指标依然具有相关性，因此也可用于监测。一些与使用加密货币密切相关的常见特征包括：即使产生额外的交易费用，仍选择使用多种加密货币进行交易；使用匿名加密货币；存在大量无关联的钱包；以及与客户资料不符的IP地址；等等。[44]

结语

自第一种加密货币比特币诞生以来,犯罪分子已在不同程度上利用加密货币及其相关交易作为清洗非法资金的手段。随着加密货币的使用日益普及,以及网络犯罪的增多,产生了更多的非法资金,这一趋势预计将持续下去。由于加密货币具备通过单次加密交易转移大额资金、支持全球转账等优势,许多人认为加密货币将成为跨国犯罪组织和贩毒集团首选的资金转移方式,这些犯罪组织通常需要跨境转移大量资金。

加密货币对犯罪分子的主要吸引力源于其为用户提供的匿名性。虽然加密货币交易是透明的,且最终可被追踪,但这并未阻止非法行为者利用加密货币进行洗钱和其他一系列犯罪活动,尤其是网络犯罪。此外,随着更多匿名网络货币的开发,它们在洗钱活动中的使用无疑将进一步增多。

因此,各国政府和行业需要更加深入地了解加密货币及其匿名技术,制定有效的法规、政策和其他措施来应对这一问题。同时,鉴于加密货币使用的跨国性特点,国际社会需要就加密货币的标准和监管法规达成共识。

第九章

恐怖融资

在 20 世纪，技术的不断进步和旅行范围的日益扩大，为恐怖主义的发展提供了温床，使恐怖分子在行动能力和杀伤力上都有显著提升。随着恐怖袭击的规模不断扩大和受害人数量的不断增加，恐怖主义已逐渐演变为一个日益严重的全球性问题。正因如此，在经历了如 2001 年 9 月 11 日的协同袭击和 2013 年波士顿马拉松爆炸等给社会带来深远影响的恶性事件后，反恐怖主义的战争在 21 世纪被提上了重要议程。

恐怖分子的行动离不开资金的筹集、转移和使用，包括购买设备等各个环节的经费支持。为了实现这些目标，他们不可避免地要通过合法或非法手段，并利用金融机构进行操作。

因此，恐怖主义对金融机构和金融体系的完整性与信用度也构成了严重威胁。同时，为了避免引起当局的注意，恐怖分子常常利用洗钱手段来掩盖其非法活动，这使他们采用的许多手法与洗钱行为相似。长期以来，恐怖融资与洗钱之间存在着紧密的联系。在许多情况下，恐怖融资和洗钱会发出类似的预警信号，而金融机构在监测、识别和报告这些信号方面具有得天独厚的优势。

冲突、恐怖主义和恐怖融资

冲突是驱使恐怖主义活动的主要因素。2018年的数据显示，95%与恐怖主义相关的死亡事件发生在存在暴力冲突（如内战、政治动荡）的国家。如果将高度支持恐怖主义的国家也纳入统计，该比例将攀升至99%。此外，恐怖主义的严重程度与冲突的激烈程度紧密相关。在经历冲突的国家中，冲突越激烈，恐怖主义活动就越猖獗。实际上，研究显示，在冲突国家发生的恐怖袭击的平均致死率，是在非冲突国家发生的恐怖袭击的3倍以上。叛乱团体常常将恐怖主义作为战争策略，因为他们与政府为敌，所以更可能将国家基础设施、警察和军队作为攻击目标。[1]

恐怖主义是一个复杂且敏感的话题。定义恐怖主义往往引发争议，主要原因在于，它通常涉及固有的分歧因素，如对立的政治程序、文化和种族成分，或特定的宗教倾向等，以及恐怖主义所伴随的暴力和凶残。例如，联合国、欧盟、英国、美国，甚至阿拉伯国家联盟的《阿拉伯制止恐怖主义公约》对恐怖主义的定义都各有不同。即使在美国国内，该定义也存在差异。例如，联邦政府的刑法、2001年的《使用适当手段阻止或避免恐怖主义以团结并强化美国法案》（USA PATRIOT Act，简称《美国爱国者法案》）、美国陆军的《野战手册第3-37.2号：恐怖主义》、美国联邦调查局和国防部等，对恐怖主义都有不同的定义。

尽管如此，我们仍然可以尝试对恐怖主义进行一般性定义。从广义上来说，恐怖主义指的是通过暴力、恐吓等手段侵犯平民或财产，意图制造政府或社会的恐慌，以实现其政治、宗教或意识形态目的的行为。

恐怖主义的核心是依靠恐惧来实现特定目标。为了获得宣传和关注，以及制造普遍的恐惧，恐怖分子会发动越来越暴力、戏剧化和引人注目的袭击。这些袭击的形式多种多样，既有单独行动，也有联合行动。恐怖主义行为既有自制炸弹等相对简单的行为，也有高度复杂的活动。

恐怖组织之间存在显著差异。有些组织类似于政府或企业，规模庞大且高度协同，有些则是小规模的分散组织，还有介于两者之间的各种组织形式。

恐怖主义的形式也呈现多样性。20世纪80年代初，秘鲁总统费尔南多·贝朗德·特里创造了"毒品恐怖主义"一词，专门用于描述对秘鲁缉毒警察的袭击，以及利用暴力和恐吓来影响政府政策的行为。如今，这个词的含义已经扩展，涵盖了那些依赖毒品为其活动提供资金的恐怖组织。[2] 另一种被专家确定的恐怖主义形式是极右翼恐怖主义，它有时也被称为极右恐怖主义，或出于种族和民族动机的恐怖主义。它将仇恨犯罪与有组织的恐怖主义结合在一起。[3]

恐怖活动的实施者可能是单独个体，也可能是有组织的团体，比如被列为三大危险恐怖组织的"伊斯兰国"、"基地"组织和"博科圣地"组织。[4] 政治组织、民族主义和宗教团体、革命者、极端分子、所谓的"独狼"，甚至军队、情报部门和警察局等国家机构都实施过恐怖活动。

恐怖主义行为通常包括劫机、劫持人质、绑架、大规模枪击、汽车爆炸和自杀式爆炸等。目标和受害者往往都是恐怖分子精心挑选的，以达到震撼人心的目的。繁忙的购物中心、学校、公共汽车站和火车站、飞机和机场、餐馆和夜总会等都可能成为袭击目标。其他主要目标包括有重要经济或政治象征意义的特定建筑物或地点，如大使馆和军事基地等。

第九章 恐怖融资

极端右翼团体还表现出特别精通互联网,他们利用互联网进行招募和宣传。这些团体及其追随者还利用技术平台策划、资助和实施针对某些少数群体的大规模恐怖袭击,如2019年对新西兰克赖斯特彻奇两座清真寺的袭击等。[5]

恐怖融资,顾名思义,就是为恐怖主义活动筹集资金的行为。具体来说,它包括通过合法或非法手段筹集、储存和转移资金,以实施恐怖行为或支持恐怖组织。简言之,恐怖融资的目的就是为恐怖主义提供支持。尽管恐怖融资的方法和手段因恐怖组织的多样性而异,但恐怖分子和其他犯罪分子在如何利用金融体系实现其目标方面几乎没有区别。

恐怖融资的资金来源和技术

恐怖组织需要资金来资助其袭击行动,包括购买武器、训练叛乱分子以及维持组织的正常运转。因此,恐怖组织必须创造大量的财富。在筹集资金方面,恐怖分子显示出创造力、适应性和机会主义的特点。

一般而言,恐怖分子筹集资金的方式主要有两种。一种是通过国家支持的恐怖主义活动向政府筹款,或者由支持恐怖组织的个人或团体直接向恐怖组织捐款。另一种是通过各种合法和非法的创收活动。合法的资金来源可能包括就业、储蓄、企业经营和慈善组织的合法收益。

事实上,慈善机构和非营利组织特别容易被恐怖分子当作筹集资金的渠道。这些组织通常享有公众的信任,这使它们成为那些企图对其进行滥用的人的绝佳掩护。此外,恐怖活动通常需要大量的资金,而这些组织可以从多种来源获取资金。许多慈善机构和非营利组织要么遍布全球，要么位于冲突地区或容易受到恐怖活动影响的地区附近。

恐怖组织主要通过三种方式滥用慈善机构和非营利组织来获取资金。第一种方式是通过欺诈手段转移资金。例如，诱导捐赠者相信他们是在为某个事业捐款，但实际上慈善机构却将资金转交给了恐怖分子。这种行为可能与合法的慈善活动同时进行，甚至包括让原本合法的慈善机构参与其中。第二种方式是伪装成合法的慈善机构。在这种情况下，伪装的组织仅仅是恐怖组织的幌子。第三种方式涉及更广泛的利用，即慈善机构确实是为了慈善筹集资金，但实际上是通过恐怖组织来筹集的。[6]

一些慈善机构被指控与恐怖主义有关联，或因利用其收入资助恐怖主义活动而被定罪。其中许多慈善机构和其他据称与恐怖组织有联系的机构，都被列入了美国财政部海外资产控制办公室的特别指定国民（SDN）清单和被封锁人员名单（将在关于经济制裁的部分做进一步讨论）。事实上，多名与恐怖组织有关联的个人被认定为特别指定国民和被封锁人员后，不仅资产被冻结，还因在此类慈善机构工作或担任志愿者而被执法部门逮捕。例如，圣地基金会（HLF），原名"被占领土地基金"，一度是美国最大的伊斯兰慈善机构，总部位于得克萨斯州。圣地基金会声称，其使命是创建人道主义项目，旨在帮助人为和自然灾害的受害者。然而，2001年12月，美国政府确认圣地基金会为恐怖组织，没收其资产并停止其一切活动。最终，圣地基金会及其5名创始人被指控并定罪，罪名是向激进组织哈马斯提供了约1 240万美元的物质支持及相关罪行。[7]

恐怖组织的收入来源之一是非法资金，包括各种犯罪活动，如毒品交易、人口贩运、网络犯罪、走私武器和其他物品、欺诈、绑架和勒索等。恐怖组织的资金可以有多种来源。事实上，恐怖组织越来越多地通过犯罪网络来筹集资金。

"伊斯兰国"在 2015 年领土控制的高峰期，聚集了超过 60 亿美元的资金，成为历史上最富有的恐怖组织之一。它通过各种合法和非法的方式筹集资金，包括经营企业、向居住在其控制地区的居民征税等。该组织还在其控制区内通过丰富的自然资源（即石油和天然气）获利。此外，"伊斯兰国"还参与绑架和勒索活动，贩卖违禁品，并洗劫了伊拉克摩苏尔市的银行金库。因此，尽管"伊斯兰国"在许多方面都是异类，但对该组织如何筹集资金的分析是一个很好的案例，可以说明恐怖分子是如何经常利用合法和非法资金来源的。[8]

正如贩毒与洗钱密切相关一样，贩毒也与恐怖主义密切相关，并已成为恐怖分子筹集资金的一项主要非法活动。"毒品恐怖主义"一词指的就是由非法毒品所得资助的恐怖主义。例如，阿富汗的激进组织通过在俄罗斯、欧洲和其他地方销售海洛因来筹集资金。塔利班、真主党和其他主要激进组织都参与了全球毒品贸易，还有许多其他激进组织在其所在地区更为活跃。例如，塔利班为全球最大的鸦片生产提供便利条件以资助其活动，这对阿富汗人民造成了毁灭性的影响。[9] 此外，联合国安理会已多次指出毒品与恐怖主义之间的关系。美国缉毒署和司法部也报告过国际贩毒集团与恐怖组织之间关系的类似调查结果。[10]

恐怖组织还参与人口贩运（参见第七章）。与非法毒品交易一样，人口贩运是另一种利润极高的犯罪活动，能够带来巨额收益。例如，"伊斯兰国"贩卖雅兹迪妇女，将她们作为性奴隶出售，以及在尼日利亚活动的伊斯兰激进组织"博科圣地"贩卖妇女的行径，都曾被广泛报道。[11] 还有以东非为基地的激进主义恐怖组织"青年党"，他们参与了在非洲贩卖儿童作为儿童兵的活动，而叙利亚的圣战组织"胜利阵线"也卷入了肾脏交易。[12]

非法香烟贸易以低风险、高回报的特点，为真主党和哈马斯等激进组织带来了可观的利润。即便是"伊斯兰国"组织，尽管其信奉的伊斯兰教义严格禁止香烟贸易，但该组织也从这一贸易中获取了巨额利益。[13]

这些事实表明，恐怖分子不仅利用各种资金来源，而且越来越频繁地从事有收入的犯罪活动。因此，现代恐怖分子是恐怖犯罪与洗钱活动的结合体。鉴于恐怖分子在从事恐怖主义活动的同时，还经常涉足各种非法活动，因此许多恐怖分子具有犯罪前科，这一情况或许并不令人意外。因此，尽职调查，包括对观察名单的筛查，应该能够帮助金融机构识别出这些潜在威胁。

恐怖主义资金的转移和清洗

恐怖组织所获得的任何收益最终都需要进行转移，而且往往要经过清洗以躲避执法部门的侦查。为了转移资金或资产，恐怖分子采用了与其他罪犯相同的三种主要方法。第一种方法是利用正规的金融体系，通过银行和其他金融机构提供的产品和服务，例如电汇和银行账户存款，来转移支持恐怖组织及其活动的资金。第二种方法涉及资金的物理转移，包括携带现金跨越国界，例如通过走私或现金运送人员来实现。第三种方法是利用国际贸易体系，这涉及贸易洗钱活动（参见第三章）。

恐怖分子和叛乱团体始终在寻求新的手段来逃避打击。他们通过洗钱活动来掩盖财务踪迹，以避免被当局和其他人察觉。尽管恐怖分子在试图转移资金、隐匿身份以及掩盖赞助者和其他相关人员的身份时所使用的技术与其他犯罪分子相似，但每个恐怖组织所采用的具体洗钱手法各不相同。由于恐怖主义集团的规模与复杂程度、地理位置、非法资金的来源和目的地,以及获取资金的手段的差异,资金流动和洗钱手法也会有所不同。正如每个恐怖组织都有其独特的赚钱"商业模式"一样,它们的洗钱方式也各有不同。因此,如果合规人员、调查人员和其他相关人员能够了解与恐怖组织和其他犯罪相关的不同洗钱类型,将有助于更好地识别和报告洗钱及恐怖融资交易。

恐怖组织常用的洗钱手段包括:分拆交易、利用公司实体(如信托、匿名空壳公司以及幌子公司等)、购买高端房地产以及采用贸易洗钱技术等。此外,特别是来自中东的恐怖分子,还依赖于哈瓦拉等其他汇款或非正规的资产转移系统来进行洗钱活动。

哈瓦拉和其他非正规的资产转移系统

"哈瓦拉"一词在阿拉伯语中意为"转账",有时也含有"信任"的意思。哈瓦拉在某些文化中也被称为"hundi",这种非正式的汇款系统,包括跨国汇款,在西方银行业兴起之前就已存在。它主要在中东和南亚地区使用,但中国和非洲也采用类似哈瓦拉的非正规汇款方式。该系统主要建立在信任的基础上,利用广泛的人际和地区网络构建而成。

哈瓦拉有时也被称为"地下银行系统",它是传统银行业务之外或与之并行的另一种汇款方式。外籍人士和移民务工人员发现,哈瓦拉系统为向家乡的亲友汇款提供了一种便捷且有利的方式。

进行哈瓦拉交易至少需要两个哈瓦拉交易商或"哈瓦拉达人"。希望将资金汇往另一个国家的人需要联系其所在国的哈瓦拉交易商,并提供想要汇出的资金、手续费以及预定收款人的信息。双方会交换一个密码或唯一代码,收款人必须出示此密码或代码以确认其为资金的预定接收人。然后,哈瓦拉交易商会与收款人所在国家的已知哈瓦拉经纪人联系，安排该经纪人向预定收款人提供等额的资金。实际上，并没有发生资金的跨国转移，因为收款人所在国的哈瓦拉经纪人已经持有这些资金。收款人所在国的哈瓦拉经纪人可能对汇款人所在国的哈瓦拉交易商负有债务，他只需通过此次交易来偿还该债务即可。

通过这种方式，资金在信任的基础上，通过一系列人际关系进行转移。实际上，通过哈瓦拉进行汇款可能只需要一天甚至几个小时，这比通过金融机构进行交易要快得多，特别是在汇款人是移民且没有办理银行业务所需的适当身份证明或社会保障号码的情况下。[14]

由于哈瓦拉不依赖正规金融体系，因此它不受政府监督或监管，也不涉及其他官僚机构。由于大多数哈瓦拉汇款人很少保留记录或文件，因此也没有太多的文书工作。通过哈瓦拉网络进行的汇款不会留下书面记录，因此，哈瓦拉汇款是一种快速、高效且可靠的汇款方式；然而，由于其匿名性和无须文件记录的特点，哈瓦拉极易被用于非法活动，包括转移非法资金。事实上，"基地"组织在"9·11"恐怖袭击事件之前就曾通过哈瓦拉转移大量资金。[15]

由于哈瓦拉是一个汇款系统，因此它可以用于洗钱周期的任何阶段。例如，哈瓦拉可以提供一种有效的放置技术。在这方面，当哈瓦拉经纪人收到非法资金时，他们可以将现金存入银行账户，作为其表面合法业务的收益（哈瓦拉经纪人通常经营其他合法业务，如旅行社，而哈瓦拉服务只是其合法业务的一部分）。此外，收到的部分现金还可用于支付合法经营的费用，从而减少在银行的存款。[16]

此外，由于资金在账户间的转移是离析阶段的主要组成部分，哈瓦拉汇款可以进行分层处理，使追踪资金变得更加困难。离析可以通过使用多个国家的哈瓦拉经纪人和分散转账时间来实现。由于哈瓦拉汇款通常没有文件记录，因此这种活动不会留下任何书面线索。[17]

最后，在洗钱的融合阶段，哈瓦拉技术可用于将资金转换成其他形式，从而为制造合法性的假象提供机会。例如，资金可以投资于其他资产或商业企业，也可以作为看似合法的海外投资的一部分汇往海外。[18]

出于各种不同的原因，包括可能被滥用的巨大风险以及监管和执法的困难，哈瓦拉在绝大多数司法管辖区都是非法的。尽管如此，哈瓦拉服务仍然在各种媒体上公然宣传。由于哈瓦拉广告通常使用其他语言，并故意使用隐晦的措辞，如提供"甜蜜的卢比交易"，而这并不一定意味着是哈瓦拉汇款服务，因此很难对这些广告进行监管。而且，这些提供哈瓦拉业务的企业通常还有其他主营业务，这进一步增加了侦查的难度。[19]

恐怖主义行为的成本

相较于日常生活开销，恐怖分子在购买袭击工具上的花费往往较少。例如，2017年，警察基思·帕尔默在英国议会大厦入口处执勤时遭遇恐怖袭击被刺伤，而行凶者所使用的致命凶器——一把菜刀，竟然是在当地市场购买日常杂货时顺带购得的。同样，2020年10月法国尼斯市大教堂的袭击事件中，恐怖分子仅凭一把刀便造成了三人死亡。再追溯到2013年4月的波士顿马拉松爆炸案，行凶者依照网上的说明书制造两枚自制高压锅炸弹的成本据估计仅为500美元。而在2004年3月11日发生的马德里火车爆炸案，虽然造成了193人死亡、约2 000人受伤的惨重后果，但恐怖分子的耗资也仅约1万美元。至于震惊世界的"9·11"恐怖袭击事件，其策划和执行的总成本约为50万美元，这个数字与事件所造成的巨大破坏和死亡人数相比，显得微不足道。正因为恐怖袭击相关的资金数额相对较小，金融机构和其他机构难以仅依靠传统的反洗钱控制措施来发现与恐怖主义活动有关的交易。

洗钱与恐怖融资的异同点

洗钱和恐怖融资经常被相提并论，两者之间存在着紧密的联系和一些明显的相似之处。这两种活动经常同时发生，并显示出共同的红旗警讯。因此，某一项活动的指标可能预示着另一项活动的存在。

洗钱和恐怖融资，作为两种犯罪行为，有共同之处。值得注意的是，这两种行为有可能由同一批人或组织，即恐怖分子和恐怖组织所为。因为，如前文所述，为资助恐怖活动而非法获取的资金常常需要进行清洗。不过，虽然洗钱总是涉及犯罪所得，但恐怖融资的资金可能来自合法或非法所得。

同时，这两种活动背后的动机或意图有所不同。洗钱的目的是掩盖犯罪所得，其最终目标是追求经济利益和金钱回报。洗钱者期望能无拘无束地使用非法资金。相对而言，恐怖融资主要受意识形态驱动，其目的是进行宣传和攫取政治权力。

此外，洗钱往往在犯罪行为发生之后进行，而恐怖融资则是为了支持未来的犯罪行为。两者涉及资金的非法性也有所不同。在洗钱活动中，资金来源本身就是犯罪；而在恐怖融资中，资金的最终用途和预期目的是犯罪。

这两种活动的另一个重大区别是所涉及的资金数额。当犯罪分子拥有巨额资金并需要掩盖时，洗钱成为必要手段。他们通常会将这些巨额资金分拆，以规避金融机构的报告要求。恐怖融资所涉及的资金量通常较小，往往低于报告门槛，银行较难察觉。因此，恐怖分子可能需要洗钱，但并非必须。

洗钱活动通常借助正规金融体系进行。但恐怖融资则更倾向于利用非正规金融体系，如现金运送人、哈瓦拉以及货币兑换公司等。

侦查的重点是区分洗钱和恐怖融资的另一个要素。对于洗钱活动，侦查主要集中在可疑交易上，例如存款与客户资料不符，或与客户的财富水平及预期的账户活动不一致。而在恐怖融资方面，侦查的重点在于可疑的关系，例如看似无关联的各方之间的电汇和其他资金流动。

而且，洗钱活动往往涉及复杂的交易网络，包括空壳公司或幌子公司、离岸保密港和不记名股票（一种未注册的股权证券，由于所有者的姓名不在任何公共登记册上，因此具有匿名性）。相比之下，恐怖分子的运作方式并没有特定的财务模式。恐怖融资涉及的交易类型更为广泛，难以一概而论或分类。

最后，这些活动的资金流动轨迹截然不同。洗钱活动的资金流向往往是一个闭环，即资金最终会流回到启动洗钱活动的个人手中。然而，恐怖融资的资金流向是线性的，即所产生的收益被用于支持恐怖组织和恐怖活动。[20]

经济制裁和海外资产控制办公室

经济制裁已成为决策者应对诸如恐怖主义、冲突和外国危机等重大地缘政治挑战时的一种常用工具。当各国政府和国际机构的利益或安全受到威胁，或发生违反国际法或行为准则的情形时，它们便会启动实施经济制裁。[21]制裁的目的在于强制、震慑、惩罚、羞辱或改变受制裁方、实体或政府的行为。在极少数情况下，仅是制裁的暗示便可能足以促使冲突各方展开对话。[22]

制裁被策略性地用于推进一系列外交政策目标，这些目标包括反恐、禁毒、防止核扩散、促进民主和人权、解决冲突以及网络安全等。虽然制裁被视为一种干预手段，但人们普遍认为相较于外交和战争，制裁是一种成本较低、风险较小的行动模式。实际上，各国领导人在评估是否需要采取更具惩罚性的行动时，偶尔也会先选择实施制裁措施。例如，1990年8月萨达姆·侯赛因入侵科威特仅4天后，联合国安理会便对伊拉克实施了全面制裁，并在几个月后授权使用军事力量。[23]

制裁的形式多种多样，包括贸易限制、旅行禁令、资产冻结、武器禁运以及限制进入金融体系等。然而，制裁也遭受了一些批评，批评者认为制裁通常缺乏深思熟虑，且很少能成功达到预期目标。例如，对古巴的长期且未成功的制裁常被批评者提及。尽管如此，制裁的支持者仍然声称其效果越来越显著，许多专家认为，制裁（尤其是有针对性的制裁）如果实施得当，至少可以取得部分成功。[24]

每个国家和地区都有权自由制定自己的制裁措施。实施制裁的组织包括联合国、欧盟、英国财政部、中国香港金融管理局以及美国财政部海外资产控制办公室。其中，美国是全球范围内利用经济和金融制裁来实现目标最多的国家。[25]

美国财政部海外资产控制办公室负责管理美国经济制裁的大部分项目。此外，美国政府的一些其他机构，如商务部工业和安全局、劳工部和国务院，也会发布独立的禁令，禁止与海外资产控制办公室制裁名单以外的某些个人或实体进行交易。海外资产控制办公室成立于1950年，当时中国抗美援朝，促使杜鲁门总统宣布全国进入紧急状态，并冻结了所有受美国管辖的中国和朝鲜资产。自那时起，海外资产控制办公室的宗旨便是管理和执行与美国政策相悖的某些个人、实体、外国政府机构和国家的经济与贸易制裁。[26]

海外资产控制办公室对那些对美国构成威胁的国家和政权、贩运者以及参与特定行业计划的人员实施多项制裁计划。这些计划大致可以分为两类：全面性制裁、选择性或针对性制裁。[27]

全面性制裁计划通常涉及面广且地域性强，有时也被称为禁运。此类计划禁止与制裁对象的所有出口、进口、融资、贸易、中介、便利化和商业活动。这些制裁通常针对已知赞助恐怖主义的国家或政府，例如伊朗和叙利亚。全面性制裁的其他例子还包括对古巴和朝鲜的长期制裁。[28]

选择性或针对性制裁计划则侧重于因参与特定犯罪活动（如毒品贩运、恐怖主义和跨国有组织犯罪）而受到制裁的特定个人和实体。海外资产控制办公室维护的名单上列有 6 000 多个目标，包括个人、实体（如公司、慈善机构、团体等），甚至还有运输船只和飞机的名称。这些被统称为"特别指定国民"，并被列入特别指定国民清单。例如，乌萨马·本·拉登和萨达姆·侯赛因就被指定为特别指定国民（他们的名字至今仍出现在特别指定国民清单上）。被列入特别指定国民清单者的资产实际上已被冻结，这意味着美国人，包括美国企业及其外国分支机构，均不得与其进行交易。而且，无论这些个人和实体身处何地，美国个人和企业都被禁止与其进行交易。[29] 此外，根据海外资产控制办公室的 50% 规则，任何由特别指定国民拥有的实体（定义为直接或间接拥有 50% 或以上的所有人权益）也会被封锁，即使该实体并未被列入特别指定国民清单。[30]

除特别指定国民清单外，海外资产控制办公室还维护着其他一些有针对性的制裁名单，其目标可能会根据外交政策和国家安全目标不定期进行调整。这些名单可在其网站上免费搜索。这种基于名单的制裁（也被称为"聪明制裁"）不仅使美国政府能够更精确地锁定被认为构成威胁的个人或团体，而且从执法角度来看也非常有帮助。

尽管传统上制裁主要是针对特定国家、地区、团体、实体或个人实施的，但美国却越来越多地采用所谓的域外制裁或二级制裁。二级制裁旨在阻止第三国与指定的制裁对象进行业务往来。因此，如果一家非美国公司与二级制裁对象开展业务,海外资产控制办公室有权将该非美国公司列为特别指定国民。正因如此,二级制裁常被视作具有侵略性和侵犯性,被许多国家认为是对其国家主权的侵犯。近年来,美国政府对伊朗实施的二级制裁尤为显著。

被列为制裁目标会带来一系列严重后果,其中最主要的是被制裁方的贸易和商业活动将受到强制性限制,并被禁止进入美国金融体系,从而导致经济上的困境。此外,制裁通常还会损害声誉,导致现有及未来业务的丧失。其他可能的影响还包括面临额外的审查,丧失商业机会、投资和潜在合作伙伴的优势或资格,甚至可能面临违约或其他困境。

海外资产控制办公室的制裁计划是动态变化的,会根据美国政府的外交政策目标和需要进行不定期的调整。因此,制裁的内容可能会增加、修改或删除,特别指定国民清单上的名字也可能会有所增减。但是,在名单上添加名字往往比删除容易得多。

故意违反制裁令将面临严厉的刑事处罚,包括每次最高可达100万美元的罚款,甚至会被监禁。由于美国的制裁法规通常极为严格,即使是轻微或无意的违规行为也可能导致严重的后果。在大多数制裁制度中,对于无意违规行为的民事罚款金额也高达每次30多万美元。[31]

案例研究:
通过家族企业资助恐怖主义

卡西姆·塔吉德恩是一名黎巴嫩商人,他筹集了数百万美元支持真主党,而长期以来美国一直将真主党视为恐怖组织。卡西姆主要通过血腥钻石的非法贸易筹资,然后通过皮包公司实施贸

第九章 恐怖融资

易洗钱计划。他的案件揭示了恐怖融资与洗钱技术如何相互交织，构成了一个罕见且结构复杂的恐怖融资案例。

真主党是一个什叶派伊斯兰政党和激进组织，成立于1982年，旨在反抗以色列对贝鲁特的入侵。自创建以来，真主党已成为黎巴嫩的重要政治力量，并深深植根于黎巴嫩社会。该组织拥有自己的媒体和通信渠道，并在其控制地区提供类政府服务，如收集垃圾、开办医院和学校等。[32]

塔吉德恩家族源自黎巴嫩，由卡西姆·塔吉德恩及其兄弟阿里·塔吉德恩和侯赛因·塔吉德恩等人组成。他们曾在钻石资源丰富的西非国家塞拉利昂居住，并与当地的黎巴嫩社区建立了紧密的联系。卡西姆在黎巴嫩、塞拉利昂和比利时均获得了公民身份，这使他在非洲购买钻石并以折扣价在安特卫普出售，从而成为一名成功的钻石交易商。[33]

卡西姆与其兄弟侯赛因共同将钻石业务扩展至安哥拉，这是非洲和欧洲之间的货物运输中心。此外，他们还成立了其他公司，从事与食品、家庭及个人用品相关的多元化业务。塔吉德恩家族将这些公司当作掩护，为其非法活动披上合法的外衣，同时将从动荡的非洲国家走私的钻石贩卖到欧洲以牟取暴利。[34]

1993年，卡西姆迁居冈比亚。在那里，他和他的两个兄弟成立了塔杰科有限责任公司（Tajco Company LLC）及其子公司甘比安·凯拉巴超市（Gambian Kairaba Supermarket）。这些公司主要用于掩盖资金和货物的跨境流动，实施包括少开发票和单据欺诈在内的贸易洗钱计划。此外，据报道，从塔杰科有限责任公司获得的资金被用于在黎巴嫩购买和开发房产，以供真主党使用。[35]

卡西姆还在安特卫普经营着一家名为"Soafrimex"的进出口公司，该公司表面上专门为非洲大陆提供食品，但实际上被用于进行血腥钻石交易和洗钱活动。2003 年，比利时警方突袭了卡西姆在安特卫普的办事处，逮捕了卡西姆、他的妻子和几名雇员。随后，卡西姆及其妻子因洗钱罪被判短期监禁。[36]

塔吉德恩家族不断扩大其公司网络，拓展至房地产、建筑和非法砍伐木材等领域。随着业务的不断发展，他们将市场扩展到了拉丁美洲和加勒比地区。

随着非法活动的增多，掩盖罪行变得越来越困难。卡西姆家族主要依靠匿名公司和幌子公司隐藏其所有权和交易。他们寻求莫萨克·丰塞卡（Mossack Fonseca）公司的建议和协助，这家现已倒闭的巴拿马律师事务所和服务提供商，因"巴拿马文件"丑闻而臭名昭著。莫萨克·丰塞卡公司协助卡西姆夫妇成立了两家英属维尔京群岛公司，专门用于隐藏所有权。这两家公司分别是奥夫拉斯贸易公司及其子公司奥夫拉斯商品公司，它们的地址位于贝鲁特某地。这两家公司以及塔杰科和其他公司都列入了海外资产控制办公室的特别指定国民清单。[37]

自 2009 年起，卡西姆被世界钻石交易所联合会称为"流氓钻石交易商"。同年，由于资助真主党，卡西姆在塔吉德恩兄弟中成为首个被海外资产控制办公室列为"全球恐怖分子"的人，并被列入特别指定国民清单。[38] 随后一年，侯赛因·塔吉德恩和阿里·塔吉德恩也被海外资产控制办公室列入了特别指定国民清单。

然而，塔吉德恩兄弟依旧在他们构建的国际网络中扮演着关键角色。在 2010 年被指控资助恐怖主义后，他们重建了数十亿美元的商品分销网络，更改企业名称，以它们的名义购买食品和安全设备，以此来掩盖卡西姆的真实身份。通过这些操作，卡西姆成功规避了制裁，并与美国公司进行了非法交易。这些交易主要通过卡西姆在阿拉伯联合酋长国的埃普西隆自贸区公司（Epsilon Trading

第九章 恐怖融资　181

Fze)、国际十字贸易公司（International Cross Trade Company），以及在刚果、冈比亚和安哥拉注册的供应链公司实现。[39]

经过数年的调查，卡西姆·塔吉德恩于2017年3月在摩洛哥被国际刑警组织逮捕，并被引渡至美国。卡西姆最终承认了与逃避美国制裁和共谋洗钱相关的指控。他承认与其他至少5人合谋，违反美国制裁规定，与美国企业进行了价值超过5 000万美元的交易，并在美国境外进行了总额超过10亿美元的交易。因此，他被判处5年监禁，并被勒令没收5 000万美元。[40]

塔吉德恩案展示了美国经济制裁的实际运作和影响，包括对海外资产控制办公室维护的制裁名单上指定的个人和实体（如恐怖分子）实施的定向制裁。此案还让我们初步了解到恐怖主义网络及其融资计划和洗钱技术的复杂性、烦琐性、企业化以及深远影响。塔吉德恩的网络横跨多个行业和洲，利用了众多合法和非法企业、国际贸易体系、庞大的全球公司和银行集团，并得到了职业守门人和其他专业人士的帮助。在长达25年的时间里，这个网络转移了超过10亿美元的资金，成功规避了制裁，并躲过了侦查。此案进一步表明，犯罪网络不断调整其策略，以抓住新的筹资机会和规避限制，其灵活性令人难以置信。最后，此案还凸显了洗钱和恐怖融资之间的众多联系与细微差别。

与资助恐怖主义相关的红旗警讯

恐怖融资涉及的资金数额和交易类型往往看似平常，不易引起警觉，相关的红旗警讯也难以识别。在这种情况下，对恐怖组织相关类型进行了解会有所帮助。金融情报中心埃格蒙特集团根据案例研究中确定的各种类型，发布了一份有用的清单。[41] 联邦金融机构检查委员会的《〈银行保密法案〉/反洗钱审查手册》也发布了一份较为全面的恐怖融资红旗警讯清单。[42] 这些预警信号通常基于行为和财务指标，包括：非营利组织的资金使用与其既定宗旨不符，参与方（如交易中的所有人或受益人）来自已知的支持恐怖活动的组织和国家，以及使用不透明的公司结构（包括空壳公司、信托和基金会）、代理人和用于掩盖或复杂化所有权的第三方账户等。

结语

恐怖主义可能因其涉及不同的动机、目标和方法而引发争议，难以给出确切的定义。然而，人们普遍认为它通常是出于意识形态（如政治或宗教）目的而进行的蓄意暴力行为。

与洗钱者相似，恐怖分子也在不断调整他们利用金融体系的方式。近年来，他们利用全球化和技术进步牟取利益，导致恐怖袭击比历史上任何时候都更加暴力，造成的人员伤亡也更为惨重。与之相关的恐怖组织也变得越来越精密，它们展现出了筹集必要资金和资源以动员和训练叛乱分子、为日常行动提供资金以及支持致命攻击的非凡能力。

恐怖组织通过各种合法和非法手段筹集资金，采用不同的洗钱技术来有效掩盖和转移非法资金，这揭示了洗钱和资助恐怖主义之间存在多种错综复杂的微妙联系。许多恐怖组织展现出独特的类型（如同贩毒集团和从事人口贩运的犯罪组织一样），包括它们筹集和转移资金的方式。对这些类型的基本了解有助于我们识别与恐怖活动有关的可疑资金流动。

随着恐怖分子的活动范围扩大至全球各地，恐怖主义和恐怖融资已成为国际社会关注的焦点。经济制裁原本旨在影响或惩罚某些行为，但现在也更多地以恐怖分子、恐怖组织和资助恐怖主义的国家为目标。然而，这些制裁措施的效果一直备受争议。虽然理论上全面制裁可能具有更大的益处，但实际上它们往往给被制裁国家带来了意想不到的破坏性影响，而受影响最深的往往是贫穷和无辜的平民，而非被制裁的政府和官员。例如，贸易禁运可能会对那些无法出口农作物的自给自足的农民或无法获得原材料的工厂工人造成更大的影响。此外，美国单方面使用二级制裁的做法也遭到了强烈批评。为保护人权，防止不必要的伤害和破坏，全面了解这些制裁措施及其影响至关重要。

第十章

反洗钱立法

法律法规不是凭空制定的，它们受到时事的影响，反映了时代的问题。因此，了解这些法规的历史背景，以及立法者在制定它们时的意图和目的，能够帮助我们更好地解读某些特定法规的内容。以联邦反洗钱立法为例，它不仅是全球对洗钱问题的早期回应，更是立法机构和执法部门为应对非法毒品交易而制定的措施。

　　从20世纪70年代初开始，经过80年代到90年代的不断演进，美国的反洗钱立法与理查德·尼克松总统首次宣布的"禁毒战争"同步发展。实际上，反洗钱法律法规与旨在遏制来自贩毒集团及有组织犯罪集团的非法现金流动的法规紧密相关，这些犯罪团伙通过非法毒品贸易获得了巨额收益。

　　时至今日，美国仍然是全球最大的非法毒品消费市场，美元仍然是国际毒品贸易的首选货币。[1] 由于毒品要使用现金购买，大量非法毒品所得在美国金融体系中流通。事实上，检测显示，在美国流通的美元现金中，约有90%含有微量可卡因。[2]

《银行保密法案》（1970年）

《银行保密法案》，又称《货币和对外交易报告法案》，长期以来一直是反洗钱领域法律规定的重要组成部分。1970年，尼克松总统签署《银行保密法案》，引领了全球反洗钱战役，这部法案也成为首部反洗钱法律。该法案的主要目的是阻止利用隐藏的外国银行账户洗钱，并建立与之相应的财务审计路径。

在《银行保密法案》尚未出台前的10年，美国以嬉皮士文化、扎染、喇叭裤以及大规模吸毒（包括大麻、海洛因和迷幻药）而举世闻名。到20世纪60年代末，非法可卡因交易已是贩毒集团的主要利润来源，并引发了美国社会的重大问题。有组织犯罪集团也开始从非法毒品中获利，因此美国的银行开始面临日益增长的非法现金流入。为了应对犯罪和贩毒集团日益增加的现金收入问题，美国国会通过了《银行保密法案》。该法案要求银行收集特定信息，以便与执法部门共享，从而阻止这一趋势。因此，《银行保密法案》的目标对象是银行而非罪犯。

与其名称的字面意思不同，《银行保密法案》的目的并不是维护或促进银行保密。相反，正如它的另一个名称《货币和对外交易报告法案》所示，它更多是关于记录和报告的法规。《银行保密法案》不仅适用于金融机构（该法案中对金融机构的定义范围较为宽泛），也在某些特定情况下适用于个人。例如，《银行保密法案》要求携带1万美元以上现金出入境的个人必须向美国海关提交表格进行申报。

多年来，《银行保密法案》管辖的金融机构类型不断扩展，既包括银行，也包括非银行金融机构，以及货币服务商、赌场、信用社、保险公司等众多其他类型的机构。然而，《银行保密法案》的规定并非统一适用于所有金融机构，具体记录、保存和报告的要求因服务性质而异。例如，以现金为基础的企业（如赌场）与以投资和资产管理服务为主的信托公司在《银行保密法案》中承担的义务并不相同。

《银行保密法案》诸多规定的目的是，协助政府机构侦查和防范洗钱活动。为实现这一目标，金融机构需保存现金购买特定种类可转让票据的记录、提交超过1万美元的现金交易报告，以及有关潜在洗钱、逃税或其他犯罪活动的可疑活动报告（第十一章将进一步详细讨论现金交易报告和可疑活动报告）。《银行保密法案》的许多报告都侧重于现金和金融工具，如银行本票、旅行支票和汇票。这些记录和报告为执法者与监管机构提供了宝贵的书面线索及证据，并有助于刑事、税务和违规行为的调查。[3] 此外，《银行保密法案》也成了打击恐怖融资的有力武器。

然而，《银行保密法案》在刚颁布时并未引起广泛关注。原因之一是，该法案曾受到违宪质疑（30年后，修订了《银行保密法案》部分内容的《美国爱国者法案》也面临类似质疑）。一些团体声称，《银行保密法案》侵犯了美国宪法第四修正案关于禁止无正当理由搜查和扣押的权利，以及美国宪法第五修正案关于正当程序的权利。但在1974年的加州银行家协会诉舒尔茨案中，这些指控被美国最高法院驳回，认为该法案并未违背宪法。[4] 直到20世纪80年代末，金融机构才开始遵从《银行保密法案》的报告要求。1985年2月，声誉卓著的波士顿第一国民银行因未报告一系列总额超过12亿美元的现金交易而被定罪，并处以50万美元的罚款。这不仅是《银行保密法案》规定的单项重罪可判处的最高罚金，也是当时对违犯该法的银行的最大罚单。[5]

《银行保密法案》历经多次修订，重点是通过扩大和明确某些术语的定义、加强执法和处罚力度、简化报告要求以及赋予美国财政部更大的权力来扩大该法案的适用范围。自该法案颁布以来，美国许多其他法律和指令也将重点放在了可疑金融活动和欺骗性现金交易上。因此，《银行保密法案》/反洗钱法律的主要目的是，帮助识别进出美国或存入美国金融机构的现金和其他金融工具的来源、数量和流动情况，这有助于调查洗钱、逃税、资助恐怖主义和其他金融犯罪活动。

《有组织犯罪控制法案》（1970年）

在尼克松总统签署《银行保密法案》的同年，他还签署了针对黑手党和其他犯罪集团的《有组织犯罪控制法案》（简称《犯罪控制法案》）。这是一项专门针对黑手党和其他犯罪组织的重要举措。其中，《犯罪控制法案》的第九章《反敲诈勒索及腐败组织法案》规定，直接或间接从事或参与犯罪活动均构成联邦犯罪。《反敲诈勒索及腐败组织法案》主要针对勒索及其相关犯罪，其最初目的是起诉黑手党和其他从事有组织犯罪的人员，但随着时间的推移，其适用范围逐渐扩大。

《反敲诈勒索及腐败组织法案》对勒索活动进行了明确定义，并在其定义中列出了一系列上游犯罪，这些犯罪根据联邦洗钱法规（第1956节和第1957节）也被视为洗钱上游犯罪，其中包括贩毒。政府利用《反敲诈勒索及腐败组织法案》成功指控并打击了一些臭名昭著的黑帮头目及其同伙，如约翰·戈蒂、弗兰克·洛卡肖、甘比诺犯罪家族的其他成员，以及卢凯塞家族、博南诺家族和芝加哥帮的成员等。

为了应对美国日益严重的毒品问题，尼克松总统在1970年还签署了《毒品预防和控制综合法案》。这一法案取代了之前50余项禁毒立法，加强了对治疗、戒毒、教育、监管和执法等方面的支持。3年后，缉毒署正式成立，其任务至今仍是执行美国关于管制药物的法律法规。[6]

《洗钱控制法案》（1986年）

1982年，罗纳德·里根总统宣布非法毒品是美国国家安全的重大威胁。当时，大量可卡因被走私进美国，导致了20世纪80年代的可卡因大肆泛滥。大部分毒品资金与哥伦比亚的可卡因毒贩有着密切关系，这些资金流经美国各大城市，甚至有人认为是迈阿密经济增长的推动力。当时热播的犯罪题材电视剧《迈阿密风云》就生动地描绘了当时可卡因热潮下的犯罪景象。

此外，20世纪80年代美国储蓄贷款协会的倒闭引发了金融危机，并导致了白领犯罪率的上升。美国联邦调查局在调查中发现，许多倒闭事件背后隐藏着欺诈行为。随后几年，涉及医疗保健、电话营销、保险和股票等领域的欺诈案件成为主要的犯罪问题。为了打击这些导致非法资金在国家金融体系中流通的犯罪行为，执法部门开始寻求新的打击手段。

同时，洗钱者也开始寻找规避《银行保密法案》的新途径。其中，一种方法是现金存款的拆分，即将非法所得的资金拆分成小额，然后在多家银行分别存入，每笔存款金额均少于1万美元，以此避免银行提交现金交易报告。

为了应对这一挑战，美国国会在1986年通过了《洗钱控制法案》，这是反洗钱立法的重要里程碑。该法案正式将洗钱定为针对个人和金融机构的联邦犯罪，并将分拆存款行为明确为非法。如第一章所述，该法案被编入《美国法典》第18编，包括第1956节和第1957节两个主要部分。前者是《洗钱控制法案》的核心条款，将主动参与洗钱行为定为刑事犯罪；后者则禁止在知情的情况下接受黑钱，包括为规避现金交易报告申报而分拆交易。

《洗钱控制法案》不仅将机构或个人故意协助洗钱或为规避提交现金交易报告而分拆交易的行为纳入刑法范畴，还规定了违犯《银行保密法案》的民事和刑事没收处罚条款。此外，该法案还要求银行建立和维护合理的程序，以确保遵守《银行保密法案》的报告和记录保存要求。基于《洗钱控制法案》，金融监管机构为受其监管的金融机构制定并实施了《银行保密法案》/反洗钱合规方案要求。

《反药物滥用法案》（1986年和1988年）

1986年，罗纳德·里根总统签署了《反药物滥用法案》，这是20世纪70年代发起的"禁毒战争"的重要一环。该法案显著增强了联邦政府在禁毒方面的力度，其中最引人注目的是，它使没收毒品犯罪者资产的过程更加便捷，并设立了持有毒品的强制性最低刑期。而1988年的《反药物滥用法案》则对1986年的法案进行了修订，修订内容主要包括加大对毒品犯罪的处罚力度，加重对参与毒品交易者的刑罚，恢复使用联邦死刑，以及增加资金以应对全国范围内泛滥的毒品问题。[7]

此外，1988年的《反药物滥用法案》还对《银行保密法案》进行了修订和加强。该法案扩大了"金融机构"的定义范围，将汽车经销商和从事房地产交易与结算的人员也纳入其中，并要求他们必须对大额交易进行报告。同时，该法还规定金融机构必须核实购买价值超过3 000美元金融工具的客户的身份。[8]

《阿农齐奥－怀利反洗钱法案》（1992年）

1992年的《阿农齐奥－怀利反洗钱法案》对《银行保密法案》进行了进一步修订，标志着美国反洗钱政策的重要转变。该法案出台的部分原因是，对1991年国际商业信贷银行数十亿美元欺诈案的回应。国际商业信贷银行因其复杂的组织架构，包括实体机构、控股公司、子公司、附属公司和代理关系等，使其难以受到全面监管。在缺乏有效监管的情况下，该银行迅速扩张，为非法活动提供便利，并最终走向消亡。在鼎盛时期，国际商业信贷银行在全球70多个国家开展业务，拥有400多家分行，并被列为世界第七大私人银行。[9]

在此期间，国际商业信贷银行利用国际金融监管的漏洞，进行了银行史上规模最大的欺诈活动，涉及腐败、洗钱、逃避制裁和其他非法活动。其客户包括腐败政客、毒贩、军火商、恐怖分子等，如萨达姆·侯赛因、巴拿马统治者曼努埃尔·诺列加和麦德林集团等臭名昭著的人物和团伙。这使国际商业信贷银行被冠以"国际骗子和罪犯银行"的称号。[10]

国际商业信贷银行犯罪的技术手段多种多样，包括通过代理人购买银行。此外，该银行还利用律师、会计师、公共关系公司以及包括美国政治家在内的政治关联人士，来掩盖其非法活动。通过这些手段，国际商业信贷银行成功渗透进美国的金融体系，秘密收购了四家美国银行，并在七个州和哥伦比亚特区开设了分行。[11]

《阿农齐奥－怀利反洗钱法案》的通过将反洗钱监管的重点转向金融机构。政策制定者认为，因为非法所得几乎总是通过某类金融机构进行转移，所以相较于执法部门，金融机构能更早接触到洗钱者。此外，金融机构的专业知识使其能够更好地识别金融活动的具体类型和可疑性。[12]

该法案对《银行保密法案》的修订主要体现在三个方面：一是大幅提高对洗钱违法行为的惩罚力度，二是扩大《银行保密法案》的适用范围，三是将《银行保密法案》的监控责任交给金融机构。在惩罚力度方面，法案增强了政府惩罚洗钱者的能力，包括对违犯《银行保密法案》的金融机构提起终止诉讼（如取消金融机构特许权），以及禁止犯洗钱罪的银行人员进入该行业。[13]

在适用范围方面，法案扩大了《洗钱控制法案》中"特定的非法活动"的定义，增加了某些国内和国外犯罪的认定，并扩大了金融交易的定义。此外，还规定了电汇的核查和记录保存要求，并将无证经营汇款业务定为犯罪。[14]

最显著的变更之一就是，授权美国财政部在案件涉嫌违犯法律或法规时，要求金融机构提交可疑活动报告。该报告提供了一个更快、更简化的流程，取代了以往的刑事转介表格（相当于《阿农齐奥-怀利反洗钱法案》之前的可疑活动报告）。[15] 该法案还进一步授权财政部颁布法规，要求所有金融机构维持内部反洗钱合规方案的"最低标准"，这些标准与之前《银行保密法案》合规方案对存款机构的要求基本一致。

此外，该法案还要求财政部长成立《银行保密法案》咨询小组（BSAAG）。该小组由联邦监管和执法机构、金融机构以及受《银行保密法案》约束的贸易团体的代表组成，负责就《银行保密法案》的运作向美国财政部提供建议。美国金融犯罪执法局的主任担任小组主席，职责是确保"相关问题提交给小组进行审查、分析和讨论"。[16]

《禁止洗钱法案》（1994年）

《禁止洗钱法案》（MLSA）是对《银行保密法案》的又一次重要修订。该法案主要关注加强反洗钱培训、制定反洗钱检查程序，并优化可疑交易案件向执法机构的移交流程。[17]该法案旨在通过简化现金交易报告豁免流程，减轻金融机构的申报负担，使报告更加聚焦于最相关的交易，从而为执法和监管机构提供更有价值的信息。[18]

《禁止洗钱法案》对《银行保密法案》的修订体现在对货币服务商的监管力度上。根据美国金融犯罪执法局的定义，货币服务商包括美国邮政局和任何定期进行货币交易的个人，兑现支票的机构，签发、出售或兑换旅行支票、汇票或储值工具（如预付卡、礼品卡或其他工具，如手机应用程序，其货币价值存储在工具本身而非连接至外部账户）的机构，以及作为汇款人代表客户接收和转移资金的商业实体，如Venmo、PayPal（贝宝）或西联汇款。无论这些企业是否经常进行货币交易，均受到监管。[19]《禁止洗钱法案》要求全部货币服务商的所有人或控制人必须在美国财政部进行企业注册；同时，货币服务商还必须持有其代理提供金融服务的企业的授权名单。此外，《禁止洗钱法案》将经营未注册的货币服务商定为联邦犯罪，并建议各州通过适用于货币服务商的统一法律，以加强行业监管。[20]由于货币服务业具有现金密集、一次性交易难以追踪的特点，它已成为洗钱，尤其是贩毒集团和恐怖组织洗钱的高风险行业。

《洗钱和金融犯罪战略法案》（1998年）

1998年的《洗钱和金融犯罪战略法案》要求美国财政部与银

行、政府机构合作，共同制定打击高强度洗钱及相关金融犯罪地区（HIFCA）的国家战略。此外，该法案还指示银行机构为银行审查员提供反洗钱培训。立法的主要目的是加强公共和私人部门、联邦、州和地方执法当局等相关实体之间的协调，以遏制美国和全球洗钱活动的增长趋势。[21]

作为这项工作的一个重要组成部分，该法案设立了特别工作组，以识别高强度洗钱及相关金融犯罪地区，即洗钱风险较高的地区和行业部门。特别工作组由相关联邦、州和地方执法机关、检察官以及金融监管机构组成，它们将针对洗钱活动猖獗的地区集中开展执法工作。高强度洗钱及相关金融犯罪地区既可以根据地区进行划分，也可以针对某一特定行业、金融机构或金融机构集团的洗钱活动而设立。在美国金融犯罪执法局的官方网站上，有一张高强度洗钱及相关金融犯罪地区的地图，标注了这些高风险地区。[22]

《外国毒枭认定法案》（1999年）

1999年，比尔·克林顿总统签署了针对外国贩毒集团头目的《外国毒枭认定法案》（又称《毒枭法案》）。该法案旨在禁止重要的境外毒贩、组织和个人进入美国金融体系，并禁止他们与美国公司、个人进行任何贸易或交易。因此，美国金融机构必须将其客户与定期更新的毒枭名单进行比对筛查。这份名单于2000年首次公布，公众可以在海外资产控制办公室的网站上通过"外国毒枭制裁条例"项目进行筛选查询。[23] 根据《外国毒枭认定法案》确认的一些毒枭集团，包括成立于20世纪80年代的锡那罗亚集团、墨西哥犯罪集团洛斯哲塔斯、墨西哥毒品集团和有组织犯罪集团米却肯家族，以及其他许多组织。[24]

《美国爱国者法案》（2001 年）

恐怖主义和恐怖袭击给 21 世纪的首个 10 年带来了严重影响。2001 年 9 月 11 日发生的事件永远地改变了世界。"基地"组织是乌萨马·本·拉登和几名阿拉伯人在巴基斯坦成立的极端激进组织，也是这起毁灭性袭击的幕后黑手，该组织在 2001 年后的几年里继续在全球各地发动恐怖活动。[25]

作为对"9·11"恐怖袭击事件的回应，美国政府颁布了《使用适当手段阻止或避免恐怖主义以团结并强化美国法案》（简称《美国爱国者法案》），该法案对《银行保密法案》进行了重大修订。实际上，许多人认为《美国爱国者法案》是自《银行保密法案》颁布以来最重要的反洗钱立法。该法案得到了政治上存在分歧各方的共同支持，几乎以创纪录的速度获得一致通过。[26] 在"9·11"恐怖袭击事件发生后仅 45 天，小布什总统就签署了此项法案。

《美国爱国者法案》旨在加强美国的国家安全，特别是针对外国恐怖主义。尽管该法案因全面修改现有的《银行保密法案》规定而广为人知，但其涵盖的范围更为广泛。具体来说，《美国爱国者法案》包括十个独立的标题或章节，每个标题或章节涉及一个不同的领域。这些章节大致可分为三类：扩大执法部门的监控范围，包括在本土和境外进行窃听；简化机构间的沟通方式，使联邦机构能够更有效地利用所有可用资源开展反恐工作；加强对与恐怖主义有关犯罪的处罚，增加与恐怖主义相关指控的罪名。

由于其广泛的涉及面，《美国爱国者法案》自正式成为法律以来就引发了争议。反对者经常提及对公民自由的担忧，例如该法侵犯了隐私权。此外，该法案在参议院匆忙通过，几乎没有修改的机会，这也招致了批评。迈克尔·摩尔在 2004 年拍摄的政治纪录片《华氏 9/11》对其中一些问题进行了探讨。

《美国爱国者法案》第三章，即 2001 年《国际反洗钱和反恐怖主义融资法案》，旨在促进对国际洗钱和资助恐怖主义行为的预防、侦查和起诉。它不仅修订了《银行保密法案》的部分内容，还修订了《洗钱控制法案》的部分内容。《美国爱国者法案》及其实施条例做出了以下显著改动：

- 增加了受其约束的实体和行业（除传统金融机构）的数量。
- 将资助恐怖主义定为刑事犯罪，并通过加强客户身份识别程序扩充了现有《银行保密法案》的框架。
- 禁止金融机构与外国空壳银行开展业务。
- 要求金融机构制定尽职调查程序（并加强对外国代理和私人银行账户的尽职调查程序）。
- 改善金融机构与美国政府之间的信息共享状况，要求政府机构之间共享信息，金融机构之间自愿共享信息。
- 将反洗钱计划要求扩大到所有金融机构。
- 加重对洗钱行为的民事和刑事处罚。
- 授权财政部长对"有主要洗钱问题"的司法管辖区、机构或交易实施"特别措施"。
- 为查阅记录提供便利，并要求银行在 120 小时内对监管机构的信息要求做出回应。
- 要求联邦银行监管机构在审查银行兼并、收购和其他业务合并申请时，考虑银行的反洗钱记录。[27]

《情报改革和恐怖主义预防法案》（2004 年）

在《美国爱国者法案》之后通过的立法中，2004 年美国国会颁布的《情报改革和恐怖主义预防法案》是一部值得注意的反洗钱立法。该法案进一步修订了《银行保密法案》，要求财政部长制定相关法规，强制特定金融机构报告跨境电子资金转账，特别是在财政部长认为这种报告对于协助打击洗钱和资助恐怖主义行为"合理必要"的情况下。[28]

美国金融犯罪执法局的客户尽职调查规则（2018 年）

美国财政部在其 2015 年的风险评估报告中指出，在美国成立匿名空壳公司非常容易，这是金融体系的一个重要漏洞。[29]一年后，"巴拿马文件"丑闻的公布，使解决犯罪分子、恐怖分子和腐败政客滥用公司实体，掩盖非法活动和清洗非法所得这一问题变得更加紧迫。为了通过识别法人实体的受益所有人来提高公司透明度，美国金融犯罪执法局通过了客户尽职调查规则，并于 2018 年成为对金融机构的强制性规定。

客户尽职调查规则对《银行保密法案》进行了修订，明确并加强了对金融机构的客户（尤其是法人客户）的尽职调查要求。客户尽职调查规则要求金融机构在实体客户开立账户时必须识别并核实其背后自然人（即受益所有人）的身份。

受益所有人可进一步定义为拥有或控制法律实体 25%（含）以上股份的任何个人。此外，金融机构必须执行书面政策和程序，并做到以下几点：

1. 识别和核实客户身份。
2. 识别并核实开户公司受益所有人的身份。
3. 了解客户关系的性质和目的，建立客户风险档案。
4. 进行持续监测，识别和报告可疑交易，并根据风险情况维护和更新客户信息。[30]

关于公司透明度的联邦立法提案

自 1970 年通过《银行保密法案》的几十年以来，该法已进行了多次修订，其中最引人注目的是 2001 年通过的《美国爱国者法案》。然而，《银行保密法案》还不够与时俱进以应对新的威胁、技术发展、洗钱和恐怖融资的新类型，对当前洗钱和恐怖融资数据的回应也不够。其中最值得注意的是，《银行保密法案》不包含任何涉及金融透明度的条款。

与此同时，涉及金融文档泄密的丑闻，如"巴拿马文件"丑闻、"美国金融犯罪执法局文件案"和"潘多拉文件案"（这是迄今为止披露规模最大的关于利用保密司法管辖区洗钱的泄密事件），揭露了这些特别常见的利用公司结构，以及利用其进入金融体系并在全球范围内进行非法交易的现象。除此之外，美国在财务保密方面的全球排名也出现了令人尴尬的持续倒退。实际上，税收正义联盟一直将美国列为财务保密的最大推动者。[31] 这一排名具有重要意义，因为美国是世界上规模最大、实力最强的金融体系之一。因此，美国作为主要财务保密天堂的角色不仅对国内，而且对全球都构成重大风险。

美国之所以被誉为主要的财务保密天堂，是因为匿名空壳公司很容易成立，特别是在特拉华州、内华达州和怀俄明州，而且没有一个州向那些成立空壳公司的人收集的受益所有权信息。在反洗钱立法方面，美国曾一度处于世界领先地位，但随着其他国家在受益所有权透明度方面取得领先，美国却只是袖手旁观、毫无建树。2003 年，金融行动特别工作组成为首个制定受益所有权标准的国际机构。[32] 英国于 2016 年开始实施受益所有权要求，并成为首个进行受益所有权登记的国家。此后不久，欧洲和其他许多国家也纷纷效仿。

在国内外批评逐日增加，以及来自全球监管机构和其他机构的压力越来越大的背景下，2021 年 1 月 1 日，美国国会终于通过了 2020 年《反洗钱法案》，这是一部旨在使现有反洗钱制度走向现代化的综合性新法律。《反洗钱法案》的一些更新包括扩大对举报人的奖励和保护、新增反洗钱违法行为和加重处罚、加强政府和私人利益相关者之间的信息共享，以及提高企业透明度。《反洗钱法案》是自《美国爱国者法案》颁布以来最具实质性内容的反洗钱立法。

这部新《反洗钱法案》最显著的一点是，纳入了针对空壳公司的《企业透明度法案》。自古以来，美国公众对一切侵犯隐私权的政府行为，包括允许他人获取个人财务信息的法律，都有相当大的抵触情绪。因此，《企业透明度法案》的草案在华盛顿辗转了 10 多年，并在反对者的抵制、行业组织的质疑下历经多次修订，主要原因是该法案侵犯了个人隐私权，且对小企业造成了过重的负担。

《企业透明度法案》要求一些新成立和已成立的小型企业及有限公司向美国金融犯罪执法局披露其受益所有权的信息，目的是防止坏人利用匿名空壳公司掩盖其非法活动并逃避执法。[33] 在该法案的指导下，美国金融犯罪执法局建立并维护全国性的公司受益所有权信息登记册，这一要求最终将使美国与金融行动特别工作组建议的全球标准接轨。与美国金融犯罪执法局其他数据库类似，受益所有权登记册不对公众开放，非法披露所收集的信息的行为将被处罚。不过，经书面申请，美国联邦执法机构甚至金融机构均可在征得公司同意的情况下获得该公司的受益所有权信息，以满足《银行保密法案》规定的客户尽职调查要求。在该法案通过之前，受益所有权的报告责任几乎完全由金融机构承担。然而，随着《反洗钱法案》的出台，这一反洗钱合规负担转移到了非金融企业身上，而它们正是该法案关注的重点。

最后，2021年10月"潘多拉文件"的曝光促使美国立法者迅速采取行动，两党共同提出了名为《建立反洗钱和防范安全风险新权力机构法案》。该法案旨在封堵投资顾问、参与金融活动的律师、公司服务提供商（创建公司的企业）、会计师、公关公司和第三方支付提供商等各种中介机构经常利用的法律漏洞，这些漏洞使犯罪分子得以进入美国金融体系。提案将对这些设在美国的中介机构提出更为严格的尽职调查要求，以防止美国被当作黑钱的避风港。[34]

该法案还将扩大特定地区令的适用范围，使其适用于全国，而不仅仅针对特定城市；也适用于商业房地产，而不仅仅是住宅房地产。此外，法案还将成立一个新的国家安全特别工作组来监督这一举措。[35]

结语

通过历史的视角分析反洗钱法律法规的发展，可以为企业和法律专业人士提供有用的线索和见解，并有助于确保遵守其规定。在当今高风险的法律和监管环境中，这一点尤为重要，因为合规错误可能会给机构及其管理层带来严重后果。

值得注意的是，美国打击洗钱的活动是为了应对日益增长的非法毒品贸易而发展起来的。反洗钱措施以金融机构为重点，因为金融机构被认定为非法资金的入口，被视为反洗钱的第一道防线。然而，犯罪分子很快就适应并找到了规避新限制的方法。他们转而使用空壳公司和其他匿名实体，增加走私活动，并充分利用了技术的进步。

因此，尽管反洗钱的法律日趋严厉，合规义务也日益复杂，但几乎没有迹象表明这些法规对阻止非法毒品交易或非法资金流动具有任何重大影响。事实上，研究人员和政策制定者都认为美国的"禁毒战争"是失败的。[36] 同样，尽管在反洗钱执法方面投入了大量精力和费用，但全球的洗钱资金仍有 8 000 亿~2 万亿美元，而被非法清洗的资金中只有不到 1% 被追回。[37]

利用匿名公司这一工具掩盖和转移非法资金已被确认是对全球金融体系的一大威胁，也是执法的一大障碍。为解决这一问题，已落实了受益所有权登记等措施，但要进行更有意义的反洗钱改革，还需要全球的响应。

审视反洗钱立法及其成效，还有一些问题值得思考。比如，是否应将反洗钱和打击贩毒作为同一立法的目标？反洗钱措施是否可同样用于应对恐怖融资威胁？金融机构是否应继续承担打击洗钱和恐怖融资的责任？[38] 我们还可以采取哪些其他措施？我们如何促进形成全球方案？

第十一章

反洗钱合规方案的要求与标准

金融机构,特别是银行,在金融体系中扮演着举足轻重的角色。它们作为中介,为各种金融交易提供便利。然而,金融机构也时常成为非法资金渗透进金融体系的突破口。因此,银行和其他金融机构肩负着防止金融体系被滥用的重任,以维护其健全与稳定。

尽管洗钱活动也可以不涉及金融部门,但现实情况是,每年有数千亿美元的非法资金通过金融机构进行清洗。事实上,金融体系是犯罪分子洗钱所用的主要媒介之一。因此,金融机构必须采取适当的控制措施,防止被有意或无意地用来助长犯罪。这些控制措施包括实施有效的反洗钱合规方案。

在美国,《银行保密法案》和《美国爱国者法案》这两部联邦法律对美国金融机构以及在美国运营的外国金融机构提出了反洗钱合规方案要求。同时,各国及国际组织也发布了相关指引和标准,以指导金融机构设计、实施并持续监督其反洗钱合规方案。

反洗钱合规方案的核心目标在于,发现并阻止洗钱及恐怖融资等不法行为。一个健全的反洗钱合规方案能够有效阻止非法参与者进入金融体系,从而保护金融机构免受犯罪活动的利用。通过制定合理的政策、程序和内部控制措施，如客户身份识别和交易监控等，金融机构能够在犯罪分子开设账户或进行非法交易前将其识别出来，并对可疑交易进行及时拦截。此外，金融机构还需按规定提交可疑活动报告和现金交易报告等，为执法部门提供宝贵的线索和信息。因此，反洗钱合规方案不仅有助于保护金融机构免受各种风险，更在保卫整个金融体系安全稳定方面发挥着举足轻重的作用。

金融机构在打击洗钱方面的作用

商业银行、信用社、储蓄和贷款协会以及保险公司等金融机构在日常运营中处理着大量的金融交易。仅在美国，银行每天处理的交易金额就高达数万亿美元。这种庞大的业务规模使金融机构，特别是银行，面临着巨大的洗钱风险。事实上，洗钱的每个阶段都可能有银行参与。

银行和其他金融机构作为资金流动的基础设施，一直是并将继续是转移和处置犯罪资金的主要通道。此外，银行与客户之间的紧密关系为金融机构与犯罪分子提供了直接接触的机会，使犯罪分子能够利用这种关系存入、持有、投资、提取或转移非法资金。

众多媒体的报道和执法行动表明，银行在知情或不知情的情况下被用于清洗数十亿美元的非法资金。这进一步说明，即便是声誉卓著、历史悠久的全球性银行，如果未能有效实施和维护反洗钱合规方案，也可能面临严重的后果。特别是在2008年全球金融危机后，一些银行为求生存而降低了标准，从而使转移大量非法资金成为可能。一些知名金融机构，如花旗银行、德意志银行、汇丰银行和美联银行，因涉及数十亿美元的贩毒资金转移而被处以数百万美元的罚款，有的罚款甚至高达数十亿美元。这些案例凸显了金融机构在为金融犯罪提供便利方面所发挥的关键作用。[1]

对违反反洗钱规定的金融机构处以罚款和处罚并非仅限于 2008 年全球金融危机或其他特定时期。无论是大型跨国银行还是地区性小型银行，无论是全球性银行还是国内银行，都因反洗钱合规问题而受到了严厉处罚。尽管全球反洗钱执法力度不断加强，但近年来，特别是在 2019 年，反洗钱罚没金额和处罚案例数量均呈现出显著增长态势。据统计，全球 14 个不同国家的执法机构在 2019 年针对反洗钱领域的罚没金额超过 80 亿美元，其中全球排名前 50 的银行中就有 12 家银行被处罚。[2] 荷兰合作银行就是因反洗钱控制不力而遭受处罚的典型案例之一。在 2018 年和 2019 年，该银行因未能有效识别和阻止高风险客户通过其系统转移数亿美元资金，分别被美国和荷兰的监管机构处以罚款。[3]

除银行之外，其他金融机构如电汇业务机构也涉及贩毒和贩运人口等非法资金的转移。例如，西联汇款公司就因多次卷入洗钱案件而备受关注。2001 年，性贩子竟利用西联汇款这一国际汇款渠道，将资金悄然转移至东欧。到了 2010 年，西联汇款因涉及为贩毒集团转移跨境贩毒所得的非法资金，在亚利桑那州的一次诉讼中被处以高达 9 400 万美元的罚款，并受到更严格的合规监控。亚利桑那州前总检察长更是在证词中直言不讳地指出，西联汇款堪称"迄今为止最大的非法资金转移服务商"。[4] 2017 年，该公司再次因未能有效阻止犯罪分子利用其平台转移来自赌博、诈骗、贩毒和人口贩运的非法所得，被美国处以高达 5.86 亿美元的罚款。据调查，西联汇款的员工在明知这些资金来源非法的情况下，仍然选择"允许或协助和教唆"犯罪分子处理这些非法所得。令人难以置信的是，西联汇款对于这些涉案员工并未采取解雇措施，反而让他们继续留在公司，甚至给予奖金。监管当局特别指出，西联汇款存在"有缺陷的企业文化"以及对监管政策执行不力的问题,这些都是犯罪活动频发的重要原因。面对这些指控,西联汇款不得不承认自己的违法犯罪行为,并承认自己有不实施有效反洗钱制度的主观故意。[5]

尽管涉及洗钱的金融机构并未直接参与非法资金的产生过程,但其为这些资金提供洗钱渠道的行为依然构成犯罪。当非法所得能够轻易通过金融机构进行处理,尤其是在机构合规控制失效或宽松的情况下,该机构便可能被视为非法活动的积极参与者。尽管洗钱行为可能不会直接对客户造成即时影响,但它助长了犯罪活动的持续进行,最终仍会对客户造成伤害。根据联邦法律《反洗钱法案》,金融机构在知情的情况下协助清洗非法资金,将承担严重的刑事责任。

因此,金融机构必须严格遵守反洗钱相关的法律法规,确保实施有效的合规制度。这些制度应包括健全的内控机制、以风险为本的量身定制的政策和程序,以及持续的监控和监督措施,根本目的在于坚决打击洗钱和恐怖融资等不法活动。政策制定者普遍认为,银行等金融机构在组织内部具有发现、识别可疑交易和非法活动的独特优势,应被视为打击洗钱等金融犯罪的第一道防线。

银行和其他存款类金融机构关注的洗钱领域

银行和其他存款机构提供的账户、金融产品、业务安排和服务,均存在不同程度的洗钱风险。利用这些机构转移非法所得的手法也多种多样。尽管无法涵盖所有方式,但金融行动特别工作组等组织已识别出多个洗钱高风险领域,如电子资金转账、代理行业务、直通式应付款账户、集中账户、私人银行业务及银行共谋等。

电子资金转账,即通过电脑、手机应用程序、ATM或自动清算交换所等电子方式进行的资金流动。无论是国内还是跨国,电子资金转账和电汇都能迅速实现银行账户间的资金转移。每天数以百万计的此类交易在全球范围内进行，涉及数万亿美元的巨额资金。这也为洗钱者提供了在账户间乃至全球范围内快速转移资金的便利。

在如此庞大的合法转账交易中，非法转账行为往往难以被察觉。这些非法转账可能通过未经授权的借记卡发起，或者是被盗信用卡的使用。在洗钱活动的离析阶段，犯罪分子常常利用非法资金转移来掩盖资金来源，这使执法和调查人员难以追踪。他们通过改变汇款金额，采用小额交易，使这些交易远低于现金交易报告的阈值，从而避免了监管机构的注意。[6]

我们在第五章中提到，当一家代理行（通常是大型国际银行），为其他国家的委托银行提供银行服务时，这种代理行业务关系便应运而生。由于代理行与委托银行的客户之间仅存在间接联系，且代理账户中资金流动规模很大，这种代理关系被视为洗钱活动的高风险领域。这些因素无疑增加了核实客户身份和识别可疑交易的难度，使代理行业务极易成为洗钱分子的目标。[7] 犯罪分子在复杂的"自助洗衣店"计划中操纵了代理行关系。

通汇账户是代理行账户的一种形式，允许委托银行的客户直接控制代理行的资金。这意味着委托银行的客户可以通过其代理行账户进行各种交易，如电汇、存款、取款以及开具支票等。这与传统的代理行业务关系有所不同，传统模式下代理行是代表客户进行交易。然而，通汇账户之所以存在洗钱风险，是因为提供账户的银行可能无法获取使用该账户的第三方信息，或者可能不会像对待自己的客户那样对最终的客户进行同等的审查。[8]

集中账户是金融机构将多地资金汇集至中央账户以便统一处理和结算内部交易的工具。这种服务旨在实现对资金快速且高效的转移，同时也为洗钱活动提供了便利。特别是在客户身份信息与交易相分离的情况下，洗钱风险尤为突出。这种情况不仅可能导致审计线索的缺失，还可能使账户被滥用或管理不当。[9]

私人银行业务作为利润丰厚、竞争激烈的全球性行业，主要服务于资产价值在 100 万美元以上的高净值个人。这些私人银行为客户提供了多元化、个性化的金融服务和产品，包括财富管理、投资组合管理、投资、保险，以及税务、信托和遗产规划等。这些服务不仅根据每位客户的具体情况量身定制，而且通常具有高度的保密性。在某些银行中，私人银行业务以独立或半自治的形式存在。由于客户经理的薪酬往往与其管理的资产规模挂钩，私人银行家在争夺优质客户方面竞争激烈。这种竞争态势有时可能导致一些特殊的洗钱风险，例如与可能涉及腐败的政治公众人物进行业务往来，协助客户在秘密司法管辖区或高风险地区设立匿名账户和公司，对潜在客户未进行必要的强化尽职调查，以及为了维护和获取高利润客户关系而规避某些合规程序和要求等。杰弗里·爱泼斯坦案（参见第七章）就是一个典型的例子，凸显了与私人银行业务相关的风险。在这个案例中，高利润客户关系的诱惑以及潜在盈利的诱惑，使银行在一定程度上忽视了洗钱和金融犯罪的风险。

银行共谋是金融机构在反洗钱合规方面面临的另一个重大问题。银行共谋的严重程度各不相同，往往与内部欺诈密切相关，尤其是在银行员工协助洗钱的情况下。由于许多机构对此类风险的监控不足，银行员工或内部人员实施的洗钱活动通常能够长时间地被隐藏。对于金融机构来说，及早识别和发现员工参与共谋的行为至关重要。这有助于金融机构避免和减轻潜在的严重后果。因此，金融机构不仅需要制定并执行"了解你的客户"制度，还应推行"了解你的员工"制度。

近年来，许多备受瞩目的洗钱案件中，银行共谋是一个重要问题。以丹斯克银行丑闻为例，该银行在处理与非居民客户相关的可疑交易时存在严重疏忽，导致了迄今为止最大的洗钱丑闻。此外，德意志银行和解案中，杰弗里·爱泼斯坦的银行客户经理以及其他员工故意忽视红旗警讯；而在涉及将非法所得转移出俄罗斯的"俄罗斯自助洗衣店"计划中，银行共谋问题同样引人关注，尽管具体细节仍存在争议。

政府机构在《反洗钱法案》合规工作中的监督作用

一些政府机构在颁布《银行保密法案》相关法规、制定审查指南、确保法规遵循以及具体执行方面发挥着至关重要的作用。这些机构包括美国金融犯罪执法局，以及联邦金融机构检查委员协调的5个联邦银行监管机构：美联储、联邦存款保险公司、国家信用合作社管理局、货币监理署、消费者金融保护局。尽管每个机构都有各自明确的职责和职能，但它们共同负责监督所监管的银行机构（包括在美国运营的本土机构及其外国分支机构）是否遵守《银行保密法案》/反洗钱的相关要求。这种监督要求银行采取切实有效的措施以打击洗钱和恐怖融资行为，并降低相关风险。[10]

具体而言，联邦银行监管机构要求它们监管的每家银行必须依照《银行保密法案》和《美国爱国者法案》的相关规定，建立并维护一套完善的反洗钱合规方案①。这一制度应包含识别可疑交易并向执法部门报告的相关政策、程序和流程。

---

① 根据《美国爱国者法案》第352条的要求所设计的反洗钱合规方案，同时符合《银行保密法案》的监管要求，其正式名称为"《银行保密法案》/反洗钱合规方案"。但本书统一使用更为常见的术语"反洗钱合规方案"。

作为监管流程的重要环节，联邦银行监管机构对银行进行检查，以评估其反洗钱合规方案的实施情况以及是否符合监管要求。联邦金融机构检查委员会联合联邦和州银行机构以及美国金融犯罪执法局，共同编写了《〈银行保密法案〉/反洗钱审查手册》，旨在为进行《银行保密法案》/反洗钱检查的人员以及海外资产控制办公室的检查工作提供指导。该手册内容包括《银行保密法案》/反洗钱要求的概述、监管预期以及行业最佳实践指导，是反洗钱合规从业人员的宝贵资源。联邦金融机构检查委员会会适时更新手册内容，公众可以在其网站上免费查阅手册的具体内容。

美国财政部与联邦银行监管机构紧密合作，共同监督银行机构在反洗钱方面的合规情况。同时，美国财政部还通过海外资产控制办公室负责管理和执行外国制裁计划。尽管海外资产控制办公室的要求与《银行保密法案》相互独立，但两者在维护国家安全方面拥有共同的目标。因此，金融机构在遵守海外资产控制办公室的制裁规定时，也必须严格履行《银行保密法案》所规定的合规义务。因此，以《银行保密法案》合规性为重点的监管检查，也会涵盖对金融机构执行海外资产控制办公室制裁规定情况的审查。

不遵守反洗钱制度的后果

根据问题的具体属性和所涉情况的差异，违反反洗钱合规要求的后果也各不相同。对于严重违规的情况，后果可能包括监管罚款和处罚、民事诉讼、声誉受损以及金融机构的业务损失。

当联邦机构发现某机构的反洗钱合规方案存在漏洞或违反《银行保密法案》相关规定时，会采取多种强制执行措施，包括发布正式或非正式的强制执行令、禁止令等监管行动。与美国金融犯罪执法局类似,联邦银行监管机构也有权对违犯《银行保密法案》的行为提起民事罚款诉讼。[11]

美国司法部则负责起诉洗钱或违犯《银行保密法案》的犯罪行为。无论是对个人还是银行,其处罚都可能极为严厉。刑事诉讼可能导致高额的刑事罚款、监禁以及财产没收。此外,如果违规行为并非无意的或无意识的,那么银行则可能面临吊销营业执照的风险,而涉事银行员工则可能被解雇并被禁止从事银行业务。[12]

洗钱与《银行保密法案》的刑事违法行为是分别处置的。洗钱罪的相关规定可见于《美国法典》第18编第1956节和第1957节。而针对故意违犯《银行保密法案》的行为,《美国法典》第31编第5322节则明确了相应的刑事处罚。此外,为规避《银行保密法案》报告要求而进行的分拆交易行为,在《美国法典》第31编第5324(d)节中规定了相应的刑事处罚。根据这些法律规定,故意违犯《银行保密法案》的银行员工将面临严厉的处罚,包括最高可达25万美元的刑事罚款或最长5年的监禁,或两者并罚。若此类违规行为还涉及违犯其他美国法律或与其他犯罪活动有关联,则罚款金额和监禁期限将加倍。违犯《银行保密法案》的银行机构,将面临最高100万美元或交易价值两倍的刑事处罚,具体金额以两者中较高者为准。[13]此外,即使已经受到刑事处罚,对于任何违犯《银行保密法案》的行为,相关机构或个人仍有可能进一步面临民事罚款的处罚。[14]

反洗钱领域的罚款、处罚以及执法行动数量自2015年以来呈现显著增长趋势,而且这种增长势头预计将持续下去。在这一背景下,数百万美元的罚款已变得屡见不鲜,而数亿乃至数十亿美元的巨额罚单也时有发生。[15]例如,荷兰国际集团和美国合众银行因反洗钱措施不力分别支付了高达9亿美元和6.13亿美元的罚款。此外,澳大利亚西太平洋银行、高盛和瑞银等金融机构也因类似问题被处以数亿美元罚款。[16]美国和英国的监管机构在此类问题上通常表现得最为积极,并拥有相对透明的法律和监管体系,其他多个大洲和司法管辖区,包括北美、欧洲、亚洲和澳大利亚等,也都在积极地进行反洗钱执法。如今,同一家金融机构因同一案件受到多家监管机构处罚的情况已变得越发普遍。例如,以色列最大的银行工人银行就因与国际足联丑闻相关的逃税和洗钱行为受到了美国检方、司法部、美联储和纽约州金融服务局等多家机构的处罚,罚款总额超过 9 亿美元。[17]这一案例凸显了当局在反洗钱执法中越来越倾向于与其他执法行动(如逃税和贿赂调查)相结合的趋势。除罚款和经济处罚外,监管机构还有权对违规机构实施业务或客户准入限制。

近年来,金融机构所承担的合规责任日益繁重且复杂,受到的审查也日趋严格。随着调查和执法行动的频繁开展,金融机构不仅遭受了创纪录的罚款和处罚,越来越多的个人也因此被追究责任,这种做法无疑起到了强大的威慑作用。为了高度重视反洗钱合规性,各机构不得不大幅增加合规人员数量及合规支出。研究显示,2012—2017年短短 5 年间,反洗钱合规团队的人数就增长了 10 倍。[18]鉴于 2017年以来反洗钱执法力度的持续加强,我们有理由相信这一数字已经进一步攀升。

标准制定组织和反洗钱准则、指令与建议

为有效打击洗钱和恐怖融资活动,一些国家组织和国际组织应运而生,它们发挥着从制定标准、准则,到协助政策制定和实施,再到促进信息交流等多重作用。在本部分中,我们将重点关注几个在这一领域扮演关键角色的参与者,并探讨一些国际通行的措施和建议,这些措施和建议旨在帮助政府和私人部门更好地实施反洗钱和打击恐怖

融资行为的政策、程序和立法。

世界银行集团和国际货币基金组织（1944年）

世界银行集团与国际货币基金组织（IMF）于1944年在新罕布什尔州的布雷顿森林会议上携手成立，总部均设在华盛顿特区，它们的目标各有侧重。世界银行集团致力于与发展中国家合作，减少贫困、促进共同繁荣；而国际货币基金组织则担当起稳定国际货币体系的重任，成为世界货币的监督者。[19]

这两个组织积极响应金融行动特别工作组的号召，自2001年起，对于接受其融资和结构性计划援助的国家，明确要求要有效控制洗钱活动。此外，世界银行集团和国际货币基金组织不仅与金融行动特别工作组紧密合作，还与巴塞尔银行监管委员会、经济合作与发展组织等伙伴共同开展反洗钱工作。自2002年起，它们更是联合编写了《反洗钱和打击恐怖融资行为参考指南》，为各国提供了从入门介绍到有效框架建设的全方位指导，展现了这两个组织在反洗钱/打击恐怖融资领域的积极作用。[20]

巴塞尔银行监管委员会（1974年）

巴塞尔银行监管委员会由银行监管机构组成。该委员会于1974年由十国集团的中央银行行长共同创立，总部设在瑞士巴塞尔，拥有来自28个司法管辖区的45个成员。该委员会为银行监管问题的持续合作搭建了一个交流与探讨的平台，目的是促进对这些问题的深入理解，并致力于提高全球银行监管的整体质量。

《维也纳公约》（1988年）

《联合国禁止非法贩运麻醉药品和精神药物公约》于1988年12

月在维也纳签署,简称《维也纳公约》。这一公约是打击有组织犯罪,特别是药物滥用和非法麻醉品贩运的首个国际公约,目的是解决清洗毒资使犯罪所得合法化的问题。[21]

《维也纳公约》虽然并未直接将洗钱行为界定为刑事犯罪,但它明确要求各签署国司法管辖区将洗钱活动纳入刑法,并规定没收犯罪所得的财产。虽然该公约被视为反洗钱措施的国际标杆,但其规定并未得到广泛采纳,许多国家未将清洗毒品所得规定为刑事犯罪。[22]

金融行动特别工作组(1989 年)

金融行动特别工作组是全球反洗钱和打击跨国有组织犯罪的主要监督机构,也是国际标准制定组织。它于 1989 年由七国集团在巴黎举行的年度经济峰会上成立,秘书处设在巴黎的经济合作与发展组织。截至 2021 年,金融行动特别工作组拥有 39 个成员,大多数成员来自全球主要的国际金融中心。美国财政部代表美国在金融行动特别工作组中担任牵头机构。

金融行动特别工作组的成立是为了回应全球范围内对洗钱活动日益增长的关注,其成立极大地促进了反洗钱领域的国际合作。自成立以来,金融行动特别工作组推动了金融机构和其他组织业务开展方式的重大变革,并推动了反洗钱/打击恐怖融资法律以及全球各国政府行动取得重大进展。

金融行动特别工作组于 1990 年首次制定并多次修订了《40 条建议》,详细列出了成员应采用的处理和控制洗钱及恐怖融资行为的标准(这些措施是非法律性的指导,金融行动特别工作组没有罚款或处罚的权力)。金融行动特别工作组还提供了各种解释性说明,并为建议的应用提供了很多指导。超过 200 个司法机构已承诺执行金融行动特别工作组的建议。

《40条建议》为国际反洗钱和反恐怖融资工作提供了一套全面的指导措施，这些建议得到了国际货币基金组织、世界银行等机构的广泛认可，并被视为国际标准。这些建议涵盖的内容较为广泛，包括：风险评估和基于风险的方法及应用、洗钱罪和没收非法所得、资助恐怖主义和大规模毁灭性武器的扩散、预防措施（如客户尽职调查和可疑活动报告）、提升透明度措施、识别法人和组织（如公司实体和信托）的受益所有权措施、主管当局的权力和责任、其他制度措施（包括监管监督和执法），以及国际合作的必要性（包括法律互助和引渡）。

在"9·11"恐怖袭击事件发生后，为了加强全球对恐怖融资活动的打击力度，金融行动特别工作组通过了"制止恐怖分子筹资活动的特别建议"。这些特别建议与《40条建议》相辅相成，共同构建了一个协助侦查、预防和消除恐怖融资活动的框架。

自2000年起，金融行动特别工作组还发布了一个正式的黑名单，名为"不合作国家和地区名单"。该名单由金融行动特别工作组定期更新，将那些在全球打击洗钱和恐怖融资活动中被判定为不合作的国家和地区列入其中。金融行动特别工作组还敦促其成员和其他司法管辖区，对与名单上所列国家和地区进行的交易采取强化尽职调查程序。

《斯特拉斯堡公约》（1990年）

欧洲委员会是一个成立于1949年的国际组织，其宗旨是促进欧洲民主、法律和秩序，并积极推进人权保护工作。1990年，该委员会通过了《关于犯罪收益的清洗、搜查、扣押和没收问题的公约》，这份公约通常被称为《斯特拉斯堡公约》。该公约旨在推动外国司法管辖区之间在调查犯罪，特别是追查、扣押和没收非法所得方面的国际合作与互助。

《斯特拉斯堡公约》鼓励其成员协调立法，并采取一致行动。与

《维也纳公约》相似,《斯特拉斯堡公约》也要求各缔约方通过立法将洗钱行为定为刑事犯罪。然而,与《维也纳公约》不同的是,《斯特拉斯堡公约》并未将上游犯罪仅限于贩毒。因此,该公约的适用范围更为广泛,涵盖了所有类型犯罪行为的收益,并特别指出了那些已知能够产生巨额利润的犯罪类型,如毒品犯罪、军火交易、恐怖主义犯罪以及贩运儿童和年轻妇女等罪行。[23]

美国金融犯罪执法局(1990年)

美国金融犯罪执法局成立于1990年,隶属美国财政部,是负责执行《银行保密法案》的重要机构。在监督和管理美国金融机构的反洗钱合规方案方面,该机构发挥着举足轻重的作用。[24]它通过一系列工作来履行"保护金融体系不被非法使用"的使命,这些工作包括发布法规和解释性指南(如客户尽职调查规则和常见问题解答),支持联邦银行监管机构对其监管范围内的银行进行《银行保密法案》的合规检查,并在必要时采取民事执法行动。

除了上述职责,美国金融犯罪执法局还积极协助执法部门进行调查,推动与各国金融情报中心的国际合作,以获取和处理与金融犯罪相关的信息,为反洗钱工作提供有力支持。此外,该局还是各种《银行保密法案》报告(如可疑活动报告、现金交易报告等)的存放地,通过对这些报告的分析,可以获取有价值的信息,与执法部门共享,并挖掘数据以识别、交流金融犯罪的趋势和模式。因此,美国金融犯罪执法局自诩的座右铭"跟着钱走",恰如其分地体现了其主要工作内容。

美国金融犯罪执法局的工作也被搬上银幕。2016年的惊悚动作片《会计刺客》就以虚构的美国金融犯罪执法局调查为主题,由本·阿弗莱克饰演的主角作为一名法务会计师和数学天才,其工作正是揭露危险分子和恐怖组织背后的财务阴谋。[25]

埃格蒙特集团（1995 年）

埃格蒙特集团是一个国际组织，成立于 1995 年，最初在布鲁塞尔的埃格蒙特宫成立，其永久总部现位于多伦多。该集团最初是一个由 24 家金融情报中心组成的非正式团体，截至 2021 年已壮大为包含 167 个金融情报中心的统一网络。其中，美国金融犯罪执法局作为美国的金融情报中心，也是该集团的重要成员之一。

金融情报中心是一个国家的中央机构，扮演着连接反洗钱/打击恐怖融资义务的私营实体与执法机构之间桥梁的角色。这些情报机构的主要职责是接收、分析并向主管当局移送私人部门披露和提交的与可疑犯罪收益和潜在犯罪活动等相关的金融信息。

埃格蒙特集团的主要目标是为全球各地的金融情报中心提供一个交流平台，促进各国在打击洗钱和恐怖融资方面的专门知识和金融情报的安全交流。该集团致力于推动金融情报中心之间的合作，并努力推动各国和地区在该领域的工作实施。[26]

沃尔夫斯堡集团（2000 年）

沃尔夫斯堡集团成立于 2000 年，总部设在瑞士日内瓦，是一个由 13 家全球性银行组成的协会。其目标是制定管理金融犯罪风险的框架和指南，特别是在"了解你的客户"、反洗钱和打击恐怖融资政策方面。[27]

该集团的主要举措之一是，起草私人银行业务反洗钱准则。这项工作的成果是《沃尔夫斯堡私人银行业务反洗钱原则》，该原则在 2000 年首次发布，并在 2002 年和 2012 年进行了修订。此外，该集团还发布了其他文件，为金融机构提供有效管理金融犯罪风险的行业观点，这些观点已成为反洗钱、"了解你的客户"和打击恐怖融资措施的行业标准。

欧盟反洗钱指令

为打击洗钱和恐怖融资，欧盟通过了一系列反洗钱指令形式的全面立法。这些指令与巴塞尔银行监管委员会、埃格蒙特集团、沃尔夫斯堡集团以及金融行动特别工作组制定的自愿准则和标准有所不同，因为它们对欧盟成员国具有法律效力。这些指令通常规定了成员国在某个日期之前必须实现的具体安排。

1990年，欧盟通过了第一号反洗钱指令，并随后以反洗钱指令的形式进行了多次修订和完善。该指令旨在防止金融体系被滥用于洗钱活动，因此其适用范围最初仅限于金融机构。与20世纪90年代通过的大多数反洗钱立法类似，第一号反洗钱指令也主要关注打击贩毒所得的洗钱行为。此外，该指令还为后续的第二号反洗钱指令和第三号反洗钱指令提供了初步框架，包括实施客户尽职调查的要求，如识别和核实客户身份、监测客户交易以及报告可疑活动。

2001年，欧盟通过了第二号反洗钱指令。与第一号反洗钱指令相比，第二号反洗钱指令要求采取更为严格的反洗钱控制措施，并将适用范围扩大到毒品犯罪以外的所有严重犯罪，包括腐败和欺诈。它还进一步建立了报告框架，将投资公司和货币兑换商纳入反洗钱机构的范围，并赋予了冻结犯罪活动所产生的资产的权力。

2005年，欧盟在考虑了金融行动特别工作组修订的《40条建议》以及"9·11"恐怖袭击事件、2004年马德里爆炸案和2005年伦敦伊斯兰自杀式袭击事件等背景后，通过了第三号反洗钱指令。该指令主要关注防止金融体系被用于洗钱和恐怖融资活动，特别是资助恐怖主义。欧盟还扩大了该指令的适用范围，将某些非金融行业纳入其中,如律师、公证人、会计师、房地产经纪人、赌博服务提供商、信托和公司服务提供商以及现金支付超过1.5万欧元的高价值商品经销商。该指令还引入了针对洗钱和恐怖融资风险较高情况的额外强化尽职调查规定,包括识别和验证政治公众人物以及法人实体客户的受益所有人。

2015年,欧盟通过了第四号反洗钱指令,距离第三号反洗钱指令的通过已经过去了近10年。该指令解决了第三号反洗钱指令中的一些含糊之处,强调了以风险为本的方法,并考虑了2012年全面更新的金融行动特别工作组的标准。它扩大了受影响人员的约束范围,将奢侈品贸易商也纳入其中,并将原先的现金交易额从1.5万欧元降至1万欧元。此外,该指令还引入了新的要求,包括建立包含法人客户最终受益所有人身份详细信息的中央登记册,以及向当局报告可疑的洗钱或恐怖融资活动和筛查国内政治公众人物的义务。同时,第四号反洗钱指令还扩大了"外国直接投资"要求的范围,将与欧盟以外的银行和位于高风险非欧盟国家的实体进行交易等情况也纳入其中。

2016年"巴拿马文件"丑闻曝光后,第五号反洗钱指令于2018年生效。为了有效限制匿名性,该指令对加密货币和预付卡交易限额提出了新的要求。同时,为进一步提高透明度,该指令规定最终受益所有人登记册中收集的受益所有权信息应向公众开放,明确了欧盟成员国金融情报中心扩大信息获取范围的权力,并扩大了评估来自高风险非欧盟国家资金流的标准。

第六号反洗钱指令于2018年在第五号反洗钱指令生效几个月后获得通过,并于2021年6月生效,其重点是洗钱犯罪。更具体地说,第六号反洗钱指令通过对洗钱的定义和详细说明,对于引起潜在洗钱罪的上游犯罪的活动类型,如参与有组织犯罪集团、恐怖主义、人口贩运、性剥削、非法贩运麻醉品和腐败,在欧盟成员国之间实现了统一。第六号反洗钱指令还将刑事责任扩大到未能防止非法活动的法人（包括公司和合伙企业），并提高了犯罪的最高监禁刑期。

反洗钱合规方案的支柱

鉴于银行在金融体系运行中的重要性，银行被视为反洗钱的前沿阵地。因此，银行和其他金融机构必须建立并维持有效的反洗钱合规方案，合理设计这些计划可以发现并阻止洗钱和恐怖融资行为。例如，有效的反洗钱计划可以帮助金融机构识别那些有清洗非法资金活动迹象的可疑交易，进而防止非法资金进入美国金融体系。[28] 有效的反洗钱合规方案不仅可以满足监管的要求，还可以通过降低金融机构主要的业务风险而提高利润。

每家银行都必须制定符合《银行保密法案》要求的全面反洗钱合规方案（具体称为"《银行保密法案》/反洗钱合规方案"），并且该计划应与其面临的洗钱、恐怖融资和其他非法金融活动的风险状况相适应。因此，每家金融机构都会根据自身独特的风险，充分考虑机构规模、运营地点、提供的产品和服务、客户群的特征等因素，制定自己的反洗钱合规方案。社区银行的反洗钱合规方案不同于分支机构遍布全球的大型跨国银行的合规方案。同样，货币服务商、私人信托公司、赌场和经纪交易商的反洗钱合规方案也各不相同。事实上，监管机构既不希望看到"如法炮制"的合规方案，即没有为特定机构量身定制的通用或统一合规方案，也不希望看到"纸上谈兵"、整齐划一的合规方案，即计划只停留在纸面上，在实践中并未得到遵守。除制定适合本机构的反洗钱合规方案外，银行还必须对相关人员进行培训，将合规方案传达给员工，并确保其得到遵守。

要制定合适的反洗钱合规方案，金融机构首先必须识别其面临的具体风险。这主要通过反洗钱风险的评估完成。虽然风险评估并不是法律要求，但是完善的分析不仅能帮助金融机构识别风险，还能帮助其制定适当的内部控制措施，如政策、程序和流程，以缓释风险。它还能使金融机构识别内部控制中的漏洞，以便进行必要的变更或调整。[29] 最终，这一过程将有助于确保机构反洗钱合规方案的有效性。

一般建议机构风险评估的频率为每 12 个月至 18 个月进行一次，但如果风险状况发生变化，例如机构提供了新产品或服务、在外国开设了新分行，或进行了合并或收购，则可能需要更早或更频繁地进行风险评估。此外，风险评估应以书面形式记录，并与包括管理层和董事会在内的相关人员进行沟通。

《美国爱国者法案》第 352 条规定，金融机构必须制定反洗钱合规方案。该法案还授权美国财政部为此类计划制定最低标准。现行的反洗钱合规方案最低标准包括以下组成部分，通常被称为"支柱"：

1. 反洗钱内部控制措施。
2. 指定的反洗钱合规官。
3. 持续开展员工反洗钱培训。
4. 独立的反洗钱测试（也称为独立审计功能）。

这些计划必须以书面形式记录在案，由董事会批准，并在董事会会议记录中注明。董事会负责确保银行按照《银行保密法案》的监管要求，实施全面的反洗钱合规方案，承担客户尽职调查的最终责任，高级管理层负责具体实施。董事会在培育合规文化方面也发挥着关键作用，其中包括要求银行高级管理层对内部控制措施的具体实施负责。

此外，金融机构现在必须遵循适当的"以风险为本"程序来进行持续的客户尽职调查。这项要求是美国金融犯罪执法局于 2018 年 5 月通过的客户尽职调查规则中的规定，有时又被称为"第五支柱"。虽然在客户尽职调查规则生效之前，银行就已经开展客户尽职调查，但各机构所采用的方法差距很大。因此，从本质上来说，该规则是客户尽职调查流程的正规化，并增加了识别法人客户受益所有人这一要求。

反洗钱内部控制措施

一个机构的内控制度由书面政策、程序和流程组成，可以应对其独特的反洗钱风险，从而构成整体反洗钱合规方案。内部控制应与银行的规模、复杂程度和组织架构相符，以充分应对洗钱和恐怖融资的风险。作为内部控制的一部分，机构应说明其面临的风险以及如何应对。除其他事项外，其政策和程序至少应包括"了解你的客户"、账户开立和准入流程，包括客户身份识别方案，使银行有理由相信已了解客户的真实身份；持续的客户尽职调查和强化尽职调查程序；可疑活动监控和报告；培训计划说明、培训频率、涵盖的主题和接受培训的员工；以及必须满足的其他法规和要求。

指定的反洗钱合规官

每家金融机构都必须有一名（或多名）具备必要技能、经过培训和有经验的人员担任反洗钱合规官。此人由董事会任命，负责协调和监督日常反洗钱合规活动，并管理反洗钱合规方案的各个方面。这项工作包括监督机构遵守所适用的《银行保密法案》监管要求、设计和开发反洗钱流程和程序，以及确保向相关员工提供反洗钱培训和教育。因此，反洗钱合规官必须拥有适当的权力、独立性和获得资源的途径，以充分管理本机构的反洗钱合规方案。

此外，反洗钱合规官应定期向董事会和高级管理层提交报告，说明反洗钱合规方案的整体状况以及机构遵守《银行保密法案》的情况。报告应包括任何其他与《银行保密法案》相关的信息，如收到的提交可疑活动报告的通知，以便管理层及时知情，做出决策。

持续开展员工反洗钱培训

金融机构高级管理层、董事会和其他相关人员（包括那些其职责和责任要求了解或涉及反洗钱合规性某些方面的个人）都必须接受反洗钱培训。因此，培训要求不仅限于合规人员或直接处理反洗钱相关事务的员工。

虽然法规没有具体规定接受培训的部门或培训的频率，但理想状况是，所有员工在入职后不久都应接受某些基本的反洗钱培训，并定期接受后续培训。此外，反洗钱培训应根据每个人的具体职责量身定制，这意味着有些员工需要接受强化、额外或更频繁的培训，内容应涵盖与其职责相关的领域。培训内容应与时俱进，培训时长或频率应根据系统、政策、程序或适用法规的相关变化进行调整。

培训计划应确保员工了解自己在反洗钱合规方案中的作用，包括适用的反洗钱政策和程序，以及针对其工作领域的实际案例。董事会和高级管理层应接受足够的基础培训，将《银行保密法案》和监管指引的发展情况纳入其中，以便他们对反洗钱合规方案进行充分监督。

培训计划也应记录在案，包括培训日期、出勤记录和所涉及主题等信息。对于未按要求及时参加反洗钱培训的人员，应予以处理。

独立的反洗钱测试

独立测试有时也被称为独立审计功能，其目的是评估银行是否符合适用的《银行保密法案》要求。测试可由内部审计部门、外部审计师、顾问或其他合格的独立方（只要不负责反洗钱合规方案的监督、监控或日常活动）开展。

虽然适用法规中没有规定测试的时间和频率，但测试应与机构的风险状况和管理战略相匹配。当机构的风险状况、合规人员或内部流程和程序发生重大变化时，应该进行相应的测试。如前所述，一般每12~18个月进行一次测试。但是，在发现缺陷或较高风险的情况下，可能需要提高对某些领域进行测试的频率。

独立测试的结果和发现应记录在案，包括测试范围、审查的相关文件和任何支持性工作文件等细节。该报告应就机构反洗钱合规方案的充分性得出总体结论，并针对审计发现提出建议。此外，测试结果应通报董事会。

以风险为本的客户尽职调查程序

自2018年5月起，金融机构都必须制定以风险为本的程序，以持续开展客户尽职调查。美国金融犯罪执法局客户尽职调查规则中的这一要求，本质上是反洗钱合规方案的第五支柱。它旨在确保银行等金融机构"了解客户关系的性质和目的"，包括了解客户是谁，以及客户通常会参与哪些类型的交易。此外，机构必须进行"持续监控以识别和报告可疑交易，并根据风险情况维护和更新客户信息"，包括法人客户的受益所有权信息。[30] 此项要求的目的在于，促进各银行之间差异巨大的客户尽职调查实践趋向一致。

除建立客户风险档案所需的信息外，客户尽职调查规则并不要求机构收集任何特定的客户信息。因此，机构应根据风险来确定需要哪些信息来充分了解特定的客户关系，并识别潜在的可疑活动。

《银行保密法案》报告的重要性

根据《银行保密法案》，金融机构必须协助美国政府机构侦查和防止洗钱活动。这项要求的一个重要方面是提交《银行保密法案》报告，其中最重要的两份报告是现金交易报告和可疑活动报告。《银行保密法案》报告向执法部门提供关键信息线索和缺失数据，并可以帮助当局将调查中的各个环节联系起来。美国金融犯罪执法局还会分析《银行保密法案》报告并利用这些信息，用来判断反洗钱发展态势。

现金交易报告的作用

凡涉及金额超过 1 万美元的所有现金交易——提款、存款、转账、货币兑换或支付，金融机构都必须提交现金交易报告。1 万美元这一门槛，自 1970 年以来一直未变。现金指硬币、纸币、官方外币现钞、联邦储备券、美元现钞和美国银币券。在一个工作日内，由同一人或代表同一人进行的总额超过 1 万美元的多笔交易必须汇总，并作为一笔交易进行报告。现金交易报告阈值是提交现金交易报告的唯一触发因素，无论是否涉及可疑活动（如果显示存在可疑活动，报告人可在表格上勾选可疑交易栏）。大多数银行通过软件自动生成现金交易报告。因此，根据交易规模和数量，一家银行每天都可能生成大量现金交易报告。仅 2019 年，就有 16 087 182 份现金交易报告被提交。[31]

根据《银行保密法案》的规定，赌场、货币服务提供商和共同基金等其他符合《银行保密法案》规定的金融机构也必须提交现金交易报告。Venmo、PayPal 等移动支付企业也必须提交。然而，有三类"豁免人员"无须申报现金交易报告：美国的银行、政府机构和公营公司。因为这些机构经常进行大额交易，且已受政府审查和其他申报要求的约束，所以让这些机构遵守申报要求会造成过重的负担，而且价值不大。

除非客户提出要求，否则银行无须告知客户 1 万美元的报告门槛。在得知现金交易报告的要求后，客户不得降低交易金额规避报告要求，否则将构成联邦分拆交易罪，客户和银行员工都将受到惩罚。因此，银行职员必须拒绝任何此类要求。如果客户选择终止交易，银行职员也必须提交可疑活动报告。此外，略低于1万美元门槛的日常交易也可能被审查，并触发提交可疑活动报告的要求。[32]

在现金交易报告要求出台之前，判断及通知当局可疑交易的责任在于银行柜员。虽然这种做法效率不高，但为了保护客户财务隐私和使金融机构免于承担责任，这种做法被认为是必要的。1986年，随着《洗钱控制法案》的通过，这种情况发生了变化。该法案开始要求报告1万美元或以上交易，并规定金融机构不会因向美国金融犯罪执法局披露可疑交易信息而承担责任。

虽然现金交易报告可能是一种负担，而且现金交易报告记录会增加个人被美国国内收入局审计的概率，但超过1万美元的转账并不违法。现金交易报告制度也并不是为防止人们处理大量现金而制定的。相反，现金交易报告的作用在于识别非法所得、发现逃税行为和强制纳税。因此，尽管现金交易报告是以电子方式向美国金融犯罪执法局提交的，但也可能与美国国内收入局和其他政府机构共享。

同样，其他行业和企业必须使用《银行保密法案》的"8300表"报告所有1万美元以上的现金支付交易。该表格大致等同于现金交易报告，用于追踪经济零售部门的现金流动。这通常包括接收大额现金支付、极易被用于洗钱的企业，如大麻企业、艺术品经销商、船舶和汽车经销商以及古董商等。

可疑活动报告的重要性

《银行保密法案》要求金融机构以电子方式向美国金融犯罪执法局报告通过（或试图通过）金融机构进行的可疑（或潜在可疑）活

动。美国金融犯罪执法局和联邦银行监管机构利用可疑活动报告识别和分析与金融犯罪活动相关的趋势和模式。此外，可疑活动报告还提供非公开金融交易信息，因此对执法部门的刑事调查极具价值。例如，美国缉毒署在对特定个人进行调查以寻找潜在线索时，特工可能会查看包含可疑活动报告、现金交易报告和其他《银行保密法案》报告的美国金融犯罪执法局数据库，以获取更多信息，如是否存在银行账户、同伙姓名、嫌疑人以前进行过交易的地理位置或此人的别名等。

因此，可疑活动报告的内容和数据质量极为重要。银行等金融机构提交可疑活动报告的完整性和及时性非常关键。金融机构需要自最初发现可疑活动之日起的 30 天内提交可疑活动报告。在此期限内，金融机构应调查事件并收集必要信息以纳入报告。在无法识别嫌疑人的情况下，这一期限可延长至 60 天。如果可疑活动仍在继续，除非机构决定终止与客户的关系，否则必须每 90 天提交一次可疑活动报告。如果不提交可疑活动报告，金融机构将会面临罚款和处罚。

以下情况会触发提交可疑活动报告：

- 任何金额的内部违规事件（即没有最低金额要求）。
- 在可以识别嫌疑人的情况下，违规金额达到或超过 5 000 美元。
- 无论是否有潜在嫌疑人，违规金额累计达到或超过 2.5 万美元（即银行没有确定潜在嫌疑人的实质性依据）。
- 涉及潜在洗钱或违犯《银行保密法案》的总额达到或超过 5 000 美元的交易。

当机构认为可疑交易与可能违犯法律法规的行为有关时，也可以自愿提交可疑活动报告。报告的典型活动类型包括现金分拆交易、洗钱、支票欺诈和诱骗、计算机入侵、电汇欺诈、抵押贷款和消费贷款欺诈、贪污、自我交易、身份盗窃和恐怖融资。

可疑活动报告是严格保密文件。与现金交易报告不同的是，联邦法律禁止金融机构透露可疑活动报告的存在，特别是向可疑活动报告对象本人或任何参与可疑活动报告相关活动的人透露。因此，在调查导致可疑活动报告的可疑活动时，金融机构应将所有沟通限制在绝对必要的范围内。

之所以要求保密，是为了鼓励金融机构自由提交可疑活动报告，而不必担心被起诉或遭到报复。此外，可疑活动报告不是起诉书，也不能提供犯罪活动的确凿证据。银行员工应调查导致可疑活动报告发生的情况，以降低机构面临的任何其他潜在风险，并提供填写可疑活动报告表所需的信息。这样才能依赖银行员工完成应由训练有素的刑事调查人员或刑事检察官完成的工作。

美国国会颁布了《银行保密法案》中的安全港条款，以保护金融机构及其管理人员和员工，在报告已知或可疑的刑事犯罪或可疑活动后，免于承担民事责任。但是，获得这种保护的前提是，必须"善意"地相信可能发生了违法行为。

根据美国金融犯罪执法局的文件，美国金融机构在2019年提交了200多万份可疑活动报告，绝大多数来自全球性大银行。[33]这是符合逻辑的，因为与分支机构和客户较少的小银行相比，全球性大银行更有可能遇到可疑活动。

美国金融犯罪执法局文件泄露案（2020年）

在一次史无前例的行动中，美国金融犯罪执法局的一位前雇员向记者泄露了2 000多份可疑活动报告，这些报告随后以调查故事集的形式出版，被称为"美国金融犯罪执法局档案泄露案"。泄露的可疑活动报告涉及的金融交易超过 2 万亿美元，揭示了全球顶级银行——尤其是摩根大通、汇丰银行、渣打银行、德意志银行和纽约梅隆银行——是如何从犯罪活动中获利的。此外，这些银行甚至在此前因反洗钱失职而被美国当局处以罚款之后，仍然无视面临刑事起诉的警告，继续转移巨额非法资金，因而触犯了联邦法律法规。[34]

这些报告详细描述了各银行在一马发展公司丑闻、保罗·马纳福特案和委内瑞拉政府掠夺案中扮演的角色，以及它们与腐败政客之间的联系，与俄罗斯和乌克兰犯罪活动的联系，还有它们参与其他许多可疑交易的情况。美国金融犯罪执法局档案有力地证明了，不仅金融机构没有发挥其作为打击洗钱和其他严重金融犯罪第一道防线的作用，而且整个体系也没有产生必要的威慑力。[35]

美国金融犯罪执法局档案中一个更为恶劣的案例，披露了德意志银行是如何将 7.5 亿多美元转移到乌克兰亿万富翁伊霍尔·科洛莫伊斯基在美国的账户中的，这些资金据称是从一家乌克兰银行掠夺而来的。报告还显示，这笔钱大部分是通过在特拉华州和英属维尔京群岛注册的空壳公司进行转移的。[36]

咨询公司费内戈（Fenergo）的一份报告对全球反洗钱监管罚款和处罚以及执法趋势进行了研究，发现从 2018 年 10 月到 2019 年 12 月仅 15 个月的时间，与反洗钱相关的罚款总额就达到了惊人的 101 亿美元。然而，在被罚款的银行中，罚款金额仅占其平均净收入的 1%。[37] 因此，正如美国金融犯罪执法局文件所说明的，要么是反洗钱法规不足以发现和防止洗钱等非法活动，要么就是反洗钱的违法罚款与潜在收益相比，惩罚力度不够，不足以产生威慑作用。

反洗钱失败的主要原因

美国监管机构对金融机构的大多数罚款与违反制裁和未能实施打击恐怖融资控制措施有关，例如银行向海外资产控制办公室制裁的国家转移资金等。无论金融机构的规模如何，引发执法行动的反洗钱违规行为一般是反洗钱合规方案五大支柱中的一个或多个存在缺陷造成的。违反反洗钱合规方案的任何一个方面，都表明该机构的反洗钱合规方案存在严重缺陷。反洗钱合规方案支柱中的缺陷可能导致监管罚款和处罚，除此以外，当涉及故意行为时，如向当局隐瞒缺陷或阻挠获取信息，还可能导致刑事处罚。在过去10年中，多个重大执法行动发现诸多银行存在反洗钱支柱的缺陷和违规行为，如美联银行、汇丰银行、美国合众银行、荷兰合作银行、摩根大通、花旗集团/巴纳梅克斯银行等。

反映内部控制支柱缺陷的一个常见违规行为是，机构未能监控和报告可疑活动，包括未能及时提交可疑活动报告和现金交易报告。许多银行，包括富国银行、汇丰银行、美国第一资本金融公司等，均因未能提交多份（通常是数千份）可疑活动报告和/或现金交易报告而被处罚。另一个常见的违反规定的方面涉及反洗钱人员需求和资源的缺陷，这属于要求指定一名反洗钱合规官并获得充足资源的第二支柱。美国合众银行和荷兰合作银行分配给反洗钱合规方案的资源都极少，并因此遭受不良的严重后果。

导致执法行动的违规行为一般是持续性、反复性和系统性问题。这些问题往往还是由于不重视合规文化，包括高级管理层无视问题的存在，没有为合规方案提供充足的资金或资源等。导致违规行为的主要原因还包括客户尽职调查和监控不力。有反洗钱缺陷记录的金融机构如果不整改，将面临更大的处罚风险。

美国司法部和海外资产控制办公室
关于公司合规制度的指引

金融机构和其他组织也可以参考美国司法部定期更新的《公司合规方案评估》文件中发布的指引。尽管该文件旨在协助检察官做出指控决定,并侧重于公司整体合规方案而非具体的反洗钱合规方案,但是它提出了政府对有效的企业合规方案的重要内涵。该指引意在与国际标准保持一致,通过强调持续更新、量身定制和以风险为本的合规方案的必要性,对《银行保密法案》/反洗钱的合规预期进行补充。其核心是三个重要考虑因素:

1. 公司的合规方案设计是否合理?
2. 该方案是否得到严格落实?也就是,是否有足够的资源和权力保障其有效运作?
3. 公司的合规方案在实践中是否有效? [38]

同样,海外资产控制办公室制定了一份题为《海外资产控制办公室合规承诺框架》的文件,为各种类型的组织设计和实施制裁合规方案提供了有用的指导。海外资产控制办公室称,制裁合规方案应包含五个基本组成部分:管理承诺、风险评估、内部控制、测试和审计、培训。这一框架也符合《银行保密法案》/反洗钱合规方案的要求。[39]

尽管法律没有要求,但海外资产控制办公室"强烈鼓励"受其管辖的组织采用其建议。值得注意的是,海外资产控制办公室明确表示,按照其框架设计出来的制裁合规方案有可能减少违反制裁案件中的民事罚款。

防止反洗钱合规失败

  简言之，强有力的进攻就是最好的防御。根据《银行保密法案》/反洗钱要求设计，并同时纳入美国司法部和海外资产控制办公室指引的全面反洗钱合规方案，是对任何潜在违规行为的最佳防御。

  具体来说，机构必须不断评估和更新其反洗钱措施，包括政策、程序和流程。这些措施不仅要考虑法律法规的变动，还要应对随着组织的发展、业务拓展到新的司法管辖区、新类型客户的进入，以及新产品和服务的提供衍生出的潜在风险的变化。此外，任何已发现的问题和缺陷都应及时整改。而且，金融机构必须确保其发展速度不会超越其反洗钱合规基础设施的发展速度。

  金融机构是出了名的保守，在接受新技术方面比非金融企业要慢得多，因此它们必须采用数字化和自动化等技术解决方案，以有效处理大量数据。事实上，美国金融犯罪执法局及全球其他银行监管机构都强烈建议简化流程、提高效率。[40] 在预算紧张的情况下，金融机构应采用以风险为本的方法，战略性地分配资源。

  尽管还有更多的工作有待完成，但美国和其他国家反洗钱立法的方向，以及全球监管机构反洗钱执法力度的加大，都有力地表明反洗钱法规正越来越符合金融行动特别工作组的国际标准。因此，包括小型社区银行和地方信用社在内的金融机构，都应随时了解全球发展动态，并经常性地重新审视其内部政策。一个机构不太会因为实施比法规更严格的合规控制措施而受到处罚，但如果做得不够，或没有及时履行义务，则一定会受到处罚。

  最后，金融机构的董事会必须充分了解各自机构反洗钱合规方案的状况，包括存在的差距和改善计划。此外，还需要随时了解可能对其产生特定影响的当前趋势和新出现的趋势。

结语

　　金融机构为资金（包括洗钱资金）流动提供渠道。非法资金在首次进入金融体系时最容易被识别。因此，银行和其他金融机构是反洗钱行动的重点。鉴于其在金融体系中的核心地位，金融机构必须采取适当措施防止洗钱和打击恐怖融资。

　　《银行保密法案》和《美国爱国者法案》是联邦反洗钱立法的两个主要依据。它们共同规定了美国反洗钱合规方案的设计、实施和持续管理的最低要求。设计合理、实施有效、管理得当、以风险为本的反洗钱合规方案，旨在保护金融机构，进而保护金融体系，以防止犯罪分子利用金融机构掩盖和转移非法资金。银行归根结底是企业，无法进行自我监管，所以应由政府对洗钱活动进行监管。因此，多家联邦银行监管机构肩负着监督金融机构遵守反洗钱规定的职责。

　　金融机构为应对备受瞩目的执法行动，往往不惜重金增加合规资源。然而，全球最大的银行似乎仍是惯犯。尽管反洗钱相关的罚款和处罚力度持续上升，但与金融机构继续允许和促成非法交易行为所牟取的利益相比，这些罚款和处罚显得微不足道。长期以来，人们对于执法行动的有效性一直争论不休，并对此产生了质疑。在宏观经济层面，如果任其发展，洗钱（包括银行参与洗钱）将对国际资本流动和汇率造成负面影响，最终侵蚀一国金融机构的稳定性，并进而对全球金融体系造成冲击。

第十二章

思考与建议

洗钱活动将合法经济与非法经济紧密关联起来。从犯罪活动获取的非法资金开始，洗钱者常常利用合法金融机构和聘请专业人士，狡猾地将非法交易掩盖在合法交易之中，使合法资金与非法资金交织在一起。

由于大多数非法资金最终会流经金融体系，因此反洗钱法律法规对金融机构提出了严格的要求，旨在防止犯罪分子利用金融体系进行洗钱。然而，资金一旦进入金融机构，就很难被发现，且极易被转移。这些黑钱可以通过各式各样的账户，以多种形式的金融工具为媒介，在不同银行之间流转，在各种法律安排和多种货币之间转移。金融机构很难确保所有流经其系统的资金来源都合法。因此，作为反洗钱的第一道防线，金融机构肩负着巨大的责任，面临着打击洗钱、恐怖融资以及其他金融犯罪的艰巨任务。

就其本质而言，洗钱活动因其隐蔽性和秘密性而难以被金融机构察觉，这极大地增加了执法工作的难度。打击洗钱的主要难题之一是，公司结构和法律安排的不透明性。这些结构和安排经常被用来掩盖真正的受益所有人，使非法资金得以在匿名状态下进行转移。此外，守门人行业的监管缺失也是洗钱活动猖獗的一个重要原因。这些守门人作为非法活动的中间人，不仅协助建立匿名实体，纵容不透明交易，而且在客户审查方面失职，甚至提供规避法律法规的建议。这些行业的从业人员可能出于各种原因参与非法活动，无论是故意、无意还是漠不关心，都给洗钱活动提供了便利。

尽管过去几十年里，反洗钱工作的重点一直放在金融机构上，但洗钱问题依然是一个全球性的难题，且并未显示出任何减少的趋势。事实上，洗钱控制的成功率极低，仅有0.1%，这几乎可以被认为是无效的。[1]

而且，即使在美国，对洗钱的起诉成功率也极低，而美国通常被认为是世界上对洗钱起诉定罪率最高的国家。因此，这意味着，与洗钱活动所带来的风险相比，洗钱者的收益显得尤为可观。[2]

守门人还是闯入者

有一群专业人士，他们扮演着金融机构与客户之间中间人的角色，负责为客户或代表客户进行金融交易，或充当金融联络人，这类人士的职业被称为"守门人职业"。[3]这个群体涵盖了律师、房地产经纪人、信托基金经理、销售代表、税务顾问、公司和信托成立代理、经纪人等各类中间人。他们普遍受过高等教育，具备各自领域的专业知识，并经常服务于富裕客户，协助其实现利益最大化。然而，这些守门人的工作有时涉及帮助客户规避甚至触犯法律，从而获取包括合法高额佣金和非法贿赂在内的多种利益。

这些专业中介机构能够处理各种复杂的交易，帮助客户转移大量资金。这些交易包括但不限于买卖不动产，管理现金、证券和其他资产，以及设立、运营和管理各类法律实体，如公司和信托等。[4]例如，律师和公司服务提供商能够为客户提供建议并设立匿名公司,这些公司常被用于开设银行账户、转移非法所得、匿名买卖房地产或其他资产,甚至用于保护腐败资金。房地产经纪人则可能协助以纯现金方式完成交易,便于财富转移或购买投资物业。投资者和其他顾问帮助犯罪分子将资金藏匿于投资中,并通过投资回报最大化其非法所得。税务规划师则通过规避对非法所得的纳税,增加洗钱者的收益。

在洗钱的整个过程中,从最初将非法资金注入合法金融体系,到最终将其作为合法资金融入经济体系,犯罪分子均依赖这些中介机构的服务。守门人允许非法资金悄无声息地进入金融体系,并在其中穿梭而不被察觉。因此,守门人应当在保卫金融体系方面发挥积极作用,尽力阻止金融犯罪;否则,一旦滥用或误用其职能,便应承担相应责任。

尽管帮助客户储蓄和投资并非违法或不道德的行为,但金融行动特别工作组、美国财政部等机构发现,这些相关行业存在为非法和犯罪资金提供洗钱便利的风险,而无论其是不是故意的。实际上,有案例显示,加利福尼亚州的一名律师曾协助奥比昂设立匿名空壳公司及其他机构,以掩盖其身份并规避反洗钱控制措施。由于美国的律师无须遵守金融行动特别工作组的指引,即便在客户因犯罪入狱并被没收巨额非法所得的情况下,该律师也未受到任何制裁。[5] 鉴于此类情况,金融行动特别工作组特别呼吁对守门人行业实施更严格的透明性措施,如加强客户尽职调查和可疑活动报告制度。

守门人的工作涉及与客户的直接接触,这使他们能够轻易地获取和收集客户信息。因此,对于他们来说,遵守反洗钱法规,包括进行"了解你的客户"等反洗钱义务,应该是其职责所在,而不该被视为过重的负担。守门人作为金融交易中的关键中间人,拥有收集重要客户身份信息的能力,这使他们在预防和侦查洗钱活动中扮演着举足轻重的角色。然而，目前的情况是，尽管守门人具备这样的能力，但他们往往只需遵守最少的反洗钱规则，而且尚未有针对这些行业的统一立法。这导致在侦查和防止洗钱方面，银行几乎承担了全部责任，而守门人的作用被严重忽视。

更为严重的是，一些个人、组织和网络专门从事协助罪犯和有组织犯罪集团清洗犯罪所得和逃避制裁的活动。[6] 例如，美国财政部将阿尔塔夫·卡纳尼的网络确定为洗钱组织（卡纳尼洗钱组织），因为该组织为有组织犯罪集团、贩毒组织和许多其他组织清洗非法资金。同样，因卡纳尼洗钱组织参与第三方洗钱活动，代表毒贩将资金转移至金融机构，美国财政部海外资产控制办公室也将其作为制裁目标。[7] 虽然洗钱服务的佣金率不尽相同，很难获得确切数字，但犯罪分子显然愿意为这类服务付费。[8] 事实上，一些专家指出，由于反洗钱标准的复杂性不断提升，犯罪分子更加依赖守门人行业的服务来规避日益严格的管制。[9] 这些中间人，原本应处于截断非法资金流动的关键位置，却不幸成了协助非法资金流动的推手，并从中获得了最大的利益。

正如第十章所述，《建立反洗钱和防范安全风险新权力机构法案》对《银行保密法案》进行了修订，为美国的守门人设定了基本的尽职调查要求，这一举措有望解决许多与保密职业相关的问题。然而，尽管这是提高财务透明度的重要一步，但要真正遏制非法资金的流通，还需要全球各国的共同努力。因此，其他司法管辖区，特别是那些反洗钱监管较为薄弱的地区，也必须积极采取行动。否则，非法资金总会寻找新的途径，像水流一般选择阻力最小的路径流动。

与守门人和中介相关的红旗警讯

与守门人职业紧密相关的红旗警讯，是预警有人试图通过滥用专业中介服务进行洗钱或为其他金融犯罪提供便利的重要信号。由于守门人提供的服务类型多种多样，因此，与守门人职业相关的红旗警讯也会因服务类型的不同而有所差异。

此外，红旗警讯还可以根据客户特性、资金来源以及聘用或收费安排的性质等要素进行分类。[10] 与这些专业服务相关的一些常见的红旗警讯主要包括：客户要求制定不寻常、非典型或过于复杂的法律、业务或财务安排，而这些安排往往显得逻辑不清或缺乏合法、合理的经济理由；客户频繁要求变更法律结构或业务安排，如频繁更换公司高管、董事或代持人等；以及客户提供的文件资料与其所声称的业务、财务或法律状况存在明显差异、矛盾或缺失等情况。如果需要更全面的红旗警讯清单，建议查阅金融行动特别工作组的官方网站。

谁是这场战斗的赢家

如果说洗钱者似乎总能快执法部门一步，这确实不假。不仅资产扣押的成功率不到1%，而且全球洗钱案件的立案数量几乎同样微不足道。[11] 在美国，被逮捕的洗钱者比例极低，仅有0.25%。更令人咋舌的是，高达99%的洗钱犯罪都未得到起诉。即便那些被起诉并上了法庭的案件，洗钱者被定罪的可能性也仅有约5%，其他工业化国家的执法水平就更不用说了。[12] 就拿"俄罗斯自助洗衣店"来说，涉案金额高达数十亿美元，但被确认的嫌疑人却寥寥无几。美国金融犯罪执法局的档案还显示，数万亿美元的非法资金在银行机构内流通，银行却束手无策、难以阻止。[13]

事实一再证明，犯罪分子具备惊人的适应能力和投机取巧的本领。他们擅长利用法律法规的漏洞，以及全球供应链、金融机构内部控制和线上网络中的薄弱环节进行非法活动。举例来说，银行刚被要求提交现金交易报告，分拆交易行为就迅速增多。自由贸易区一经设立，基于贸易的洗钱活动便在这些地区迅猛增长。特别是在 2008 年全球金融危机期间，洗钱活动在全球性大型银行中尤为猖獗。如今，恶意软件更是对个人、企业和政府网络构成严重威胁。

长期以来，犯罪分子之所以常常能够逃脱执法部门的追捕，是因为他们肆无忌惮地无视法律法规、国界和法律协议。他们完全不顾及社会和法律的限制，始终以自身利益为出发点。更糟糕的是，新技术的迅猛发展给犯罪分子带来了全新的优势，他们展现出强烈的意愿和较高的能力来运用这些先进技术。

他们对互联网新技术的采纳和使用也体现在一系列网络犯罪的迅速崛起上。比如，利用网骡进行洗钱，暗网上非法在线市场的蓬勃发展，出售假身份证和被盗社会保障号码，甚至交易毒品、武器、被贩卖的肾脏和人口等。从犯罪分子利用虚拟货币从事犯罪活动的速度之快也可以看出这一点，他们在加密货币支付成为主流之前就已经开始使用了。用于掩盖非法交易的私人加密货币日益增多，事实上，网络犯罪和网络辅助犯罪的增长速度似乎已经超出了政府和私人部门的打击能力。

长期以来，犯罪分子一直在利用新技术进行犯罪活动。20 世纪 90 年代，随着计算机技术的飞速发展，涉及贩运和金融犯罪的大规模全球性犯罪活动也呈指数级增长。技术进步和全球化使贩毒活动变得更快、更高效、更难以追踪，从而在某种程度上推动了这 10 年的毒品交易发展。例如，卡利集团在 20 世纪 90 年代初就开始使用先进的加密技术，其技术水平甚至超过了哥伦比亚政府当时掌握的程度。[14]

在这些案例中，执法部门往往只能被动应对，这进一步暴露了威慑手段的无效性。结果便是跨国有组织犯罪活动变得更加猖獗，获利也更加丰厚。显然，执法和监管手段已经远远落后于技术创新，而技术创新则有可能进一步加强技术与非法活动之间的联系。

解决洗钱问题

长期以来，美国在全球享有"警察国家"的声誉。众所周知，美国拥有堪称全球最严厉的反洗钱执法机构和最健全的反洗钱制度。[15]然而，尽管如此，洗钱的威胁依然难以应对。在美国，因洗钱被逮捕、起诉和定罪的犯罪分子仍然少得惊人。因此，洗钱不仅在美国，甚至在全球范围内都是一个亟待解决的重大问题。要成功打击这一非法活动，我们必须有所改变，但这绝非一国之力所能及，而是需要全球的共同努力。

如今，国际边境日益开放，洗钱者和其他犯罪分子便借此机会肆意妄为。他们专门寻找那些反洗钱制度宽松、执法力度薄弱的司法管辖区作为避风港。一旦某个国家加强了反洗钱措施，这些犯罪分子便迅速转移阵地。因此，我们急需在全球范围内统一反洗钱标准，防止犯罪分子利用各国在反洗钱控制和执法方面的差异进行规避。

反洗钱改革不仅需要全球合作和统一的标准，还需要公共和私人部门之间建立紧密的合作伙伴关系。这包括加强公开交流，共享有价值的信息（如趋势分析、犯罪手法以及可疑活动报告中的数据），以及在优化法规和指导原则等方面进行积极而定期的协作。通过整合知识、专长甚至资源，政府（包括政府机关和监管机构）与私人部门携手合作，可以共同制定高效的反洗钱战略，提升财务透明度，推动创新，寻求长期解决方案，最终构建一个更为有力、更为成功的反洗钱体系。[16]

反洗钱法规和要求务必定期更新和修订，以应对洗钱活动的不断演变和新洗钱手法的出现。美国的反洗钱制度自 2001 年的《美国爱国者法案》（这是自 1970 年通过《银行保密法案》以来唯一的一次重大改革）之后，经历了一段时间的相对稳定，直至 2021 年 1 月 1 日通过《反洗钱法案》前，并未进行实质性的更新。然而，全球化进程、通信技术的飞速进步以及科技的巨大变革，在过去的 20 年里让世界和金融体系发生了翻天覆地的变化。例如，货币转移的速度大幅提升，涉及的金额也大幅增加，而虚拟货币的兴起和普及更是为洗钱活动提供了新渠道。洗钱者及其采用的手段日益复杂和技术化，这对反洗钱工作提出了更高的要求。在合法经济和非法经济并存的情况下，全球社会绝不能再让反洗钱立法滞后。

如今，社会上流通的非法资金规模空前，对非法金融服务的需求也异常旺盛。[17] 在这些巨额洗钱活动的背后，往往隐藏着有组织犯罪集团和职业洗钱人的身影。金融行动特别工作组的观察显示，这些有组织犯罪集团正在加强彼此之间的协调合作，以更有效地开展洗钱活动。更为重要的是，它们根据各自的经济关系或金融专业知识进行分工，使洗钱活动变得更加专业化和高效。[18] 因此，反洗钱战略要想取得任何有意义的效果，就必须密切关注这些新情况，并做出相应的调整和完善。

一项急需推进的监管改革是，更新可疑活动报告流程。首先，可以将提交可疑活动报告的时间大幅提前，现有规定是在发现可疑事件后的 30 天内，或在无法确定嫌疑人的情况下，最长不超过 60 天完成报告提交，这显然不够及时。然而，即便是在这样的时限下，仍有许多金融机构表示难以遵守。而从执法的角度，及时性是至关重要的，金融机构应当要比规定的时限要求更快地收集必要信息，并提交报告。事实上，如果金融机构制定了适当的"了解你的客户"方案，并进行了适当的客户尽职调查，那就应该能够掌握许多可用的信息。如果机构在提交报告后发现了新的相关信息，则可以提交修改后的报告。

其次，可疑活动报告的描述应更加标准化。当前的自由陈述形式导致报告中存在大量冗余和干扰性信息，降低了报告的有效性。因此，需要制定统一的报告叙述标准，确保各机构间和机构内部在撰写报告时能够遵循这些标准，从而使报告在长度、质量和内容上达到一致。

最后，监管部门应向机构提供有关其提交的可疑活动报告的价值和质量的反馈。目前，各机构提交报告后不会收到任何反馈，导致它们无法了解自己提交的可疑活动报告的效果和存在的问题（除非被政府问询，而这种情况非常罕见）。更重要的是，它们不知道这些报告是否具有价值。因此，监管部门建立反馈机制，机构可以依据获得的反馈信息对报告加以完善，从而提高整个报告流程的效率。

全球监管机构应统一规定，提高机构透明度，以提升财务信息的可追溯性，这对于防范匿名法律实体带来的风险尤为关键。通过实施并有效利用受益所有权登记制度，应该能够更好地应对这些挑战。当然，在保护隐私的前提下，受益所有权的登记信息无须对公众全面公开。但至少应确保其他金融机构能够随时获取这些信息进行客户尽职调查，同时执法部门也应能便捷地获取所需信息进行调查。提高透明度标准不仅有助于金融机构提升声誉，吸引更多业务，更能增强公众对整个金融体系的信任。然而，要实现这一目标，必须在全球范围内制定并执行统一的透明度要求。否则，犯罪分子只会涌向最薄弱的司法管辖区。

可以毫不夸张地说，许多西方银行都从洗钱活动中获利，且一些全球性大型银行对其内部控制中存在的薄弱环节和缺陷视而不见，因此频繁受到罚款和处罚。这显然表明，它们认为违法乱纪更加有利可图。为加强威慑效果，当金融机构的合规制度不完善或整改迟缓时，应实施更严厉的罚款和制裁措施。尽管当前反洗钱罚款持续增长，但相对于大型银行的庞大收入而言，罚款金额仍显微不足道。此外，尽管这种做法并不常见，但要求金融机构员工，特别是董事、高管等高级管理人员承担个人连带责任，无疑将极大地增强威慑力。

洗钱活动的影响

按价值规模口径计算，洗钱据称是世界第三大产业，仅次于石油产业和农业。有人甚至认为，西方银行之所以能维持其在行业中的地位，很大程度上是因为提供了洗钱服务。[19] 然而，人们往往低估了洗钱的严重性和潜在后果，以及打击洗钱的紧迫性。若任由洗钱活动肆虐，不仅一国的经济和金融稳定会受到威胁，国家安全也将面临严峻挑战。更为严重的是，洗钱还会带来一系列深刻的社会和政治影响。

洗钱活动对发达国家和发展中国家均造成了不可忽视的影响。它严重削弱了市场信心，给合法投资者带来了巨大损失。事实上，已有研究表明，一些工业化国家的GDP增长与洗钱活动存在负相关关系，即洗钱的增加往往伴随着GDP年增长率的下降。[20]

然而，在新兴市场中，洗钱带来的负面影响尤为显著和直接。在某些国家，非法收入甚至超过了政府预算，这对国家经济政策产生了严重干扰。随着洗钱者不断寻找新的途径和机会来清洗非法资金，那些反洗钱控制措施尚不完善的发展中经济体将成为他们的主要目标，并将承受最大的冲击。这些非法资金流动最终将破坏国家的发展目标。同时，随着这些国家金融机构的诚信度降低，合法外国投资也将流失，这会进一步加剧这些国家经济发展的困境。

洗钱活动导致政府税收锐减，迫使政府提高税率以弥补财政缺口。原本应用于教育、医疗、基础设施等公共领域的资金被犯罪团伙和盗贼挪用，严重损害了普通公民的利益，进而降低了这些国家公民的生活质量。若政府无法有效遏制资金的非法流动，最终将导致国家的整体衰落。

洗钱活动还助长了犯罪组织的壮大和影响力的扩张。当合法的本地企业无法与犯罪团伙控制的幌子公司竞争时，腐败现象便应运而生。洗钱行为实际上是将经济权力从市场、政府和国民手中转移到犯罪分子手中，导致社会各个层面出现腐败现象，最终侵蚀民主体制的根基。

近年来揭露的腐败案件表明，部分政治公众人物，特别是担任重要职务的政客、司法人员和国企高管，涉嫌利用职权清洗巨额犯罪所得。当这些涉案人员来自腐败问题严重的国家，并将资金转移到海外稳定经济体进行洗钱时，其负面影响尤为显著。这不仅导致了资本外逃，还给无辜的老百姓带来了深重灾难。诸如安哥拉统治阶层挪用公款、一马发展公司巨额资金被盗、俄罗斯资金通过复杂空壳公司网络外流等案例，只是众多恶性资金流动事件的冰山一角。

腐败资金在使用前必须经过清洗和掩盖来源，这使洗钱和腐败紧密联系起来。因此，腐败现象严重的地区往往伴随着洗钱活动的猖獗。腐败和洗钱共同导致成本上升、国民受苦的恶性循环，随着犯罪势力的不断壮大，这一循环越发难以打破。在很大程度上，正是那些为非法资金提供伪装和转移渠道的金融与法律体系，助长了这些全球性的犯罪活动。

解决这一严重问题的唯一途径是全球各国携手合作，共同提高财务透明度。正如联合国前秘书长、诺贝尔和平奖得主科菲·安南所言："如果腐败是一种疾病，那么透明度就是药方中必不可少的一味药。"

注 释

引 言

1. Financial Action Task Force (FATF), "Professional Money Laundering" (Paris: FATF, July 2018), http://www.fatf-gafi.org/media/fatf/documents/Professional-Money-Laundering.pdf.
2. Graham Barrow, "Laundromats," *Financial Crimes News*, June 3, 2019, https://thefinancialcrimenews.com/laundromats-by-graham-barrow/; Enrich, *Dark Towers*; and Bullough, *Moneyland*.
3. United Nations Office on Drugs and Crime (UNODC), "Money Laundering," accessed February 22, 2021, https://www.unodc.org/unodc/en/money-laundering/overview.html#:~:text=e%20estimated%20amount%20of%20money,goes%20through%20the%20laundering%20cycle.
4. US Department of the Treasury, *National Money Laundering Risk Assessment*, 2015 (Washington DC: Treasury Department, 2015), https://www.treasury.gov/resource-center/terrorist-illicit-finance/Documents/National%20Money%20Laundering%20Risk%20Assessment%20%E2%80%93%2006-12-2015.pdf.
5. UNODC, "Estimating Illicit Financial Flows Resulting from Drug Trafficking and Other Transnational Organized Crimes," August 31, 2011, https://www.unodc.org/documents/data-and-analysis/Studies/Illicit-financial-flows_31Aug11.pdf.

第一章　洗钱的事实

1. Shelley, *Dark Commerce*, 153.
2. Amanda Macias, "10 Facts Reveal the Absurdity of Pablo Escobar's Wealth," *Insider*,

September 21, 2015, https://www.businessinsider.com/10-facts-that-prove-the-absurdity-of-pablo-escobars-wealth-2015-9.

3. Pierre-Emmanuel Ly, "The Charitable Activities of Terrorist Organizations," *Public Choice* 131, no. 1/2 (2007): 177-95, https://www.jstor.org/stable/27698091.
4. Nigel Morris-Cotterill, "Money Laundering," *Foreign Policy*, no. 124 (May-June 2001): 16-20, 22, https://doi.org/10.2307/3183186.
5. Rodolfo Uribe, "Changing Paradigms on Money Laundering," *Observer News*, 2003, http://www.cicad.oas.org/oid/new/information/observer/observer2_2003/ml paradigms.pdf.
6. Safire, *Safire's New Political Dictionary*, 398.
7. United States v. $4,255,625.39, 551 F.Sup.314(S.D.Fla. 1982).
8. FATF, "About: Who We Are," accessed August 8, 2020, https://www.fatf-gafi.org/about/.
9. FATF, "FAQs about Money Laundering," accessed August 8, 2020, https://www.fatf-gafi.org/faq/moneylaundering/.
10. Garner, *Black's Law Dictionary*, 889.
11. Financial Crimes Enforcement Network (FinCEN), "History of Anti-Money Laundering Laws," US Treasury Department, accessed October 29, 2020, https://www.fincen.gov/history-anti-money-laundering-laws#:~:text=Money%20laundering%20is%20the%20process,into%20the%20legitimate%20financial%20system.
12. Robinson, *Laundrymen*, 4.
13. United States Sentencing Commission, Commission Datafiles: FY 2015 through FY 2019, USSCFY15-USSCFY19, accessed October 29, 2020, https://www.ussc.gov/research/datafiles/commission-datafiles.
14. FinCEN, "FinCEN Issues Amendments to the Funds Transfer Rules," US Treasury Department, March 26, 1996, https://www.fincen.gov/news/news-releases/fincen-issues-amendments-funds-transfer-rules.
15. Sullivan, *Anti-Money Laundering*, 5.
16. International Monetary Fund, "Anti-Money Laundering/Combating the Financing of Terrorism: What Are Typologies?," accessed March 2, 2021, https://www.imf.org/external/np/leg/amlcft/eng/aml1.htm#typologies.
17. FATF, *Financial Flows Linked to the Production and Trafficking of Afghan Opiates* (Paris: FATF, June 2014), http://www.fatf-gafi.org/media/fatf/documents/reports/Financial-flows-linked-to-production-and-trafficking-of-afghan-opiates.pdf.
18. Parker Asmann, " Money Laundering Tactics Adapting to Colombia Cocaine Boom," *InSight Crime*, October 10, 2018, https://www.insightcrime.org/news/analysis/money-laundering-adapting-colombia-cocaine-boom/; and Adriaan Alsema, "Laundering Colombia's Drug Money: Part 1: How to Do It," Colombia Reports, July 19, 2020, https:// colombiareports.com/laundering-colombias-drug-money-part-1-how-to-do-it/.
19. FAFT, *Global Money Laundering and Terrorist Financing Threat Assessment* (Paris: FAFT/OECD, July 2010), https://www.fatf-gafi.org/media/fatf/documents/reports/Global%20

Threat%20assessment.pdf.
20. UNODC, *Toolkit to Combat the Trafficking in Persons* (New York: United Nations, 2008), https://www.unodc.org/documents/human-trafficking/HT_Toolkit08_English.pdf.
21. Money Laundering Control Act, 18 U.S.C. § 1956 (1986).
22. Lisa Gregory, Peter S. Spivack, and Rupinder K. Garcha, "In Brief: Money Laundering Offences in USA," *Lexology*, June 26, 2020, https://www.lexology.com/library/detail.aspx?g=fbb52d9f-a7a6-4c3c-8517-742a9b9c73e4.
23. Jean-François Thony, "Money Laundering and Terrorism Financing: An Overview," *Current Developments in Monetary and Financial Law* 3 (April 29, 2005), article 15.
24. Steven M. D'Antuono, section chief, Criminal Investigative Division, Federal Bureau of Investigation (FBI), "Combating Money Laundering and Other Forms of Illicit Finance: Regulator and Law Enforcement Perspectives on Reform: Statement before the Senate Banking, Housing, and Urban Affairs Committee," Washington, DC, November 29, 2018, https://www.fbi.gov/news/testimony/combating-money-laundering-and-other-forms-of-illicit-finance.
25. Peter Reuter and Edwin M. Truman, "Combating Predicate Crimes Involved in Money Laundering," in *Chasing Dirty Money: The Fight against Money Laundering* (Washington, DC: Peterson Institute for International Economics, 2004), 109-11, https://www.piie.com/publications/chapters_preview/381/5iie3705.pdf.
26. FATF, *Corruption: A Reference Guide and Information Note on the Use of the FATF Recommendations in the Fight against Corruption* (Paris: FATF, 2012), https://star.worldbank.org/sites/star/files/corruption_reference_guide_and_information note_2012.pdf.
27. World Bank, *Strengthening World Bank Group Engagement on Governance and Anticorruption* (Washington, DC: World Bank, March 14, 2007), http://www1.worldbank.org/publicsector/anticorrupt/corecourse2007/GACMaster.pdf.
38. Legal Information Institute, Cornell Law School, "Tax Evasion," accessed August 4, 2020, https://www.law.cornell.edu/wex/tax_evasion.
29. FBI, "What We Investigate: White-Collar Crime," accessed March 9, 2021, https://www.fbi.gov/investigate/white-collar-crime.
30. Shawn Hubler, "Fleiss Sentenced to 37 Months for Tax Evasion," *Los Angeles Times*, January 8, 1997, https://www.latimes.com/archives/la-xpm-1997-01-08-me-16452-story.html; and Seth Abramovitch, "Heidi Fleiss Reflects on 25th Anniversary of Her Arrest, Ex Tom Sizemore and What Charlie Sheen Really Spent on Girls," *Hollywood Reporter*, June 7, 2018, https://www.hollywoodreporter.com/news/heidi-fleiss-her-arrest-macaw-cause-drug-addict-tom-sizemore-1117449.
31. Global Financial Integrity, "Illicit Financial Flows," accessed August 4, 2020, https://gfintegrity.org/issue/illicit-financial-flows/.
32. Internal Revenue Service (IRS), "Forms and Instructions: Tax Form 1040," accessed August 4, 2020, www.irs.gov/Form1040.

33. IRS, "Publication 17(2020), Your Federal Income Tax," accessed August 4, 2020, https://www.irs.gov/publications/p17#en_US_2019_publink1000171197.
34. Ian M. Comisky, "May Tax Evasion Be Charged as a Money Laundering Offense? The Times Are a-Changing," *ABA Practice Point* 39, no. 4 (August 25,2020), https://www.americanbar.org/groups/taxation/publications/abataxtimes_home/20aug/20aug-pp-comisky-money-laundering/.
35. Tax Policy Center, "Briefing Book: A Citizen's Guide to the Fascinating (Though Often Complex) Elements of the US Tax System," updated May 2020, https://www.taxpolicycenter.org/briefing-book/what-are-sources-re venue-federal-government).
36. Garner, *Black's Law Dictionary*, 670-71.
37. Sal Jadavji, "Fraud and Money Laundering: What's the Connection?," *ACAMS Today*, September 2, 2011, https://www.acamstoday.org/fraud-and-money-laundering-whats-the-connection/#:~:text=Criminal%20activity%20related%20to%20fraud,money%20laundering)%20for%20money%20laundering.
38. FBI, "FBI Urges Vigilance during COVID-19 Pandemic," accessed March 9, 2021, https://www.fbi.gov/coronavirus; and Europol, "COVID-19: Fraud," accessed March 9, 2021, https://www.europol.europa.eu/covid-19/covid-19-fraud.
39. Richard Summerfield, "Heightened Vigilance: COVID-19 Creates Fraud and Money Laundering Vulnerabilities," *Financier Worldwide*, accessed March 9, 2021, https://www.financierworldwide.com/heightened-vigilance-covid-19-creates-fraud-and-money-laundering-vulnerabilities#.YEf75ulKjfY.
40. FinCEN, "FinCEN Advisory to Financial Institutions on Cyber-Events and Cyber-Enabled Crime," US Treasury Department, FIN-2016-A005, October 25, 2016, https://www.fincen.gov/resources/advisories/fincen-advisory-fin-2016-a005; and Kevin W. Toth, "The Convergence of Cyber, Fraud, and AML: How the Puzzle Pieces Fit Together to Solve the Emerging Cyber Risk" (Chicago: ACAMS, June11, 2019), https://www.acams.org/cn/media/document/9481.
41. Stefan D. Cassella, "The Forfeiture of Property Involved in Money Laundering Offenses," *Buffalo Criminal Law Review* 7, no. 7 (2004): 583,614.
42. Money Laundering Control Act, 18 U.S.C. § 1956 (1986).
43. Crimes and Criminal Procedure, 18 U.S.C. § 3282(a).
44. Congressional Research Service, "Money Laundering: An Overview of 18 US.C. § 1956 and Related Federal Criminal Law," CRS Report no. RL33315 (Washington, DC: Congressional Research Service, 2017), https://www.everycrsreport.com/files/20171130_RL33315_a7fb09655852a4a57b91fc3fa500ad82a3158c34.pdf.
45. Congressional Research Service.
46. Gregory, Spivack, and Garcha, " Money Laundering."
47. Reuter and Truman, "Improving the Global AML Regime," in *Chasing Dirty Money*, 188.
48. Reuter and Truman, 188.
49. FATE, "Trade Based Money Laundering" (Paris: FATF, June 23, 2006), https://www.fatf-gafi.org/media/fatf/ documents/reports/Trade%20Based%20Money%20 Laundering.pdf.

第二章 空壳公司

1. Tucker, "Understanding the Risks."
2. Findley, Nielson, and Sharman, *Global Shell Games*, 100.
3. "'Merchant of Death' Viktor Bout Sentenced to 25 Years," BBC News, April 6, 2012, https://www.bbc.com/news/world-us-canada-17634050; and Stefanie Ostfeld, "Shell Game: Hidden Owners and Motives," CNN, September 11, 2012, https://www.cnn.com/2011/10/26/opinion/ostfeld-shell-companies/index.html.
4. Annette Alstadsæter, Niels Johannesen, and Gabriel Zucman, "Tax Evasion and Inequality," *American Economic Review* 109, no. 6 (2019): 2073–2103, DOI: 10.1257/ aer.20172043.
5. William G. Gale and Aaron Krupkin, "How Big Is the Problem of Tax Evasion?," *Up Front* (blog), Brookings Institution, April 9, 2019, https://www.brookings.edu/blog/up-front/2019/04/09/how-big-is-the-problem-of-tax-evasion/.
6. Joe Pinsker, "Are Shell Companies Useful for People Who Aren't Ludicrously Rich?," *The Atlantic*, April 8, 2016, https://www.theatlantic.com/business/archive/2016/04/how-rich-do-you-have-to-be-for-a-shell-company-to-be-useful/477384/.
7. "After Incorporation or Formation, What's Next? (What's the Difference between Incorporation and Licensing?)," Delaware Corporate Law, Delaware.gov, accessed August 14, 2020, https://corplaw.delaware.gov/after-incorporation-formation/.
8. Elaine Zelby, "How Delaware Became the State Where Companies Incorporate," *Medium*, January 30, 2019, https://medium.com/useless-knowledge-daily/why-most-companies-incorporate-in-delaware-b8eae1e528a3#:~:text=Over%2050%25%20of%20all%20publicly,(198%2C450%20in%202017%20alone).
9. Tucker, "Understanding the Risks."
10. FATF, "FATF Guidance: Transparency and Beneficial Ownership" (Paris: FATF/OECD, October 2014), https://www.fatf-gafi.org/media/fatf/documents/reports/Guidance-transparency-beneficial-ownership.pdf; and Secretariat of the Global Forum on Transparency and Exchange of Information for Tax Purposes and the Inter-American Development Bank, "A Beneficial Ownership Implementation Toolkit" (Washington, DC: Inter-American Development Bank and OECD, March 2019), https://www.oecd.org/tax/transparency/beneficial-ownership-toolkit.pdf.
11. "31 CFR § 1010.230—Beneficial Ownership Requirements for Legal Entity Customers," Legal Information Institute, Cornell Law School, accessed September 30, 2020, https://www.law.cornell.edu/cfr/text/31/1010.230.
12. Beneficial Ownership Requirements for Legal Entity Customers, 31 CFR § 1010.230(d) (2); and 31 CFR § 1010.230(d)(1).
13. Findley, Nielson, and Sharman, *Global Shell Games*, 100.
14. World Bank, "Poverty and Equity Brief: Sub-Saharan Africa: Angola" (Washington, DC: World Bank, April 2020), https://databank.worldbank.org/data/download/poverty/33EF03BB-

9722-4AE2-ABC7-AA2972D68AFE/Global_POVEQ_AGO.pdf.

15. Sydney P. Freedberg et al., "Luanda Leaks: How Africa's Richest Woman Exploited Family Ties, Shell Companies and Inside Deals to Build an Empire," International Consortium of Investigative Journalists, January 19, 2020, https://www.icij.org/investigations/luanda-leaks/how-africas-richest-woman-exploited-family-ties-shell-companies-and-inside-deals-to-build-an-empire/?gclid=CjwKCAiAzNj9BRBDEiwAPsL0d3vzQL4bDQFKNvxa3_kEB3qsECh_GaXaW4dqvrC7lbsA06LHHB5O9RoC5KYQAvD_BwE.

16. Freedberg et al.

17. Ben Hallman, Kyra Gurney, Scilla Alecci, and Max de Haldevang, "Western Advisers Helped an Autocrat's Daughter Amass and Shield a Fortune," International Consortium of Investigative Journalists, January 19, 2020, https://www.icij.org/investigations/luanda-leaks/western-advisers-helped-an-autocrats-daughter-amass-and-shield-a-fortune/.

18. Hallman, Gurney, Alecci, and de Haldevang.

19. Kerry A. Dolan, "How Isabel dos Santos, Once Africa's Richest Woman, Went Broke," *Forbes*, January 22, 2021, https://www.forbes.com/sites/kerryadolan/2021/01/22/the-unmaking-of-a-billionaire-how-africas-richest-woman-went-broke/?sh=5b4a62b 86240.

20. "Corruption," Tax Justice Network, accessed March 15, 2021, https://www.taxjustice.net/topics/corruption/.

21. Global Witness, "Anonymous Companies: How Hidden Company Ownership Is a Major Barrier in the Fight against Poverty and What to Do about It" (London: Global Witness, May 2013), https://cdn.globalwitness.org/archive/files/library/anonymous_companies4b.pdf.

22. Office of Public Affairs, US Department of Justice, "Justice News: Second Vice President of Equatorial Guinea Agrees to Relinquish More than $30 Million of Assets Purchased with Corruption Proceeds," press release no. 14-1114, October 10, 2014, https://www.justice.gov/opa/pr/second-vice-president-equatorial-guinea-agrees-relinquish-more-30-million-assets-purchased.

23. Global Witness, "Anonymous Companies."

24. FATF, "High-Risk and Other Monitored Jurisdictions," accessed September 24, 2020, https://www.fatf-gafi.org/publications/high-risk-and-other-monitored-jurisdictions/?hf=10&b=0&s=desc(fatf_releasedate).

25. Global Witness, "Anonymous Companies."

26. Krstin M. Finklea, *The Interplay of Borders, Turf, Cyberspace, and Jurisdiction: Issues Con- fronting U.S. Law Enforcement*, R41927 (Washington, DC: US Library of Congress, Congressional Research Service, 2013).

第三章　贸易洗钱

1. FATF, "Trade Based Money Laundering" (see chap.1, n.51).

2. Sheldon Whitehouse, Bill Cassidy, and Marco Rubio, *Trade-Based Money Laundering: U.S. Government Has Worked with Partners to Combat the Threat, but Could Strengthen Its Efforts*, GAO-20-333 (Washington, DC: Government Accountability Office, April 2020), https://www.gao.gov/assets/710/705679.pdf.
3. Whitehouse, Cassidy, and Rubio.
4. US Department of Homeland Security (DHS), "Trade Transparency," accessed September 22, 2020, https://www.dhs.gov/trade-transparency.
5. Asia/Pacific Group (APG) on Money Laundering, *APG Typology Report on Trade Based Money Laundering* (Sydney: APG on Money Laundering, July 20, 2012), https://www.fatf-gafi.org/media/fatf/documents/reports/Trade_Based_ML_APGReport.pdf.
6. US Congress, Senate, Caucus on International Narcotics Control, *The Buck Stops Here: Improving U.S. Anti-Money Laundering Practices*, 113th Congress, 1st sess. (Washington, DC: US Senate, April 2013), https://www.drugcaucus.senate.gov/sites/default/files/Money%20Laundering%20Report%20-%20Final.pdf; and US Treasury Department, 2018 *National Money Laundering Risk Assessment* (Washington, DC: Treasury Department, 2018), https://home.treasury.gov/system/files/136/2018NMLRA_12-18.pdf.
7. WTO, *World Trade Statistical Review*, 2019 (Geneva: WTO, 2019), 17, https://www.wto.org/english/res_e/statis_e/wts2019_e/wts2019_e.pdf, accessed September 25, 2020.
8. Bankers Association for Finance and Trade (BAFT), *Combatting Trade Based Money Laundering: Rethinking the Approach* (Washington, DC: BAFT, 2017), https://www.amlc.nl/wp-content/uploads/2018/11/baft17_tmbl_paper.pdf.
9. US Treasury Department, 2018 *National Money Laundering*.
10. Paul Hamilton, "Trade-Based Money Laundering—and How to Combat It," *AML Knowledge Centre* (blog), accessed September 24, 2020, https://aml-knowledge-centre.org/trade-based-money-laundering-and-how-to-combat-it/.
11. Hamilton.
12. Intelligence and National Security Alliance (INSA), Financial Threats Council, *Using Intelligence to Combat Trade-Based Money Laundering* (Arlington, VA: INSA Financial Threats Council, April 2020), 6, https://www.insaonline.org/wp-content/uploads/2020/04/INSA_WP_TBML.pdf.
13. University of Pittsburgh, Office of Trade Compliance, "Export of Defense Articles and Services (ITAR)," rev. September 9, 2021, https://www.tradecompliance.pitt.edu/manual-guidelines/guidance-documents/export-defense-articles-and-services-itar#:~:text=Defense%20Article%20means%20any%20item,technical%20data%20related%20to%20items, accessed September 30, 2021.
14. INSA Financial Threats Council, *Using Intelligence*.
15. US Treasury Department, 2018 *National Money Laundering*.
16. US Senate, *Buck Stops Here*.

17. US Treasury Department, "FinCEN Advisory: Colombian Black Market Peso Exchange," 9 (November 1997), https://www.fincen.gov/sites/default/files/shared/advisu9.pdf.
18. US Treasury Department.
19. Lane Powell, "Money Laundering through the Black Market Peso Exchange," Lexology, June 12, 2018, https://www.lexology.com/library/detail.aspx?g=acf393a5-7fea-49ac-a51f-17afab60a75a.
20. Powell.
21. Shelley, *Dark Commerce*, 144–45.
22. Powell, "Money Laundering."
23. US Immigration and Customs Enforcement (ICE), "LA Toy Company Owners Sentenced in International Money Laundering Scheme," Newsroom, US Department of Homeland Security, January 31, 2012, https://www.ice.gov/news/releases/la-toy-company-owners-sentenced-international-money-laundering-scheme.
24. ICE.
25. Asia/Pacific Group, *APG Typology Report*.
26. ICE, "Co-owner of Los Angeles-Area Toy Company Sentenced in Drug Money Laundering Case," Newsroom, US Department of Homeland Security, May 6, 2013, https://www.ice.gov/news/releases/co-owner-los-angeles-area-toy-company-sentenced-drug-money-laundering-case.
27. ICE.
28. FinCEN, "Advisory to Financial Institutions on Filing Suspicious Activity Reports Regarding Trade-Based Money Laundering," US Treasury Department, FIN-2010-A001, February 18, 2010, https://www.FinCEN.gov/resources/advisories/FinCEN-advisory-fin-2010-a001;and Asia/Pacific Group, *APG Typology Report*.
29. Shelley, *Dark Commerce*, 143.
30. INSA Financial Threats Council, *Using Intelligence*.
31. Rena S. Miller, Liana W. Rosen, and James K. Jackson, *Trade-Based Money Laundering: Overview and Policy Issues*, CRS Report no. R44541 (Washington, DC: Congressional Research Service, June 22, 2016), 4, https://fas.org/sgp/crs/misc/R44541.pdf.

第四章　房地产洗钱

1. FATF, "Money Laundering and Terrorist Financing through the Real Estate Sector" (Paris: FATF/OECD, June 29, 2007), https://www.fatf-gafi.org/media/fatf/documents/reports/ML%20and%20TF%20through%20the%20Real%20Estate%20Sector.pdf.
2. FATF, *Money Laundering and Terrorist Financing Vulnerabilities of Legal Professionals* (Paris: FATF/OECD, June 2013), http://www.fatf-gafi.org/media/fatf/documents/reports/ML%20and%20TF%20vulnerabilities%20legal%20professionals.pdf.

3. Maíra Martini, "Doors Wide Open: Corruption and Real Estate in Four Key Markets" (Berlin: Transparency International, 2017), 5, https://images.transparencycdn.org/images/2017_DoorsWideOpen_EN.pdf.
4. Andrew Rice, "Stash Pad," *New York Magazine*, June 27, 2014, https://nymag.com/news/features/foreigners-hiding-money-new-york-real-estate-2014-6/.
5. Martini, "Doors Wide Open."
6. George Hammond, "London Takes Global Top Spot for Luxury Home Sales," *Financial Times*, April 11, 2021, https://www.ft.com/content/350d24f7-5aab-4e80-9ecb-4760 b6bc69fe.
7. Olivia Konotey-Ahulu, "London Luxury Homes Are a Prime Location to Hide Dirty Money," Bloomberg Business, December 21, 2020, https://www.bloomberg.com/news/articles/2020-12-21/london-luxury-homes-are-a-prime-location-to-hide-dirty-money#:~:text=The%20U.K.%20property%20market%20is,way%20to%20hide%20dirty%20cash.&text=That's%20probably%20only%20a%20fraction,U.K.%20real%20estate%2C%20it%20added.
8. AUSTRAC, "Strategic Analysis Brief: Money Laundering through Real Estate" (Sydney: AUSTRAC, 2015), 7–11, https://www.austrac.gov.au/sites/default/files/2019-07/sa-brief-real-estate_0.pdf; and Ahmed Taimour, "Money Laundering Schemes in Real Estate," *Corporate Compliance Insights*, February 17, 2016, https://www.corporate complianceinsights.com/money-laundering-schemes-in-real-estate/.
9. Anne Machalinksi, "Gold Visas: The Investment Migration Industry Evolves Globally," *Barron's*, August 24, 2020, https://www.barrons.com/articles/golden-visas-the-investment-migration-industry-evolves-globally-01598279613.
10. Cécile Remeur, "Understanding Money Laundering through Real Estate Transactions," Report no. PE 633.154 (Brussels: European Parliamentary Research Service, 2019), 8, https://www.europarl.europa.eu/cmsdata/161094/7%20-%2001%20EPRS_Understanding%20money%20laundering%20through%20real%20estate%20transactions.pdf.
11. Peter Wilson, "Want a Second Passport? Try Buying a House," *New York Times*, May 21, 2019, https://www.nytimes.com/2019/05/21/realestate/visas-residency-passports-property-investment.html.
12. Andres Knobel and Frederik Heitmüller, "Citizenship and Residency by Investment Schemes: Potential to Avoid the Common Reporting Standard for Automatic Exchange of Information" (London: Tax Justice Network, 2018), http://taxjustice.wpengine.com/wp-content/uploads/2018/03/20180305_Citizenship-and-Residency-by-Investment-FINAL.pdf.
13. Remeur, "Understanding Money Laundering."
14. Transparency International, "Corruption Perceptions Index, 2019," accessed September 30, 2020, https://www.transparency.org/en/cpi/2019/results.
15. Remeur, "Understanding Money Laundering."
16. Remeur.

17. Sam Cooper, "Huge B.C. Money-Laundering Investigation Pivots to Drugs and Guns," *Vancouver Sun*, July 13, 2018, https://vancouversun.com/news/national/huge-b-c-money-laundering-investigation-pivots-to-drugs-and-guns; and Sam Cooper, Stewart Bell, and Andrew Russell, "Fentanyl: Making a Killing: Secret Police Study Finds Crime Networks Could Have Laundered over $1B through Vancouver Homes in 2016," *Global News*, November 26, 2018, https://globalnews.ca/news/4658157/fentanyl-vancouver-real-estate-billion-money-laundering-police-study/.
18. James Wright, "Dirty Money: Development, Money Laundering, and Real Estate," *War Room* (US Army War College), November 16, 2016, https://warroom.armywarcollege.edu/articles/money-laundering-in-real-estate/.
19. Stanley Foodman, "New GTO Covers Wire Transfers," *JD Supra*, October 16, 2017, https://www.jdsupra.com/legalnews/new-gto-covers-wire-transfers-82572/; and Thomson Reuters, "Five Geographic Targeting Orders (GTO) Best Practices," Insights, accessed September 30, 2021, https://legal.thomsonreuters.com/en/insights/articles/geographic-targeting-orders-best-practices.
20. FinCEN, "FinCEN Reissues Real Estate Geographic Targeting Orders for 12 Metropolitan Areas," US Treasury Department, April 29, 2021, https://www.FinCEN.gov/news/news-releases/FinCEN-reissues-real-estate-geographic-targeting-orders-12-metropolitan-areas-3.
21. US Treasury Department, *National Strategy for Combating Terrorist and Other Illicit Financing*, 2020 (Washington, DC: US Treasury Department, 2020), 18, https://home.treasury.gov/system/files/136/National-Strategy-to-Counter-Illicit-Financev2.pdf.
22. Martini, "Doors Wide Open."
23. HM Treasury and Home Office, *National Risk Assessment of Money Laundering and Terrorist Financing*, 2020 (London: HM Treasury, December 17, 2020), https://www.gov.uk/government/publications/national-risk-assessment-of-money-laundering-and-terrorist-financing-2020.
24. Cara Tabachnick, "Governments around the World Are Tackling Money Laundering in Real Estate," *Mansion Global*, February 18, 2019, https://www.mansionglobal.com/articles/governments-around-the-world-are-tackling-money-laundering-in-real-estate-121904.
25. Robin Levinson-King, "How Gangs Used Vancouver's Real Estate Market to Launder $5bn," BBC News Toronto, May 11, 2019, https://www.bbc.com/news/world-us-canada-48231558.
26. Edmund Tadros, Angus Grigg, and Neil Chenoweth, "Dirty Money Spotlight on Estate Agents," *Financial Review*, November 11, 2019, https://www.afr.com/property/residential/dirty-money-spotlight-on-estate-agents-20191107-p538ay.
27. Tabachnick, "Governments around the World."
28. Office of Public Affairs, "United States Reaches Settlement to Recover More than $700 Million in Assets Allegedly Traceable to Corruption Involving Malaysian Sovereign Wealth Fund," US Department of Justice, October 30, 2019, https://www.justice.gov/opa/pr/united-

states-reaches-settlement-recover-more-700-million-assets-allegedly-traceable.
29. Transparency International, "Three Ways to Stop Money Laundering through Real Estate," September 6, 2019, https://www.transparency.org/en/news/three-ways-to-stop-money-laundering-through-real-estate.
30. Transparency International.
31. Transparency International.
32. Remeur, "Understanding Money Laundering," 2.
33. FATF, "Money Laundering."
34. Martini, "Doors Wide Open."
35. Wright, "Dirty Money."

第五章　俄罗斯自助洗衣店

1. Barrow, "Laundromats" (see Introduction, n. 2).
2. FATF, "General Glossary," accessed September 24, 2020, https://www.fatf-gafi.org/glossary/.
3. Barrow, "Laundromats."
4. Paul Radu, "Vast Offshore Network Moved Billions with Help from Major Russian Bank," *OCCRP* [Organized Crime and Corruption Reporting Project], March 4, 2019, https://www.occrp.org/en/troikalaundromat/vast-offshore-network-moved-billions-with-help-from-major-russian-bank.
5. Radu.
6. Mihai Munteanu, "The Proxy Platform," *OCCRP*, November 22, 2011, https://www.reportingproject.net/proxy/en/the-proxy-platform.
7. Munteanu; and LETA/TBT Staff, "Latvia Is Not Very Successful with Combatting Corruption," *The Baltic Times*, January 28, 2020, https://www.baltictimes.com/latvia_not_very_successful_with_combating_corruption_-_transparency_international_-_latvia/.
8. Mihai Munteanu, "The Proxy Platform: Phantom Account," *OCCRP*, November 20, 2011, https://www.reportingproject.net/proxy/en/the-phantom-accounts.
9. OCCRP Staff, "The Russian Laundromat Exposed," *OCCRP*, March 20, 2017, https://www.occrp.org/en/laundromat/the-russian-laundromat-exposed/.
10. OCCRP Staff.
11. OCCRP Staff, "The Azerbaijani Laundromat," *OCCRP*, September 4, 2017, https://www.occrp.org/en/azerbaijanilaundromat/.
12. Gabriella Gricius, "The Danske Bank Scandal Is the Tip of the Iceberg," *Foreign Policy*, October 8, 2018, https://foreignpolicy.com/2018/10/08/the-danske-bank-scandal-is-the-tip-of-the-iceberg-money-laundering-estonia-denmark-regulation-financial-crime/.
13. Gricius, "Danske Bank Scandal."
14. Kirstin Ridley, "Britain Freezes Bank Account Linked to Azerbaijani Laundromat," Reuters,

December 12, 2018, https://www.reuters.com/article/britain-moneylaundering-azerbaijan/britain-freezes-bank-account-linked-to-azerbaijani-laundromat-idUSL 8N1YH5E5.
15. Blythe Logan, "The Case of Danske Bank and Money Laundering," Seven Pillars Institute (SPI) for Global Finance and Ethics, November 12, 2019, https://sevenpillarsinstitute.org/the-case-of-danske-bank-and-money-laundering/.
16. Dick Carozza, "Bill Browder Fights against Corruption in Sergei Magnitsky's Name," *Fraud Conference News*, June 25, 2019, https://www.fraudconferencenews.com/home/2019/6/25/bill-browder-fights-against-corruption-in-sergei-magnitskys-name.
17. Kateryna Boguslavska, "Russia's Money Laundering Risks —— What Does the Latest FATF Report Mean in Practice?," Basel Institute on Governance, February 26, 2020, https://baselgovernance.org/blog/russias-money-laundering-risks-what-does-latest-fatf-report-mean-practice.
18. Jaclyn Jaeger, "Troika Laundromat Reveals the Gaps in AML Compliance," *Compliance Week*, April 1, 2019, https://www.complianceweek.com/aml/troika-laundromat-reveals-the-gaps-in-aml-compliance/26819.article.

第六章 钱骡与网骡

1. BAE Systems and SWIFT, "Follow the Money: Understanding the Money Laundering Techniques That Support Large-Scale Cyber-Heists" (Surrey, UK: BAE Systems and SWIFT, 2020), https://www.swift.com/news-events/news/how-cyber-attackers-cash-out-following-large-scale-heists.
2. FBI, Public Service Announcement, "Money Mules," Alert no. I-111919-PSA, November 19, 2019.
3. US Department of Justice, FBI, Money Laundering, Forfeiture and Bank Fraud Unit, "Money Mule Awareness Booklet, 2019" (Washington, DC: FBI, July 2019), https://www.self-helpfcu.org/docs/default-source/pdfs/money-mule-awareness-booklet-july-2019.pdf?sfvrsn=2.
4. Brian Krebs, "Coronavirus Widens the Money Mule Pool," *Krebs on Security* (blog), March 17, 2020, https://krebsonsecurity.com/2020/03/coronavirus-widens-the-money-mule-pool/.
5. Brian Arrington, "From Smurfs to Mules: 21st Century Money Laundering," *ACAMS Today*, February 28, 2014, https://www.acamstoday.org/from-smurfs-to-mules-21st-century-money-laundering/.
6. Europol, "Money Muling," Public Awareness and Prevention Guides, accessed October 5, 2020, https://www.europol.europa.eu/activities-services/public-awareness-and-prevention-guides/money-muling.
7. BAE Systems and SWIFT, "Follow the Money," 7.
8. BAE Systems and SWIFT, 11.
9. Justice Department, "Money Mule Awareness Booklet."

10. Justice Department.
11. U.S.A. v. Maksim V. Yakubets and Igor Turashev, US District Court for the Western District of Pennsylvania, Indictment, Criminal No. 19.342, November 12, 2019, https://www.justice.gov/opa/press-release/file/1223586/download.
12. Brian Krebs, "Inside 'Evil Corp,' a $100M Cybercrime Menace," *Krebs on Security* (blog), December 16, 2019, https://krebsonsecurity.com/2019/12/inside-evil-corp-a-100m-cybercrime-menace/.
13. Krebs.
14. US Treasury Department, "Treasury Sanctions Evil Corp, the Russia-Based Cybercriminal Group behind Dridex Malware," press release, December 5, 2019, https://home.treasury.gov/news/press-releases/sm845.
15. Cybereason Intel Team, "Russia and Nation-State Hacking Tactics: A Report from Cybereason Intelligence Group," *Malicious Life* (blog), June 5, 2017, https://www.cybereason.com/blog/blog-russia-nation-state-hacking-the-countrys-dedicated-policy-of-strategic-ambiguity; and John Leyden, "Russia Is Struggling to Keep Its Cybercrime Groups on a Tight Leash," *Register*, June 6, 2017, https://www.theregister.com/2017/06/06/russia_cyber_militia_analysis/.
16. FBI, "Most Wanted: Maksim Viktorovich Yakubets," accessed October 6, 2020, https://www.fbi.gov/wanted/cyber/maksim-viktorovich-yakubets.
17. Ellyn Maese and Lydia Saad, "How Has the Pandemic Affected U.S. Work Life?," *Gallup*, March 17, 2021, https://news.gallup.com/poll/339824/pandemic-affected-work-life.aspx.
18. "Russian Hacker Group Evil Corp Targets U.S. Workers at Home," BBC News, June 26, 2020, https://www.bbc.com/news/world-us-canada-53195749.
19. Justice Department, "Money Mule Awareness Booklet."
20. "How Ordinary People Get Duped into Becoming 'Money Mules,'" CBS News, December 27, 2018, https://www.cbsnews.com/news/how-ordinary-people-get-duped-into-becoming-money-mules/.
21. "How Ordinary People Get Duped."
22. Justice Department, "Money Mule Awareness Booklet."
23. FinCEN, "Advisory on Imposter Scams and Money Mule Schemes Related to Coronavirus Disease 2019 (COVID-19)," US Treasury Department, FIN-2020-A003, July 7, 2019, https://www.fincen.gov/sites/default/files/advisory/2020-07-07/Advisory_%20Imposter_and_Money_Mule_COVID_19_508_FINAL.pdf.

第七章　人口贩运

1. International Labour Organization, "Forced Labor, Modern Slavery and Human Trafficking: Facts and Figures," accessed October 12, 2020, https://www.ilo.org/global/topics/forced-labour/lang--en/index.htm.
2. International Labour Organization, *Profits and Poverty: The Economics of Forced Labour*

(Geneva: International Labour Office, 2014), https://www.ilo.org/wcmsp5/groups/public/---ed_norm/---declaration/documents/publication/wcms_243391.pdf.
3. "Indentured Servants in the U.S.," *History Detectives Special Investigations*, Oregon Public Broadcasting and Lion Television for PBS, accessed October 16, 2020, https://www.pbs.org/opb/historydetectives/feature/indentured-servants-in-the-us/.
4. Ewelina U. Ochab, "The Transatlantic Slave Trade and the Modern Day Slavery," *Forbes*, March 23, 2019, https://www.forbes.com/sites/ewelinaochab/2019/03/23/the-transatlantic-slave-trade-and-the-modern-day-slavery/#4561645e2e55.
5. University of Minnesota Immigration History Research Center, "Coolies Trade in the 19th Century," June 16, 2015, https://cla.umn.edu/ihrc/news-events/other/coolie-trade-19th-century.
6. United Nations, "UN Human Rights Law," accessed October 16, 2020, https://www.un.org/ruleoflaw/thematic-areas/international-law-courts-tribunals/human-rights-law/.
7. UNODC, "Convention against Transnational Organized Crime and the Protocols Thereto" (Vienna: UNODC, 2004), https://www.unodc.org/documents/treaties/UNTOC/Publications/TOC%20Convention/TOCebook-e.pdf.
8. US Department of Justice, "Involuntary Servitude, Forced Labor, and Sex Trafficking Statutes Enforced," accessed October 16, 2020, https://www.justice.gov/crt/involuntary-servitude-forced-labor-and-sex-trafficking-statutes-enforced.
9. Justice Department.
10. Ochab, "Transatlantic Slave Trade."
11. FinCEN, "Supplemental Advisory on Identifying and Reporting Human Trafficking and Related Activity," US Treasury Department, FIN-2020-A008, October 15, 2020, https://www.fincen.gov/sites/default/files/advisory/2020-10-15/Advisory%20Human%20Trafficking%20508%20FINAL_0.pdf.
12. UNODC, "Human Trafficking FAQs," accessed October 17, 2020, https://www.unodc.org/unodc/en/human-trafficking/faqs.html.
13. Alexandra Villarreal, "'Modern Day Slavery': Human Traffickers Haunt Cities with At-Risk Children," NBC News, November 4, 2016, updated February 13, 2017, https://www.nbcdfw.com/news/national-international/youth-sex-trafficking-casts-a-shadow-over-philadelphia/175293/.
14. National Human Trafficking Hotline, "Fake Massage Businesses," accessed April 26, 2021, https://humantraffickinghotline.org/sex-trafficking-venuesindustries/fake-massage-businesses.
15. Will Neal, "US Court Approves Sex-Trafficking Lawsuits against Facebook," *OCCRP*, April 29, 2020, https://www.occrp.org/en/daily/12224-us-court-approves-sex-trafficking-lawsuits-against-facebook.
16. US Justice Department, "Human Trafficking: Human Trafficking Defined," accessed October 12, 2020, https://www.justice.gov/humantrafficking.
17. United Nations, "Annex II: The Definition of Trafficking in Persons and the Mandate for the

Global Report," *Global Report on Trafficking in Persons* (New York: United Nations, 2020), article 3, https://www.unodc.org/documents/data-and-analysis/glotip/Annex_II_-_Definition_and_mandate.pdf.
18. United Nations.
19. Baylee Eby, "The Economics of Human Trafficking," *Institute for Faith, Work and Economics*, April 12, 2016, https://tifwe.org/the-economics-of-human-trafficking/.
20. Ochab, "Transatlantic Slave Trade."
21. FinCEN, "Supplemental Advisory."
22. FinCEN.
23. FinCEN.
24. UNODC, "Human Trafficking FAQs."
25. Shelley, *Dark Commerce*.
26. UNODC, "Human Trafficking FAQs."
27. FATF, *Financial Flows from Human Trafficking* (Paris: FATF, 2018), https://www.fatf-gafi.org/media/fatf/content/images/Human-Trafficking-2018.pdf.
28. UNODC, *Global Report on Trafficking in Persons*, 2014 (Vienna: UNODC, 2014), https://www.unodc.org/documents/data-and-analysis/glotip/GLOTIP_2014_full_report.pdf.
29. Kelly McLaughlin, "A Shocking 38% of Sex Trafficking Suspects Are Women — and Many Are Former Victims," *Insider*, August 23, 2019, https://www.insider.com/women-play-a-large-role-in-sex-trafficking-operations-2019-8.
30. UNODC, "Human Trafficking FAQs."
31. FATF, *Financial Flows*, 20–21.
32. Hannah Winston, "Woman Takes Plea in Orchids of Asia Prostitution Case Linked to Robert Kraft," *Palm Beach Post*, February 26, 2020, https://www.palmbeachpost.com/news/20200226/woman-takes-plea-in-orchids-of-asia-prostitution-case-linked-to-robert-kraft.
33. William Lacy Swing, "With Public and Private Sectors at Odds, Traffickers Win. Let's Work Together to Protect Victims," International Organization for Migration (Geneva), July 30, 2018, https://www.iom.int/news/public-and-private-sectors-odds-traffickers-win-lets-work-together-protect-victims.
34. FATF, *Financial Flows*.
35. UNODC, *Trafficking in Persons for the Purpose of Organ Removal: Assessment Toolkit* (Vienna: UNODC, 2015), https://www.unodc.org/documents/human-trafficking/2015/UNODC_Assessment_Toolkit_TIP_for_the_Purpose_of_Organ_Removal.pdf.
36. FATF, *Financial Flows*, 10.
37. FATF, 33.
38. United States Code, Unannotated Title 8 Aliens and Nationality, 8 U.S.C. § 1324.
39. FinCEN, "Supplemental Advisory"; and Human Trafficking and Smuggling Center, "Human Trafficking vs. Human Smuggling: Fact Sheet," June 15, 2016, https://ctip.defense.gov/

Portals/12/Documents/HSTC_Human%20Trafficking%20vs.%20 Human%20Smuggling%20 Fact%20Sheet.pdf?ver=2016-07-14-145555-320.

40. David Murray, "Human Trafficking and Its Intersection with the Financial System," Testimony before the US Senate, Banking Committee, September 3, 2019, https://www.banking.senate.gov/imo/media/doc/Murray%20Testimony%209-3-2019.pdf.
41. FinCEN, "Update on U.S. Currency Restrictions in Mexico: Funnel Accounts and TBML," FIN-2014-A005, US Treasury Department, May 28, 2014, https://www.fincen.gov/resources/advisories/FinCEN-advisory-fin-2014-a005.
42. FinCEN, "Supplemental Advisory."
43. Matt Friedman, "Fighting Modern Slavery: What the Banking Sector Can Do to Help," *ACAMS Today*, January 9, 2020, https://www.acamstoday.org/fighting-modern-slavery-what-the-banking-sector-can-do-to-help/.
44. FATF, *Financial Flows*.
45. Michelle Lille, "The Connection between Sex Trafficking and Pornography," Human Trafficking Search, April 14, 2014, https://humantraffickingsearch.org/the-connection-between-sex-trafficking-and-pornography/.
46. FinCEN, "Supplemental Advisory"; and FinCEN, "Guidance on Recognizing Activity That May Be Associated with Human Smuggling and Human Trafficking — Financial Red Flags," US Treasury Department, FIN-2014-A008, September 11, 2014, https:// www.fincen.gov/sites/default/files/advisory/FIN-2014-A008.pdf.
47. Berit Berger, "Former U.S. Prosecutor Discusses Jeffrey Epstein's 2008 Plea Deal," interview by Steve Inskeep, *Morning Edition*, NPR, July 10, 2019, https://www.npr.org/2019/07/10/740159741/former-u-s-prosecutor-discusses-jeffrey-epsteins-2008-plea-deal.
48. Multiple sources were consulted for the events described in the next two paragraphs, including Jonathan Stempel, "Jeffrey Epstein's Sexual Abuses Began by 1985, Targeted 13-Year-Old, Lawsuit Claims," Reuters, December 3, 2019, https://www.reuters.com/article/us-people-jeffrey-epstein-lawsuit/jeffrey-epsteins-sexual-abuses-began-by-1985-targeted-13-year-old-lawsuit-claims-idUSKBN1Y72K5; Mahita Gajanan, "Here's What to Know about the Sex Trafficking Case against Jeffrey Epstein," *Time*, July 17, 2019, https://time.com/5621911/jeffrey-epstein-sex-trafficking-what-to-know/; Allie Yang, James Hill, and Ali Dukakis, "How Ghislaine Maxwell Went from High Society to Being Accused of Sex Trafficking," ABC News, June 25, 2021, https://abcnews.go.com/US/ghislaine-maxwell-high-society-accused-sex-trafficking/story?id=78474060; Vic-toria Bekiempis, "Ghislaine Maxwell Trained Underage Girls as Sex Slaves, Documents Allege," *The Guardian*, July 31, 2020, https://www.theguardian.com/us-news/2020/jul/31/ghislaine-maxwell-underage-girls-sex-jeffrey-epstein; and "St. Thomas Residents Paint a Picture of Jeffrey Epstein's Life on 'Pedophile Island,'" CBS News, January 23, 2020, https://www.cbsnews.com/news/jeffrey-epstein-island-residents-share-rumors-surrounding-little-saint-james/.

49. Rebekah Kates Lemke, "7 Things You May Not Know about Human Trafficking, and 3 Ways to Help," Catholic Relief Services, January 5, 2020, https://www.crs.org/stories/stop-human-trafficking.
50. Gajanan, "Here's What to Know."
51. Chris Hondros, "Jeffrey Epstein Jail 'a Gulag' in Lower Manhattan," BBC News, August 12, 2019, https://www.bbc.com/news/world-us-canada-49323320.
52. Pervaiz Shallwani, "Here's What the Feds Found in Jeffrey Epstein's Mansion," *Daily Beast*, July 8, 2019, updated August 19, 2019, https://www.thedailybeast.com/jeffrey-epstein-sex-case-heres-what-the-feds-found-in-his-manhattan-mansion.
53. Matt Clibanoff, "Here's How Much Prison Time Accused Child Sex Trafficker Jeffrey Epstein Is Facing," *Law and Crime*, July 8, 2019, https://lawandcrime.com/high-profile/heres-how-much-prison-time-accused-child-sex-trafficker-jeffrey-epstein-is-facing/.
54. "60 Minutes Investigates the Death of Jeffrey Epstein," *60 Minutes*, CBS, produced by Oriana Zill de Granados, January 5, 2020, https://www.cbsnews.com/news/did-jeffrey-epstein-kill-himself-60-minutes-investigates-2020-01-05/.
55. Dan Mangan and Steve Kopack, "Accused Jeffrey Epstein Sex Crimes Accomplice Ghislaine Maxwell Arrested at $1 Million New Hampshire Home," CNBC, July 2, 2020, https://www.cnbc.com/2020/07/02/ghislaine-maxwell-accused-jeffrey-epstein-procurer-caught-in-1-million-home.html.
56. New York State Department of Financial Services, "In the Matter of Deutsche Bank AG, Deutsche Bank AG New York Branch, and Deutsche Bank Trust Company of the Americas, Consent Order under New York Banking Law §§ 39 and 44," accessed October 14, 2020, https://www.dfs.ny.gov/system/files/documents/2020/07/ea20200706_deutsche_bank_consent_order.pdf.
57. New York State Department of Financial Services.
58. Matt Egan and Erica Orden, "Deutsche Bank Slammed with $150 Million Fine for Failing to Flag Jeffrey Epstein's Shady Transactions," CNN Business, July 7, 2020, https://edition.cnn.com/2020/07/07/business/jeffrey-epstein-deutsche-bank-fine/index.html.
59. Dan Mangan and Jim Forkin, "Deutsche Bank Hit with $150 Million Penalty for Relationship to Sex Offender Jeffrey Epstein," CNBC, July 7, 2020, https://www.cnbc.com/2020/07/07/jeffrey-epstein-case-deutsche-bank-fined-150-million-penalty-for-relationship.html.
60. Egan and Orden, "Deutsche Bank."
61. New York State Department of Financial Services, "Superintendent Lacewell Announces DFS Imposes $150 Million Penalty on Deutsche Bank in Connection with Bank's Relationship with Jeffrey Epstein and Correspondent Relationships with Danske Estonia and FBME Bank," press release, July 7, 2020, https://www.dfs.ny.gov/reports_and_publications/press_releases/pr202007071.
62. FATF, *Financial Flows*.

第八章 加密货币

1. Kevin Helms, "Fed Chair: Crypto Has No Intrinsic Value, Not a Store of Value, Great for Money Laundering," *Bitcoin.com News*, July 19, 2018, https://news.bitcoin.com/fed-chair-crypto-no-intrinsic-value-store-of-value-money-laundering/.
2. Carolynn Look, "Lagarde Blasts Bitcoin's Role in Facilitating Money Laundering," Bloomberg, January 13, 2021, https://www.bloomberg.com/news/articles/2021-01-13/lagarde-blasts-bitcoin-s-role-in-facilitating-money-laundering.
3. "Bitcoin Money Laundering: How Criminals Use Crypto (and How MSBs Can Clean Up Their Act)," *Elliptic* (blog), September 18, 2019, https://www.elliptic.co/our-thinking/bitcoin-money-laundering.
4. "Cryptocurrency Market with Impact of COVID-19 by Offering (Hardware, and Software), Process (Mining and Transaction), Type, Application (Trading, Remittance, Payment: Peer-to-Peer Payment, Ecommerce, and Retail), and Geography — Global Forecast to 2026," *Markets and Markets*, October 2018, https://www.marketsandmarkets.com/Market-Reports/cryptocurrency-market-158061641.html#:~:text=Cryptocurrency%20is%20a%20digital%20currency,generating%20coins%20and%20conducting%20transactions.&text=The%20cryptocurrency%20market%20was%20valued,6.18%25%20during%20the%20forecast%20period.
5. Satoshi Nakamoto, "Bitcoin: A Peer-to-Peer Electronic Cash System," *Bitcoin*, October 31, 2008, https://bitcoin.org/bitcoin.pdf.
6. US Justice Department, Report of the Attorney General's Cyber Digital Task Force: Cryptocurrency: Enforcement Framework (Washington, DC: Justice Department, 2020), https://www.justice.gov/cryptoreport.
7. Justice Department.
8. Europol, *Internet Organised Crime Threat Assessment* (*IOCTA*), 2020 (Hague: Europol, October 5, 2020), 17, https://www.europol.europa.eu/activities-services/main-reports/internet-organised-crime-threat-assessment-iocta-2020.
9. Zia Sardar, "Cryptography: Why Do We Need It?," *Electronic Design*, April 2, 2020, https://www.electronicdesign.com/technologies/embedded-revolution/article/21127827/cryptography-why-do-we-need-it.
10. Justice Department, *Report of the Attorney General*.
11. "Cryptocurrency Market."
12. Sam Bocetta, "The Role of Cryptocurrencies in the Rise of Ransomware," *Cointelegraph*, Match 25, 2020, https://cointelegraph.com/news/the-role-of-cryptocurrencies-in-the-rise-of-ransomware.
13. Shalini Nagarajan, "Bitcoin Anonymity Is Just a Big Myth—and Using It to Launder Dirty Money Is Stupid, a Crypto ATM Chief Says," *Insider*, June 13, 2021, https://markets.businessinsider.com/news/currencies/bitcoin-anonymous-untraceable-myths-stupid-dirty-

money-laundering-crypto-chief-2021-6.
14. Thuat Do, "Crypto and the Privacy-Transparency Tradeoff," *Blocks99*, July 2020, https://blocks99.com/in-depth/crypto-and-the-privacy-transparency-tradeoff/.
15. Jake Frankenfield, "Cryptocurrency," *Investopedia*, May 5, 2020, updated May 25, 2021, https://www.investopedia.com/terms/c/cryptocurrency.asp.
16. Frankenfield.
17. Shelley, *Dark Commerce*, 146; and "Russian Sentenced to French Prison for Bitcoin Laundering," AP News, Paris, December 7, 2020, https://apnews.com/article/cryptocurrency-paris-money-laundering-bitcoin-russia-61b5109e954f494b80d51c452b3b18e2.
18. Jennifer S. Freel and Brian L. Howard II, "Do Bitcoin ATMs Make Money Laundering Too Easy? Regulators Try to Keep Up with the Emerging Cryptocurrency Trend," *Vinson & Elkins Insights* (blog), July 24, 2019, https://www.velaw.com/insights/do-bitcoin-atms-make-money-laundering-too-easy-regulators-try-to-keep-up-with-emerging-cryptocurrency-trend/.
19. Elena Perez, "How the US and Europe Are Regulating Crypto in 2020," *Cointelegraph*, July 12, 2020, https://cointelegraph.com/news/how-the-us-and-europe-are-regulating-crypto-in-2020.
20. Perez; FATF, "Regulation of Virtual Assets," October 19, 2018, https://www.fatf-gafi.org/publications/fatfrecommendations/documents/regulation-virtual-assets.html; and FATF, "Virtual Assets," accessed October 11, 2020, https://www.fatf-gafi.org/publications/virtualassets/documents/virtual-assets.html?hf=10&b=0&s=desc(fatf_releasedate).
21. FinCEN, "FinCEN Penalizes Peer-to-Peer Virtual Currency Exchanger for Violations of Anti–Money Laundering Laws," US Treasury Department, press release, April 18, 2019, https://www.fincen.gov/news/news-releases/FinCEN-penalizes-peer-peer-virtual-currency-exchanger-violations-anti-money.
22. Yaya J. Fanusie and Tom Robinson, "Bitcoin Laundering: An Analysis of Illicit Flows into Digital Currency Services" (Washington, DC: Elliptic and the Center on Sanctions and Illicit Finance, January 12, 2018), https://cdn2.hubspot.net/hubfs/3883533/downloads/Bitcoin%20Laundering.pdf.
23. Europol, *Internet Organised Crime*.
24. "Cryptocurrency Market Report and Global Forecast 2024."
25. US Treasury Department, "White House Press Briefing by Treasury Secretary Steven Mnuchin on Regulatory Issues Associated with Cryptocurrency," July 15, 2019, https://home.treasury.gov/news/press-releases/sm731.
26. Bocetta, "Role of Cryptocurrencies."
27. Europol, *Internet Organised Crime*.
28. Ana Alexandre, "Cyber Criminals Netted $4.3B from Crypto-Related Crime in 2019: Study," *Cointelegraph*, August 12, 2019, https://cointelegraph.com/news/cyber-criminals-netted-43b-from-crypto-related-crime-in-2019-study.

29. FATF, "Virtual Assets and Red Flag Indicators of Money Laundering and Terrorist Financing" (Paris: FATF, September 2020), 4, https://www.fatf-gafi.org/media/fatf/documents/recommendations/Virtual-Assets-Red-Flag-Indicators.pdf.
30. FATF, 4.
31. Diego Oré, "Latin American Crime Cartels Turn to Crypto to Clean Up Their Cash," Reuters, December 8, 2020, https://www.reuters.com/article/mexico-bitcoin/insight-latin-american-crime-cartels-turn-to-crypto-to-clean-up-their-cash-idUSL1N2IJ01D.
32. Adam Barone, "The Future of Cryptocurrency in 2019 and Beyond," *Investopedia*, June 25, 2019, https://www.investopedia.com/articles/forex/091013/future-cryptocurrency.asp.
33. Maeve Allsup and Lydia Beyoud, "Bitcoin Deemed 'Money' under D.C. Financial Services Law (2)," *Bloomberg Law*, July 24, 2020, https://news.bloomberglaw.com/us-law-week/bitcoin-deemed-money-under-d-c-financial-services-law; and Steven Porter, "US Judge Rules That Bitcoin Counts as Money," Christian Science Monitor, September 20, 2016, https://www.csmonitor.com/Business/2016/0920/US-judge-rules-that-Bitcoin-counts-as-money.
34. "Bitcoin Money Laundering."
35. Fanusie and Robinson, "Bitcoin Laundering."
36. Sean Dickens, "Bitcoin of America Adds Ethereum Purchases to Its ATMs," Coin Rivert, September 29, 2021, https://coinrivet.com/bitcoin-of-america-adds-ethereum-purchases-to-its-atms/#:~:text=The%20United%20States%20is%20one,high%20of%20approximately%2028k%20machines.
37. Daniel Moore and Thomas Rid, "Cryptopolitik and the Darknet," *Survival*: *Global Politics and Strategy* 58, no. 1 (February 2016): 7–38, https://doi.org/10.1080/00396338.2016.1142085.
38. Darren Guccione, "What Is the Dark Web? How to Access It and What You'll Find," *CSO*, July 1, 2021, https://www.csoonline.com/article/3249765/what-is-the-dark-web-how-to-access-it-and-what-youll-find.html; and Ken Colburn, "Curious about the 'Deep Web'? Here's What You Should Know," WTOP News, November 2, 2017, https://wtop.com/cyber-security/2017/11/curious-deep-web-heres-know/#:~:text=Most%20estimates%20put%20the%20deep,of%20a%20hidden%20web%20address.
39. Guccione.
40. Guccione.
41. Lauren Smiley, "A Federal Agents' Guide to Laundering Silk Road Bitcoin," Matter, March 31, 2015, https://medium.com/matter/a-federal-agents-guide-to-laundering-silk-road-bitcoin-65a6e3ecbc3e.
42. Smiley; and Office of Public Affairs, Justice Department, "Former Secret Service Agent Sentenced to 71 Months in Scheme Related to Silk Road Investigation," press release no. 15-1496, December 7, 2015, https://www.justice.gov/opa/pr/former-secret-service-agent-sentenced-71-months-scheme-related-silk-road-investigation.
43. Colin Harper, "The Long and Winding Story of Silk Road, Bitcoin's Earliest Major

Application," *Bitcoin Magazine*, October 1, 2020, https://bitcoinmagazine.com/culture/the-long-and-winding-story-of-silk-road-bitcoins-earliest-major-application.

44. FATF, "Virtual Assets and Red Flag Indicators."

第九章 恐怖融资

1. "Conflict Is a Major Driver of Terrorist Activity," *Vision of Humanity*, accessed October 20, 2020, http://visionofhumanity.org/terrorism/conflict-is-a-major-driver-of-terrorist-activity/.
2. Louise I. Shelley, "Illicit Trade and Terrorism," *Perspectives on Terrorism* 14, no. 4 (August 2020): 4.
3. UN Security Council Counter-Terrorism Committee Executive Directorate (CTED), "Member States Concerned by the Growing and Increasingly Transnational Threat of Extreme Right-Wing Terrorism," CTED Trends Alert, April 2020, https://www.un.org/securitycouncil/ctc/sites/www.un.org.securitycouncil.ctc/files/files/documents/2021/Jan/cted_trends_alert_extreme_right-wing_terrorism.pdf.
4. "The Three Most Dangerous Terrorist Organizations," *Investopedia*, March 20, 2020.
5. CTED, "Member States Concerned."
6. FATF, "Terrorist Financing" (Paris: FATF, February 29, 2008), https://www.fatf-gafi.org/media/fatf/documents/reports/FATF%20Terrorist%20Financing%20Typologies%20Report.pdf.
7. United States v. Holy Land Foundation for Relief and Development, United States, District Court (Texas: Northern District, 2008), Homeland Security Digital Library, https://www.hsdl.org/?abstract&did=7740.
8. Colin P. Clarke, "An Overview of Current Trends in Terrorism and Illicit Finance: Lessons from the Islamic State in Iraq and Syria and Other Emerging Threats," Testimony before the US House of Representatives, Financial Services Committee, Subcommittee on Terrorism and Illicit Finance, September 7, 2018 (Santa Monica: RAND Corporation, 2018), https://www.rand.org/pubs/testimonies/CT498.html.
9. FATF, "Terrorist Financing."
10. Shelley, *Dark Commerce*.
11. Shelley; and Salah Hassan Baban, "Sold, Whipped and Raped: A Yazidi Woman Remembers ISIL Captivity," Aljazeera, October 16, 2020, https://www.aljazeera.com/features/2020/10/16/separation-from-my-children-was-more-painful-than.
12. Shelley, *Dark Commerce*; and Shira Rubin, "Desperate Refugees Are Selling Their Own Organs to Survive," *Vocativ*, February 24, 2017, https://www.vocativ.com/404068/desperate-refugees-organs-black-market/index.html.
13. Shelley, *Dark Commerce*, 166.
14. Patrick M. Jost and Harjit Singh Sandhu, "Hawala: The Hawala Alternative Remittance System and Its Role in Money Laundering" (Vienna, VA: FinCEN and INTERPOL/ FOPAC), 11,

accessed October 20, 2020, https://www.treasury.gov/resource-center/terrorist-illicit-finance/Documents/FinCEN-Hawala-rpt.pdf.
15. ACAMS, *Study Guide*, 104–6.
16. ACAMS.
17. ACAMS.
18. ACAMS.
19. Jost and Sandhu, "Hawala Alternative Remittance System."
20. ACAMS, *Study Guide*.
21. Jonathan Masters, "What Are Economic Sanctions?," Backgrounder (Washington, DC: Council on Foreign Relations, August 12, 2019), https://www.cfr.org/backgrounder/what-are-economic-sanctions.
22. United Nations, "UN Sanctions: What They Are, How They Work, and Who Uses Them," United Nations News, May 4, 2016, https://news.un.org/en/story/2016/05/528382-un-sanctions-what-they-are-how-they-work-and-who-uses-them.
23. Masters, "What Are Economic Sanctions?"
24. Masters.
25. Masters.
26. Office of Foreign Assets Control (OFAC) — Sanctions Programs and Information, "Frequently Asked Questions: Basic Information on OFAC and Sanctions," US Treasury Department, May 2, 2006, https://home.treasury.gov/policy-issues/financial-sanctions/faqs/2.
27. OFAC, "Where Is OFAC's Country List? What Countries Do I Need to Worry about in Terms of U.S. Sanctions?," US Treasury Department, accessed October 21, 2020, https://home.treasury.gov/policy-issues/financial-sanctions/sanctions-programs-and-country-information/where-is-ofacs-country-list-what-countries-do-i-need-to-worry-about-in-terms-of-us-sanctions.
28. OFAC.
29. Masters, "What Are Economic Sanctions?"
30. OFAC, "Where Is OFAC's Country List?"
31. Tahlia Townsend, "The Aggressive Extraterritorial Reach of U.S. Economic Sanctions: Foreign Company Exposure to OFAC Enforcement," *National Law Review*, April 15, 2020, https://www.natlawreview.com/article/aggressive-extraterritorial-reach-us-economic-sanctions-foreign-company-exposure-to.
32. Dan Levy, "Hezbollah's Fundraising Activity in Africa: Focus on the Democratic Republic of Congo," Working Papers Series (Hague: International Institute for Counter-Terrorism, March 2013), https://www.ict.org.il/UserFiles/ICTWPS%20-%20Dan%20Levy%20-%2012.pdf.
33. William Scott Grob, "Lessons Learned from the Kassim Tajideen Case," *ACAMS Today*, March 10, 2020, https://www.acamstoday.org/lessons-learned-from-kassim-tajideen-case/.
34. Grob.
35. Grob.

36. Grob.
37. Grob.
38. Spencer S. Hsu, "Lebanese Businessman Accused of Funding Hezbollah Pleads Guilty to Money Laundering," *Washington Post*, December 6, 2018, https://www.washingtonpost.com/local/legal-issues/accused-lebanese-hezbollah-financier-pleads-guilty-in-us-to-money-laundering-plot/2018/12/06/831b4fdc-f979-11e8-863c-9e2f864d47e7_story.html; and Counter Extremism Project, "Overview: Kassim Tajideen," accessed October 21, 2020, https://www.counterextremism.com/extremists/kassim-tajideen.
39. Hsu, "Lebanese Businessman Accused."
40. Counter Extremism Project; and United States of America v. Kassim Tajideen and Imad Hassoun, US District Court for the District of Columbia, Department of Justice, November 3, 2016, https://www.justice.gov/opa/press-release/file/952071/ download.
41. Egmont Group, *FIUs and Terrorist Financing Analysis*: *A Review by the Egmont Group of Sanitised Cases Related to Terrorist Financing*, April 18, 2002, https://nav.gov.hu/data/cms394348/A_terrorizmus_finanszirozasara_utalo_indikatorokrol_keszitett_dokumentum_(FIUs_and_Terrorist_Financing_Analysis___A_review_by_the_Egmont_Group_of_Sanitised_.pdf.
42. Federal Financial Institutions Exam Council (FFIEC), "Appendix F: Money Laundering and Terrorist Financing 'Red Flags'," *Bank Secrecy Act (BSA)/Anti-Money Laundering (AML) Examination Manual*, vol. 2, February 27, 2015, https://bsaaml.ffiec.gov/manual/Appendices/07.

第十章 反洗钱立法

1. Matthew S.Morgan, "Money Laundering: The American Law and Its Global Influence," *Law and Business Review of the Americas* 3, no. 3 (1997): article 4, https://scholar.smu.edu/lbra/vol3/iss3/4.
2. Andy G. Rickman, "Currency Contamination and Drug-Sniffing Canines:Should Any Evidentiary Value Be Attached to a Dog's Alert on Cash?," *Kentucky Law Journal* 85,no.1(1996): article 7, https://uknowledge.uky.edu/klj/vol85/iss1/7.
3. Herbert A. Biern, Testimony regarding the Bank Secrecy Act and the USA PATRIOT Act, hearing before the US House of Representatives,Committee on International Relations, November 17, 2004, https://www.federalreserve.gov/boarddocs/testimony/2004/20041117/default.htm.
4. California Bankers Assn.v.Shultz, 416 US. 21 (1974).
5. John K. Villa, "A Critical View of Bank and the Money Laundering Statutes," *Catholic University Law Review* 37, no. 2(1988): article 7, https://scholarship.lawedu/lawreview/vol37/iss2/7.
6. US Drug Enforcement Administration (DEA) "Our History," accessed October 23,2020,

https://www.dea.gov/about/history.

7. Deborah J.Vagins and Jesselyn McCurdy, "Cracks in the System: Twenty Years of the Unjust Federal Crack Cocaine Law" (Washington,DC: American Civil Liberties Union,2006), https://www.aclu.org/sites /de fault / files/pdfs/drugpolicy/cracksinsystem_20061025.pdf; and Darryl K. Brown, "Anti-Drug Abuse Act (1986)," Encyclopedia.com, accessed September 24, 2021, https://www.encyclopedia.com/history/encyclopedias-almanacs-transcripts-and-maps/anti-drug-abuse-act-1986.
8. FinCEN, "History of Anti-Money Laundering Laws" (see chap. 1, n. 11).
9. Steve Lohr, "World-Class Fraud: How B.C.C.I. Pulled It Off — a Special Report; at the End of a Twisted Trail, Piggy Bank for a Favored Few," *New York Times*, April 12, 1991, https://www.nytimes.com/1991/08/12/business /world-class-fraud-bcci-pulled-it-off-special-report-end-twisted-trail-piggy-bank.html?auth=login-email&login=email.
10. John Kerry and Hank Brown, *The BCCI Affair: A Report to the Committee on Foreign Relations of the U.S. Senate*, 102nd Cong, 2nd sess.(Washington, DC: US Senate, Committee on Foreign Relations, December 1992), https://info.public intelligence.net/The-BCCI-Affair.pdf.
11. Kerry and Brown.
12. Morgan, "Money Laundering."
13. Morgan.
14. Morgan.
15. Morgan.
16. FinCEN, "Bank Secrecy Act Advisory Group; Solicitation of Application for Membership," US Treasury Department, 84FR 69822, in Federal Register 84, 244 (December 19,2019), https://www.govinfo.gov/content/pkg/FR-2019-12-19/pdf/2019-27358.pdf.
17. Morgan, "Money Laundering."
18. Morgan.
19. FinCEN, "Money Services Business Definition," US Treasury Department, accessed October 26, 2020, https://www.fincen.gov/money-services-business-definition.
20. FinCEN, "History of Anti-Money Laundering."
21. Bradley J-M.Runyon, "Money Laundering: New Legislation and New Regulations, but Is It Enough," *North Carolina Banking Institute Journal* 3, no. 1 (1999): 337, http:// scholarship.lawunc.edu/ncbi/vol3/iss1/16.
22. FinCEN, "History of Anti-Money Laundering;" Runyon, "Money Laundering;" and FinCEN, "HIFCA Regional Map," accessed August 15, 2021, https://www.fincen.gov/hifca-regional-map.
23. OFAC, "Other OFAC Sanctions Lists," US Treasury Department, accessed October 8, 2021, https://home.treasury.gov/policy-issues /financial-sanctions/other-ofac -sanctions-lists.
24. Office of the Press Secretary, "Fact Sheet: Overview of the Foreign Narcotics Kingpin Designation Act," White House, April 15, 2009, https://obamawhitehouse.archives.gov/the-

press-office/fact-sheet-overview-foreign-narcotics-kingpin-designation-act.
25. Bruce Riedel, "The Grave New World: Terrorism in the 21st Century" (Washington, DC: Brookings, December 9, 2011), https://www.brookings.edu/articles/the-grave-new-world-terrorism-in-the-21st-century/.
26. US Justice Department, "The USA PATRIOT Act: Preserving Life and Liberty," accessed October 27, 2020, https://www.justice.gov/archive/ll/highlights.htm.
27. FinCEN, "History of Anti-Money Laundering Laws."
28. FinCEN.
29. Congressional Research Service, "Beneficial Ownership Transparency in Corporate Formation, Shell Companies, Real Estate, and Financial Transactions," CRS Report no. R45798 (Washington, DC: Congressional Research Service, July 8, 2019), https://fas.org/sgp/crs/misc/R45798.pdf.
30. FinCEN, "Information on Complying with the Customer Due Diligence (CDD) Final Rule," US Treasury Department, accessed October 27, 2020, https://www.FinCEN.gov/resources/statutes-and-regulations/cdd-final-rule.
31. "Financial Secrecy Index 2020 Reports Progress on Global Transparency — but Backsliding from US, Cayman and UK Prompts Call for Sanctions," *Tax Justice Network*, February 18, 2020, https://www.taxjustice.net/2020/02/18/financial-secrecy-index-2020-reports-progress-on-global-transparency-but-backsliding-from-us-cayman-and-uk-prompts-call-for-sanctions/.
32. FATF, "Best Practices on Beneficial Ownership for Legal Persons" (Paris: FATF, October 2019), https://www.fatf-gafi.org/publications/methodsandtrends/documents/best-practices-beneficial-ownership-legal-persons.html.
33. Corporate Transparency Act of 2019, H.R. 2513, 116th Congress, October 8, 2019, https://www.congress.gov/congressional-report/116th-congress/house-report/227/1?overview=closed.
34. Representative Tom Malinowski and Representative Maria Elvira Salazar, "ENABLERS Act: Confronting the 'Enablers' of International Corruption," Caucus against Foreign Corruption and Kleptocracy, https://malinowski.house.gov/sites/malinowski.house.gov/files/ENABLERS%20Summaries%20Final.pdf, accessed October 8, 2021.
35. Tom Malinowski, "Establishing New Authorities for Business Laundering and Enabling Risks to Security Act," H.R., 177th Cong, 1st sess., October 6, 2021, https://malinowski.house.gov/sites/malinowski.house.gov/files/ENABLERS%20Act%20FOR%20 INTRO_SIGNED.pdf.
36. Betsy Pearl, "Ending the War on Drugs: By the Numbers" (Washington, DC: Center for American Progress, June 27, 2018), https://wwwamericanprogress.org/issues/criminal-justice/reports/2018/06/27/452819/ending-war-drugs-numbers/#:~:text=Today%2C%20researchers%20and%20policymakers%20alike,not%20a%20criminal%20justice%20issue.
37. UNODC, "Estimating Illicit Financial Flows Resulting from Drug Trafficking and Other Transnational Organized Crimes" (Vienna: UNODC, October 2011), https://www.unodc.org/documents/data-and-analysis/Studies /Illicit_financial_flows_2011_web.pdf.

38. John Pickering, "Money Laundering and Terrorism: A Failed Past and a Bleak Future," The Federalist Society, December 1, 2003, https://fedsoc.org/commentary/publications/money-laundering-and-terrorism-a-failed-past-and-a-bleak-future#:~:text=Money%20laundering%20legislation%20began%20in,the%20traffc%20in%20illegal%20drugs.&text=Complex%20systems%20of%20front%20companies,legitimize%20high%20dollar%20bank%20deposits.

第十一章 反洗钱合规方案的要求与标准

1. Shelley, *Dark Commerce*.
2. Todd S. Fishman and Eugene Ingoglia, "Active U.S. Enforcement of Anti-Money Laundering Rules Continues Unabated," *New York Law Journal*, June 3,2020, https://www.law.com/newyorklawjournal/2020/06/03/active-u-s-enforcement-of-anti-money-laundering-rules-continues-unabated/.
3. Karen Freifeld, "Rabobank Agrees to Pay $368 Million over Processing Illicit Funds," Reuters, February 7, 2018, https://www.reuters.com/article/us-rabobank-fraud-usa/rabobank-agrees-to-pay-368-million-over-processing-illicit-funds-idUSKBN1FR2U4; and Irene Madongo, "Rabobank Fined over Poor Anti-Money Laundering Controls, KYC, Beneficial Ownership," *KYC360 News*, Risk Screen, February 15, 2019, https://www.riskscreen.com/kyc360/news/rabobank-fined-over-poor-anti-money-laundering-controls-kyc-beneficial-ownership/#:~:text=Dutch%20lender%20Rabobank%20has%20been,CDD)%20and%20beneficial%20ownership%20issues.&text=%E2%80%9CSince%20then%20we%20have%20made,which%20includes%20anti%2Dmoney%20laundering.
4. Shelley, *Dark Commerce*, 145.
5. Shelley, 145; and Lauren Debter, "Western Union Slammed for Aiding Crooks, Agrees to Pay $586 Million," *Forbes*, January 19, 2017, https://www.forbes.com/sites/laurengensler/2017/01/19/western-union-anti-money-laundering-consumer-fraud-violations/?sh=4e353ef87238.
6. ACAMS, *Study Guide*.
7. Wolfsberg Group, "Wolfsberg Frequently Asked Questions ('FAQs') on Correspondent Banking," 2014, https://www.wolfsberg-principles.com/sites/default/files/wb/pdfs/faqs/18.%20Wolfsberg-Correspondent-Banking-FAQ-2014.pdf
8. Wolfsberg Group.
9. Julia Kagan, "Concentration Account," July 15, 2020, updated January 2, 2021, *Investopedia*, https://www.investopedia.com/terms/c/concentration-accountasp#:~:text=A%20concentration%20account%20is%20a,often%20with%20same%2Dday%20settlement.
10. FFIEC, "Introduction," *BSA/AML Examination Manual*, https://bsaaml.ffec.gov/docs/manual/01_Introduction/01.pdf
11. FFIEC.

12. Biern, testimony (see chap. 10, n. 3).
13. FFIEC, *BSA/AML Examination Manual*.
14. 31 U.S.C. § 5321(d), Criminal Penalty Not Exclusive of Civil Penalty.
15. Brian Monroe, "Fincrime Briefing: AML Fines in 2019 Breach $8 Billion, Treasury Official Pleads Guilty to Leaking, 2020 Crypto Compliance Outlook, and More," Association of Certified Financial Crime Specialists, January 14, 2020, https://www.acfcs.org/fincrime-briefing-aml-fines-in-2019-breach-8-billion-treasury-official-pleads-guilty-to-leaking-2020-crypto-compliance-outlook-and-more/.
16. Toby Sterling and Bart H. Meijer, "Dutch Bank ING Fined $900 Million for Failing to Spot Money Laundering," Reuters, September 4, 2018, https://www.reuters.com/article/us-ing-groep-settlement-money-laundering/dutch-bank-ing-fined-900-million-for-failing-to-spot-money-laundering-idUSKCN1LKOPE; and Pete Schroeder, U.S. Bancorp to Pay $613 Million for Money-Laundering Violations," Reuters, February 15, 2018, https://www.reuters.com/article/us-usa-usbancorp/u-s-bancorp-to-pay-613-million-for-money-laundering-violations-idUSKCN1FZ1YJ.
17. "Five Biggest AML Fines on Banks," Medici, November 29, 2020, https://medium.com/@gomedici/five-biggest-aml-fines-on-banks-18145f93ede8.
18. "The 2021 Guide to Customer Due Diligence," Get ID, April 21, 2021, https://getid.ee/guide-to-customer-due-diligence/.
19. World Bank and the International Monetary Fund (IMF), "Who We Are," accessed October 30, 2020, https://www.worldbank.org/en/about/history/the-world-bank-group-and-the-imf.
20. ACAMS, *Study Guide*,161-63.
21. United Nations, "United Nations Convention against Illicit Trafficking in Narcotic Drugs and Psychotropic Substances" (Vienna:United Nations, 1988), https://www.unodc.org/pdf/convention_1988_en.pdf
22. William R. Schroeder, "Money Laundering: A Global Threat and the International Community's Response," *FBI Law Enforcement Bulletin* 70, no. 5 (May 2001), https://www.ncjrs.gov/App/Publications/abstract.aspx?ID=188586.
23. Schroeder.
24. FinCEN, "Mission," US Treasury Department, accessed October 29, 2020, https://www.fincen.gov/about/mission.
25. "The Accountant (2016 Film)," *Wikipedia*, last edited November 14, 2020, https://en.wikipedia.org/wiki/The_Accountant_(2016_film).
26. Egmont Group, "About," accessed October 29, 2020, https://egmontgroup.org/en/content/about#:~:text=%EF%82%A7%20The%20Egmont%20Group%20is,financing%20(ML%2FTF).
27. Wolfsberg Group, "About," 2018, https://www.wolfsberg-principles.com/.
28. D'Antuono, "Combating Money Laundering" (see chap. 1, n. 26).

29. FFIEC, *BSA/AML Examination Manual*.
30. FinCEN, "FinCEN Guidance: Frequently Asked Questions Regarding Customer Due Diligence (CDD) Requirements for Covered Financial Institutions," US Treasury department, FIN-2020-G002, August 3, 2020, https://www.FinCEN.gov/sites/default/files/2020-08/FinCEN_Guidance_CDD_508_FINAL.pdf; and FinCEN, "Information on Complying," (see chap. 10,n.30).
31. FinCEN, "Notice: Agency Information Collection Activities; Proposed Renewal; Comment Request," May 14, 2020, in *Federal Register*, 85 FR 29022, May 14, 2020, pp.29022-30, https://www.federalregister.gov/documents/2020/05/14/2020-10310/agency-information-collection-activities-proposed-renewal-comment-request-renewal-without-change-of#:~:text=Breakdown%20of%20the%202019%20CTR,CTRs%20fled%20during%20the%20year.
32. Adam Hayes, "Currency Transaction Report (CTR)," *Investopedia*, May 29, 2020, https://www.investopedia.com/terms/c/ctr.asp.
33. Fergus Shiel and Ben Hallman, "FinCEN Files: Suspicious Activity Reports, Explained," *International Consortium of Investigative Journalists (ICIJ)*, September 20,2020, https://www.icij.org/investigations/FinCEN-files/suspicious-activity-reports-explained/.
34. ICIJ, "FinCEN Files: Global Banks Defy U.S. Crackdowns by Serving Oligarchs, Criminals and Terrorists," *ICIJ*, September 20, 2020, https://www.icij.org/investigations/fincen-files/global-banks-defy-u-s-crackdowns-by-serving-oligarchs-criminals-and-terrorists/.
35. ICIJ.
36. Michael Sallah and Tanya Kozyreva, "Money Laundering:With Deutsche Bank's Help, an Oligarch's Buying Spree Trails Ruin across the US Heartland," *ICIJ*, September 22, 2020, https://www.icij.org/investigations/FinCEN-files/with-deutsche-banks-help-an-oligarchs-buying-spree-trails-ruin-across-the-us-heartland /.
37. Laura Glynn, Rachel Woolley, and Graham Barrow, "Another Fine Mess: A Global Research Report on Financial Institution Fines and Enforcement Actions: The Regulatory Environment at the End of a Pivotal Decade (October 2018-December 2019)" (New York: Fenergo), 6, accessed November 2, 2020, https://www.fenergo.com/assets/files/industry-knowledge/Reports/AML%20Fines%20Global%20Report_FINAL_23.04.2020.pdf.
38. US Justice Department,Criminal Division, "Evaluation of Corporate Compliance Programs" (Washington, DC: Justice Department, updated June 2020), https://www.justice.gov/criminal-fraud/page/file/937501/download.
39. OFAC, "A Framework for OFAC Compliance Commitments" (Washington, DC: OFAC, 2020), https://home.treasury.gov/system/files/126/framework_ofac_cc.pdf.
40. Board of Governors of the Federal Reserve System, Federal Deposit Insurance Corporation, Financial Crimes Enforcement Network, National Credit Union Administration, and Office of the Comptroller of the Currency, "Joint Statement on Innovative Efforts to Combat Money Laundering and Terrorist Financing," December 3, 2018, https://www.federalreserve.gov/newsevents/pressreleases/files/bcreg20181203a1.pdf.

第十二章 思考与建议

1. Ronald F. Pol, "Anti-Money Laundering: The World's Least Effective Policy Experiment? Together, We Can Fix It", *Policy Design and Practice* 3, no 1 (2020): 73-94, https://doi.org/10.1080/25741292.2020.1725366; and Ronald F. Pol, "Uncomfortable Truths? ML=BS and AML= BS?", *Journal of Financial Crime* 25, no. 2 (May 2018): 294-308, https://doi.org/10.1108/JFC-08-2017-0071.
2. Edwin M. Tuman, "Drugs, Crime, Money, and Development", Remarks at the World Bank Group/International Finance Corporation Financial and Private Sector Development Forum, Washington, DC, April 25, 2007, https://www.piie.com/commentary/speeches-papers/drugs-crime-money-and-development.
3. Stanley Foodman, "Gatekeepers Are under a Lot of Stress!" *JD Supra*, August 21,2018, https://www.jdsupra.com/legalnews/gatekeepers-are-under-a-lot-of-stress-33947/#:~:text=The%20FATF%20is%20an%20independent,of%20weapons%20of%20mass%20destruction.
4. Caribbean Financial Action Task Force (CFATF), "FATF 40 Recommendations, Recommendation 22: DNFBPs: Customer Due Diligence," accessed November 5, 2020, https://cfatf-gafic.org/index.php/documents/fatf-40r/388-fatf-recommendation-22-dnfbps-customer-due-diligence.
5. Alexandra Cooley and Case Michael, "U.S. Lawyers Are Foreign Kleptocrats' Best Friends," *Foreign Policy*, Match 23, 2021, https://foreignpolicy.com/2021/03/23/u-s-lawyers-are-foreign-kleptocrats-best-friends/.
6. FATF, "Professional Money Laundering" (see introduction, n. 1).
7. US Treasury Department, Press Center, "Treasury Sanctions the Khanani Money Laundering Organization," November 12,2015, https://www.treasury.gov/press-center/press-releases/Pages/j10265.aspx.
8. Reuter and Truman, "Money Laundering: Methods and Markets," in *Chasing Dirty Money*, chap. 3 (see chap. 1, n. 27).
9. FATF, *Money Laundering* (see chap. 4, n. 2).
10. FATF, 77-81.
11. UNODC, "Estimating Illicit Financial Flows" (see chap. 10, n. 37).
12. Naím, *Illicit*, 140.
13. Elisa Martinuzzi, "The World Is Losing the Money Laundering Fight," *Bloomberg Opinion*, September 21, 2020, https://www.bloomberg.com/opinion/articles/2020-09-21/the-world-is-losing-the-money-laundering-fight.
14. Naím, *Illicit*, 21.
15. Reuter and Truman, "Money Laundering," in *Chasing Dirty Money*, chap. 3.
16. Lauren Kohr, "The Building Blocks of an Effective Public-Private Partnership," *ACAMS Today*, July 7, 2020, https://www.acamstoday.org/the-building-blocks-of-an-effective-public-private-partnership/.

17. Naím, *Illicit*, 137.
18. FATF, "Professional Money Laundering."
19. John McDowell and Gary Novis, "Consequences of Money Laundering and Financial Crime," *Economic Perspectives* 6, no. 2 (May 2001): 6-8, http://www.ncjrs.gov/App/publications/abstract.aspx?ID=191327.
20. Peter J. Quirk, "Money Laundering: Muddying the Macroeconomy," *Finance and Development* 34, no. 1 (March 1997): 7-9, https://www.imforg/external/pubs/ft/fandd/1997/03/pdf/quirk.pdf.

参考书目

ACAMS (Association of Certified Anti–Money Laundering Specialists). *Study Guide for the ACAMS Certification Examination*. 5th ed. Miami: ACAMS, 2012.

Bullough, Oliver. *Moneyland*: *The Inside Story of the Crooks and Kleptocrats Who Rule the World*. New York: St. Martin's Press, 2019.

Enrich, David. *Dark Towers*: *Deutsche Bank, Donald Trump, and an Epic Trail of Destruction*. New York: HarperCollins, 2020.

Findley, Michael G., Daniel L. Nielson, and J. C. Sharman. *Global Shell Games*: *Experiments in Transnational Relations, Crime, and Terrorism*. Cambridge: Cambridge University Press, 2014.

Garner, Bryan A. *Black's Law Dictionary*. 7th ed. St. Paul, MN: West Group, 1999.

Mehlman-Orozco, Kimberly. *Hidden in Plain Sight*: *America's Slaves of the New Millennium*. Santa Barbara: Praeger, 2017.

Naím, Moisés. *Illicit*: *How Smugglers, Traffickers and Copycats Are Hijacking the Global Economy*. New York: Doubleday, 2005.

Robinson, Jeffrey. *The Laundrymen*: *Inside Money Laundering, the World's Third-Largest Business*. New York: Arcade, 1996.

Safire, William. *Safire's New Political Dictionary*: *The Definitive Guide to the New Language of Politics*. New York: Random House, 1993.

Shelley, Louise I. *Dark Commerce*: *How a New Illicit Economy Is Threatening Our Future*. Princeton: Princeton University Press, 2018.

Sullivan, Kevin. *Anti–Money Laundering in a Nutshell*: *Awareness and Compliance for Financial Personnel and Business*. New York: Apress, 2015.

Tucker, Ola. "Understanding the Risks and Challenges of Shell Companies in Managing AML Compliance." *Journal of Financial Compliance* 3, no. 4 (June 2020): 340–58.

缩略语

AML	反洗钱
AMLA	《反洗钱法案》
AMLD	反洗钱指令
BEC	商业电子邮件攻击
BMPE	黑市比索交易
BSA	《银行保密法案》
BSAAG	《银行保密法案》咨询小组
CDD	客户尽职调查
CDD Rule	客户尽职调查规则
CFT	反恐怖融资
CTA	《企业透明度法案》
CTR	现金交易报告
DEA	美国缉毒署
DOJ	美国司法部
EDD	强化尽职调查
FATF	金融行动特别工作组
FBI	美国联邦调查局
FFIEC	联邦金融机构检查委员会
FI	金融机构
FinCEN	美国金融犯罪执法局
FIU	金融情报中心
GTO	特定地区令
HIFCA	高强度洗钱及相关金融犯罪地区

IMF	国际货币基金组织
IRS	美国国内收入局
KYC	了解你的客户
ML	洗钱
MLCA	《洗钱控制法案》
MLSA	《禁止洗钱法案》
MSB	货币服务商
OECD	经济合作与发展组织
OFAC	海外资产控制办公室
PEP	政治公众人物
RICO	《反敲诈勒索及腐败组织法案》
SAR	可疑活动报告
SDN	特别指定国民
SUA	特定的非法活动
TBML	贸易洗钱
TCO	跨国犯罪组织
TF	恐怖融资
UBO	最终受益所有人
UN	联合国
UNODC	联合国毒品和犯罪问题办公室
USA PATRIOT Act	《使用适当手段阻止或避免恐怖主义以团结并强化美国法案》（简称《美国爱国者法案》）
WTO	世界贸易组织